U0744894

编委会

主　任　张君诚

成　员　曾令超　曾　玲　魏秀兰　许明春　叶志鹏

　　　　　严　雯　高怀宾　王家颖　杨红梅　刘春明

　　　　　赖旺富　范桂英　叶　宁　官长春　许勋恩

Foundation of
Innovation & Creativity

创新创意
基础

主　编　许勋恩

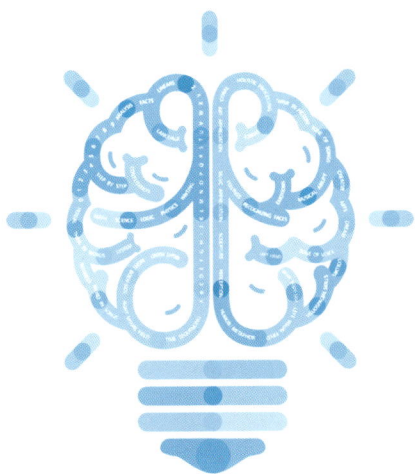

厦门大学出版社　国家一级出版社
XIAMEN UNIVERSITY PRESS　全国百佳图书出版单位

图书在版编目(CIP)数据

创新创意基础/许勋恩主编.—厦门:厦门大学出版社,2018.10(2020.1 重印)
ISBN 978-7-5615-7023-4

Ⅰ.①创…　Ⅱ.①许…　Ⅲ.①创造教育-研究　Ⅳ.①G40-012

中国版本图书馆 CIP 数据核字(2018)第 126475 号

出 版 人	郑文礼
责任编辑	眭　蔚

出版发行 厦门大学出版社

社　　址	厦门市软件园二期望海路 39 号
邮政编码	361008
总 编 办	0592-2182177　0592-2181406(传真)
营销中心	0592-2184458　0592-2181365
网　　址	http://www.xmupress.com
邮　　箱	xmupress@126.com
印　　刷	厦门集大印刷厂

开本	787 mm×1 092 mm　1/16
印张	15
插页	2
字数	350 千字
印数	15 001～25 000 册
版次	2018 年 10 月第 1 版
印次	2020 年 1 月第 2 次印刷
定价	38.00 元

本书如有印装质量问题请直接寄承印厂调换

厦门大学出版社
微信二维码

厦门大学出版社
微博二维码

内容简介

　　本书响应《福建省教育厅关于进一步加强高校创新创业教育课程体系建设的指导意见》(闽教学〔2018〕2 号),面向建设创新型国家的战略需求,定位于大学生创新思维、创新精神和创新能力培养而进行组织编写。教材从创新、创意教育入手,介绍创新能力、创意开发、创新人格、创新过程、创新思维与训练、创新技法、大学生创新创意实践等内容。书中设置"教学要点""开篇案例""创意创新创业故事""小训练""本章思考题"等栏目,力争知识性、趣味性,参与性于一体。

　　本书是三明学院"2018 年度 50 所全国创新创业典型经验高校"最新研究成果,以创新为主线,内容系统,形式活泼,资料丰富,体例新颖,可操作性强,可作为高校开设"创新创意"课程的核心教材,并作为"创业基础"先行课程,是学生学习创新、创意、创业的首选教材,对学生商业创意开发与创新意识培养具有重要的理论与实践指导意义。

前　言

古希腊哲学家、教育家苏格拉底曾说过："教育不是灌输，而是点燃火焰！"我国著名教育家陶行知也曾说过："处处都是创造之地，天天都是创造之时，人人都是创造之人，让我们至少走两步退一步向创造之路迈进吧！"当下中国，"众创"热潮蓬勃涌动，大众创业、万众创新已经成为培育和催生经济社会发展的新引擎，形势越发凸显出提高国民素质、培养大批高素质创新型人才的重要性和紧迫性。

建设创新型国家是我们相当长一段时期共同奋斗的目标，落实创新驱动发展战略是开启"中国梦"的一把金钥匙。党的十九大吹响了加快建设创新型国家的强劲号角。大众创业，创新是关键；万众创新，源于创意，教育是基础。伴随着以创新驱动、互联网＋、中国制造2025、众创空间为表征的"众创"时代的到来，在"大众创业、万众创新"发展得如火如荼的形势下，现有的大学生教育体制和模式已经不能满足时代发展对创新人才培养的需求，深化高等学校创新教育教学改革，厚植大众创业、万众创新土壤，主动适应创新型国家建设的战略性需求，让创意植根教育，用创意激发创新，点燃学生创新、创意、创造的火焰，培养和造就一大批素质优良、勇于创新的人才，为建设创新型国家提供源源不断的人才智力支持，已经成为大学教育教学的主体责任和普遍共识。

"教为不教，学为创造。"大学现有的教育理念、教学模式、评价方式都要发生改变，几百年来的大学运行模式面临嬗变。它不仅仅是教育内容的增减和教学方法的改进，而且还是教育功能的重新定位。高校实施创新教育，要以培养创新精神和创新人格为前提，以训练创新思维和创新技能为手段，以提高创新创意能力为核心，带动学生整体素质的自主构建和协调发展。开发开设相关创新创意课程，编写优质教材，增加以大学生为主体的青年人的创新知识储备，促进以大学生为主体的年轻人创新思维训练和创新人格形成，激发青年人的创造力，回应时代发展主题的呼唤。

创新不是靠"灵光一现"和"运气"来决定的，创新也有方法，是有规律的活动。本书较为系统地阐述了大学生创新过程中可能面对并必须准备好、把握好、处理好的一系列问题。全书主要内容可以概括为创新教育、创新能力、创意开发、创新过程、创新思维、创新技法和创新实践等部分，共分为7章，紧密联系大学生创新创意实际，内容设计符合教学规律，通过本章概要、教学要点、开篇案例、创意创新创业故事、创业案例、小训练、知识链接、思考题、每日一创意（设想）等体例编排，帮助学生对重点内容进行理解和掌握。在编写过程中以学习者为本，注重学生的参与和实践演练，激发学习者的创新欲望，让学习者体悟创新的乐趣。本书理论知识、案例延伸都很厚实,结构完整,内容丰富,呈现方式灵活,大量使用案例教学、实践教学和活动教学,归纳和总结了创新人格、创新思维、创新技法的训练方法和技巧,尝试一种有效整合理论与实践、沟通课内与课外、打通学习与应用融合的新模式。书中安排了许多大学生熟悉的创新人物、创新故事、创意案例,引人入胜,具有较强的启发性与可读性;相关小训练、小测试、小讨论可操作性强,让学生在学习过程中去感受、去探索、去体悟、去创新,达到终身学习、培养灵活多变的思维方式、创新人格、提高创新能力之目的。

《创新创意基础》是学生学习创业的辩证法与方法论。本书是福建省教育厅高校创新创业课程教材建设研究成果,是三明学院立项教材,由张君诚、许勖恩负责总体框架设计,经编写委员会讨论后确定章节结构,第一、二章由张君诚编写,第三、四、五章由许勖恩编写,第六、七章由王家颖编写,全书由许勖恩审稿,洪婷婷、林静负责校稿。在编写过程中借鉴了国内外大量的出版物和网上资料,由于受编写时间和篇幅所限,未能在文中一一注明,书后所参考文献也会有所遗漏,在此一并表示感谢。由于作者水平有限,书中难免有不足之处,欢迎各位专家、读者不吝赐教。

作　者

2018 年 10 月

目　录

第一章　创新与创新能力

哲理名言启示

处处是创造之地，天天是创造之时，人人是创造之人。

——陶行知

本章概要

通过本章知识讲解，使学生了解创新的重要性，能区分创新的不同种类；掌握创新、创新能力的概念；熟悉创新能力培养与开发的原理并掌握创新能力自我培养的途径和方法。

教学要点

1.创新的意义；
2.创新的种类；
3.创新能力的概述；
4.创新能力的培养与开发。

开篇案例

"苹果"暴利背后的思考

几年前，一部实际成本仅一千多元的苹果手机，如 iPhone 6，在中国大陆被炒到几万元，可生产厂商富士康生产一部只赚25元。这样一款神器，引无数"果粉"为之折腰换肾。2014 年 10 月底,iPhone 6 刚刚在中国大陆开售,央视财经节目就发出微博指责苹果公司牟取暴利。

在中国手机市场上畅销的苹果手机,其产品设计由位于美国加利福尼亚州的苹果总部完成,其他关键零部件的生产则由日本、韩国、中国台湾等地厂商供应,深圳富士康分布于中国大陆各地的工厂则提供了组装服务,最后由苹果公司进行销售并提供售后服务。甚至消费者可以在苹果产品的背面看到 Assembled in China 字样,可见中国企业在整个苹果公司全球价值链中扮演着重要角色。然而,这并不代表中国企业有很强的赢利能力。通过成本分析,可以发现在苹果产品的零部件中,手机设计、芯片设计与制造占据了产业链的利润制高点,面板、触控面板及存储器属于关键性的配件,但是其赢利能力稍弱,而以富士康为例的组装工厂虽是苹果全球价值链中不可分割的一个环节,但是只能拿到微薄的代工费用。在 2010 年卖出的 iPhone 所创造的利润中,苹果取得了 58.5%。其次是塑胶、金属等原料供应国,韩国依靠其高新技术优势占据 4.6% 的利润,位居第三(图 1-1)。值得注意的是中国大陆劳工成本只占 1.8%。虽然 iPhone 的零部件的封装和组装主要还是靠中国企业,但是中国企业代工的利润率一直处于微笑曲线的最底端。

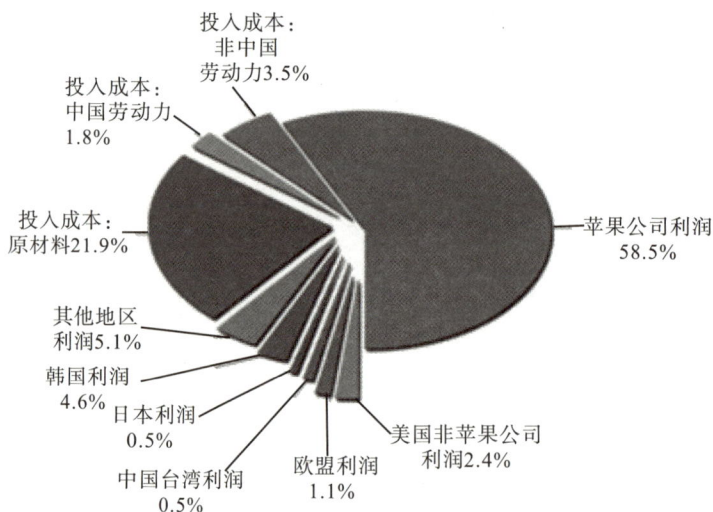

图 1-1 一部苹果手机价值链瓜分图

从一部苹果手机价值链瓜分图可见,苹果全球价值链上主要利润分布在微笑曲线的两端:产品研发设计与品牌营销,中间才是生产和加工,而价值链的高利润区间往往被发达国家掌控,发展中国家则靠廉价的劳动力处于价值链分工的底端。

？思考与讨论

1.你有意向购买苹果手机吗？你对苹果手机背面的 Designed by Apple in California Assembled in China 有何评价？

2.结合案例，谈谈中国为什么要实施创新驱动发展战略。

3.案例对中国企业"站起来""走出去""强起来"有何启示？

第一节　创新与创新能力概述

世界在进步，社会在发展，国家要富强，这是时代的呼唤，而要达到这一目标，就离不开创新。党的十八大以来，以习近平同志为总书记的党中央坚持实施创新驱动发展战略，就是要把蕴藏在亿万民众中的创造力发挥出来。

新经济时代本就是一个拼速度、拼资源、拼安全以及拼服务的时代，开篇案例提到美国苹果公司之所以能傲立于智能手机行业，成为最"吸金"的公司之一，是因为它"吸睛"的创新速度。中国企业要想在新经济时代抢夺地盘，创新是当之无愧的王道。

案例 1-1

走出国门，进军海外——中国高铁

中国只用了不到 7 年的时间就建设运营了 1.9 万公里的高速铁路，超过了世界其他国家高铁运营里程的总和。中国高铁的建设起始于"十一五"规划期间。至 2015 年末，以高速铁路为骨架的快速铁路网基本建成，总规模达 4 万公里以上，覆盖了大多 50 万人口以上的城市。目前，中国高铁凭借创新已经完全拥有自主的知识产权和核心技术，掌握了集设计、施工、装备、制造、列车控制、系统集成、运营管理于一体的高速铁路承载技术，并且与国外同类技术相比，有力的成本控制为中国高铁在国际市场上带来了极具竞争力的优惠价格。

中国高铁开始走出国门。俄罗斯铁路股份公司总裁弗拉基米尔·亚库宁透露，中方将参与俄罗斯首条高铁的建设与投资。今后三到五年内，中国将在德国铁路的机车及零部件采购领域里占有重要地位。不久前，中国铁路总公司与印度尼

3

西亚的四家国有企业签署协议,组建中印合资公司,负责印尼雅加达至万隆(雅万)高速铁路项目的建设和运营——这标志着中国企业正式赢得了雅万高铁项目,实现了高铁全产业链出口。

图 1-2　中国高铁

一、创新的意义

创新是时代的主旋律。在党的十九大报告中,习近平总书记再次强调"创新是引领发展的第一动力,是建设现代化经济体系的战略支撑"。实施创新驱动发展战略是复兴之道、强国之举,正在引领中国悄然发生着根本性变化。《2016 年全球创新指数》报告指出,全球创新指数前 25 名长期由在创新方面持续领先的高收入国家稳稳盘踞。引人瞩目的是,2016 年度中国作为中等收入国家首次跻身这一行列。

我们正处在一个经济、政治、文化、社会、生态都在发生巨大变化的时代。2018 年 7 月 6 日,美国特朗普政府宣布对 340 亿美元中国输美商品加征关税,中美两国之间的贸易战正式开打。在这过程中,更牵动国人神经的,是我们在面对技术"制裁"时显示出的脆弱。一时之间,"举全国之力发展国产芯片""中国芯片必须掌握核心技术"的呼声不断出现。表面上看是两个国家的经济战,实质是两国在争夺未来的创新经济领导权,是国家创新能力的竞争。为了实现中华民族的伟大复兴,建设社会主义现代化强国,认识创新、学习创新、提高创新能力迫在眉睫。

(一)创新是经济发展的新引擎

进入新常态以来,我国经济面临巨大的下行压力。经济增速自 2012 年的

7.9%持续下滑至 2016 年的 6.7%,2017 年为 6.9%,未来相当一段时间仍将保持在 6.5%左右。究其原因,从增长核算的视角来看,资本、劳动和全要素生产率(简称 "TFP",以技术进步为核心)是经济增长的主要动力源泉。

过去 30 多年中,中国经济增长主要依赖于资本和劳动力两大动力,其中资本 对经济增长的贡献率高达 68%。但是步入经济新常态以来,投资受到了债务高企 和产能过剩等问题的制约,人口红利随着人口老龄化的加剧而逐步消失,因此中国 长期依靠资本和劳动力等要素投入驱动经济增长的模式已经不可持续。与此同 时,中国的后发优势也在逐步消退,对发达国家的技术追赶效应不断减弱,导致 TFP 对中国经济增长的贡献率持续下滑。根据大宏观团队测算,20 世纪 90 年代 至 2008 年全球金融危机之前,TFP 对中国经济增长的贡献率能够达到近 30%,危 机以后则明显下降,2012—2015 年 TFP 对中国经济增长的贡献率已经降至 —9.7%(图 1-3)。

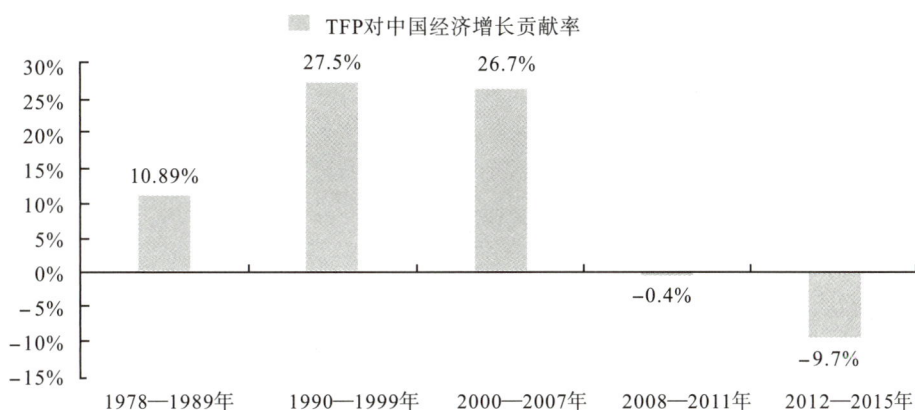

图 1-3 改革开放以来 TFP 对中国经济增长贡献率的变化情况

在要素投入与技术追赶效应对经济增长驱动力双双减弱的背景下,中国迫切 需要通过创新提高 TFP 对经济增长的贡献,从而实现经济可持续的中高速增长。 理论和国际经验表明,创新能够提高 TFP,从而有效促进经济增长。一方面,创新 能够创造新产品、新工艺,从而促进全社会的技术进步。另一方面,创新能够改善 企业的组织结构和管理水平,提高全社会的生产效率。

(二)创新是事业成功的突破口

从古至今,创新都是事业成功的突破口。没有创新,事业将很难成功。江泽 民、胡锦涛、温家宝、习近平等国家领导人都曾说到创新的重要性。

面对当今时代的技术革命与产业变革,创新成为解决人类面临的能源资源、生态环境、自然灾害、人口健康等全球性问题的重要途径和提高国家竞争力的核心要素,成为事业成功的突破口。为抢占科学技术的制高点,许多国家都把强化科技创新作为国家战略,着力增强国家创新能力和国际竞争力。

案例 1-2

牛顿发现了万有引力

1666年,23岁的牛顿还是剑桥大学圣三一学院三年级的学生。牛顿一直被这样的问题困扰:是什么力量驱使月球围绕地球转,地球围绕太阳转? 为什么月球不会掉落到地球上? 为什么地球不会掉落到太阳上?

在随后的几年里,他不断地思考这些问题。有一天,坐在姐姐的果园里,牛顿听到熟悉的声音,"咚"地一声,一只苹果落到草地上。他急忙转头观察第二只苹果落地。第二只苹果从外伸的树枝上落下,在地上反弹了一下,静静地躺在草地上。这只苹果肯定不是牛顿见到的第一只落地的苹果,当然第二只和第一只没有什么差别。苹果落地虽没有给牛顿提供答案,却激发这个年轻人思考一个问题:苹果会落地,而月球不会掉落到地球上,苹果和月亮之间存在什么不同呢?

第二天早晨,天气晴朗,牛顿看见小外甥正在玩小球。他手上拴着一条皮筋,皮筋的另一端系着小球。他先慢慢地摇摆小球,然后越来越快,最后小球就径直飞出。

牛顿猛地意识到月球和小球的运动极为相像。两种力量作用于小球,这两种力量是向外的推动力和皮筋的拉力。同样,也有两种力量作用于月球,即月球运行的推动力和重力的拉力。正是在重力作用下,苹果才会落地。

牛顿首次认为,苹果落地、雨滴降落和行星沿着轨道围绕太阳运行都是重力作用的结果。

人们普遍认为,适用于地球的自然定律与太空中的定律大相径庭。然而,牛顿的万有引力定律沉重打击了这一观点,它告诉人们,支配自然和宇宙的法则是很简单的。

牛顿推动了引力定律的发展,指出万有引力不仅仅是星体的特征,也是所有物体的特征。作为最重要的科学定律之一,万有引力定律及其数学公式已成为整个物理学的基石。

(三)创新是提高综合国力的加速器

近年来,"中国创造"让世人刮目相看:探月"嫦娥"、入海"蛟龙"、中国高铁、"天河一号"、国产大飞机 C919、"天宫一号"……一大批对国民经济和社会发展有重大影响的标志性科技创新成果不断涌现。2017 年我国在全球创新指数排名(图 1-4)不断提升,综合国力和国际影响力迈上新台阶,GDP 稳居世界第二。这一切都源于创新,创新是创造社会财富的源泉,创新是社会进步的力量。

全球创新指数（GII）中国近年排名

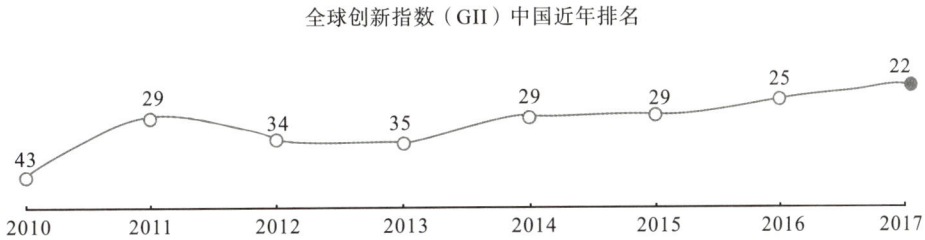

图 1-4　全球创新指数中国近年来排名

中国正在成为全球最炙热的创新热土,"超校联盟"成为创新社会的缩影。生长于本土的中国公司诸如腾讯、大疆科技都已经成为美国公司的学习对象。

不可否认,中国创新正在惠及全球。或许正如小米公司的创始人雷军所说:"以前是 C2C 即 Copy to China(将美国的创新抄袭到中国),现在则是 Copy to Global,即将中国的模式和创新复制到全球。"中国创新绝不仅仅局限于此,越来越多来自中国的公司正在展现它们蓬勃的生机,最终会成为影响全球的力量。

总的说来,创新是文明进步的催化剂,是历史飞跃的加速器,是事业成功的突破口。在当代,创新更是民族强盛的根本,社会发展的动力,个人成功的基础。

二、创新内涵

(一)创新的含义

人们从不同学科视角对创新概念进行界定,可以众说纷纭,见仁见智。在英文中,innovation(创新)起源于拉丁语,它原意有三层含义:一是更新;二是创造新的东西;三是改变。

清华大学科学与社会研究所教授李正风认为,"创新"一词在我国存在着两种理解,一是从经济学角度来理解创新,二是根据日常含义来理解创新。目前,人们经常谈及的创新就是指"创造和发现新东西"。基于创新创业实践,我们认为创新包括以下要点:

1.创新就是解决问题

马云说:"我从不使用咨询公司,也很少理会学者的说法,因为他们的理论都是事后归纳出来的。创新绝对不是提前就设计好,按图索骥地一步步走下来的。创新没有理论,也没有公式,就是一个个地解决问题。我相信,天下有一千个问题,就有一千个回答。"

马云的成功,并不是从创业的第一天开始就设计好的,或者规划好的,而是成功地解决一个个问题,满足客户一个个需要,一步步地走出来的。如果说有模式的话,马云总结他们的模式就是"需求"出来的,即根据客户需要来调整自己。客户要什么,他们就调整成什么。

2.创新就是要让产品货真价实

同仁堂从1669年创办至今已有340多年,享誉海内外,树起了一块金字招牌,可谓是药业史上的一个奇迹。它靠的是"真材实料+信仰"。要做到"真材实料",说起来简单,做起来很难。如何做到"真材实料"呢?同仁堂又提出"修合无人见,存心有天知",意思是说,你所做的一切,只有你自己的良心和老天知道。

同仁堂做到基业长青,就是坚持"用真材实料"和"对得起良心"这两条,并由此形成"配方独特、选料上乘、工艺精湛、疗效显著"四大制药特色,生产出了众多疗效显著的中成药。

在市场经济充分发展的今天,如果创业打着创新的幌子偷工减料,走所谓的捷径,就会像三鹿奶粉等那样,死得很惨。

3.创新就是让客户超出其预期

海底捞是一家川味特色的火锅店。你走进海底捞,就会发现就餐环境实际上是很嘈杂的,服务员却有着发自内心的笑容,他们的笑容真的能够打动人。为什么海底捞的服务员会有发自内心的笑容呢?因为他们的工资比同行业平均工资高出30%。

海底捞善待员工,员工自然就会善待顾客,顾客得到了尊重,享受到了好的服务,超出了其预期,就会形成好的口碑。例如,曾有人在微博上发布了一个"段子",讲的是有个客人在海底捞吃完饭后,想将餐后没吃完的西瓜打包带走,海底捞说不行。可是当他结完账准备离开时,一个服务员拎了一个没有切开的西瓜对他说:"你想打包,我们准备了一个完整的西瓜给您带走,切开的西瓜带回去不卫生。"一瞬间,那个客户被深深打动了,这就叫口碑。

4.创新就是让客户享受低价的服务

沃尔玛这个零售业巨头之所以能成功,是因为让客户享受低价的服务。50多年前,老山姆在家乡创办了一个杂货店,当时他发现美国流通行业的平均毛利率高达45%。老山姆心想,我只赚别人一半的钱,只要将毛利率做到22%,即天天平价,销量是别人的好几倍,定能赚钱。于是"天天平价"成了沃尔玛的口号,别的连锁店毛利率高达45%,沃尔玛只有22%,它却很有竞争力。

要让顾客购买低价的服务,要想在低毛率下生存,就必须提高运作效率。要提高运作效率,就必须创新。

(二)与创新相关的概念

与创新相近或相关的一些词汇和概念,如创造、创意、发现、发明、革新等,它们之间较难区分含义,容易混淆。其实,这些概念之间既有联系,也有区别。

1.创造

"创,始之造也。"

《辞海》上讲:创——首创前所未有的事物。《韦氏大词典》中对创造一词注解说:"赋予存在之意","具有无中生有或首创的性质"。所以,"创造"就是"首创""前所未有",是指能先于他人,见人之所未见,思人之所未思,行人之所未行,从而获得新发现、新发明、新突破。

创造就是发现尚未被认识的事物,创造出不存在的事物,对已有成果进行创新。可以将此理解为一个过程或是一种结果。我们用的手机、电脑等都是一种被创造出来的事物,它们是一种不断演化与改进的过程。每一件事、物,都有创造的思想在其中,它们在起初也都是尚未被发现的。

2.创意

创意最基本的含义就是创造性的主意,是指具有新颖性和创造性的想法,也可以理解为人们具有与众不同的好点子,能够使人眼前一亮。它是传统的叛逆,是一种智能的拓展,是深度情感与理性的思考与实践,是一项创造性的系统工程。比如,校运会上所表演的团体操,用红、黄两色的旗子演变IT字样与"信息工程"的代码,这就是一种创意的思想。在创业园区的店铺,它们的布局与店内物品的摆放也是一种创意的体现。但创意往往更多的是早期的构思,而并非一种真实的产品。如果一个好的创意并没有付诸实施,只是停留在口头或纸面,则只可能是创意,不会形成创新的结果。

3.发现

发现是"第一次明确表述早已存在的客观事实、规律与现象",属于认识世界性质,从而获得天然性成果。比如火就是发现的,因为火本是一种自然存在。

4.发明

发明是"通过思维或实验过程首先为一项科学或技术难题找到或发现了解决方案、解决方法",属于改造世界性质,获得非天然性成果。如爱迪生发明的电灯,现在人们使用的手机、电脑等。

创新创意故事

创新与创造发明

我们都知道新经济时代的代表人物比尔·盖茨，其起家的 BASIC 语言并非自己发明的，其当家产品 DOS 是从其他公司买来的，Windows 是借用了施乐公司和苹果公司的技术，IE 浏览器则来源于网景公司的创意，Office 办公系统的多数组件均出于微软收购的公司。微软公司的成功就在于它敏锐地发现了别人的创造，然后通过"集成"，把别人的创造重新组合成更为"精进"的产品。例如 Office 办公系统就是由 Word、Excel、PowerPoint 等软件重新组合而成的。比尔·盖茨的创新是把别人的知识、思想、理论或产品引入自己的经济实践中，创造出别人没有的产品。这种"重新组合"就是创新。

抽雪茄是西班牙富人的嗜好，公元 1600 年前后传到欧洲其他国家，很长时期，雪茄被看成财富的象征。当时西班牙塞维利亚地区的乞丐买不起雪茄，便从地上捡雪茄头用纸卷起来抽来过烟瘾，就这样"纸烟"便被乞丐们创造发明出来了。烟草商们看到这种"纸烟"有商机，便对其进行改进和包装，组织规模化生产，如今，已成为盛销全球的高利润商品。

这一案例说明：盖茨把别人的知识、思想、理论或产品引入自己的经济实践中，创造出别人没有的产品，这种"重新组合"就是创新。乞丐是纸烟的创造发明者，而纸烟生产商把纸烟转化为商品，开辟市场的活动则是创新。

创新、创意、创造、发现、发明这些概念既相互区别，又相互联系。而且这些概念的界限并不是非常明确，有时会出现重合，比如，发明、发现就可以说是创造，创意、发明、发现往往是创新的前期阶段。

通过比较说明，创新不仅包括研发阶段，还包括推广阶段。创新是充分运用发明、发现等，将其转化为市场中可交易的商品。直白地说，创新是把作坊或实验室中诞生的成果投放到市场中去。只有当新的东西出现在消费市场或以新的方式被生产出来时，才可以称为创新。

三、创新的种类

创新的规模和种类各不相同，对这个词的理解有时候又因人而异，把对创新的理解统一起来就不是一件易事。因此，从分类入手，把创新进行归类，对每种创新做仔细的分析，以便于理解整体意义上的创新。

(一)创新的形式

这种分类是以创新的应用方式为依据的,即创新被应用在哪些领域或哪些地方。我们把创新的主要应用领域分为四部分:产品、服务、工艺和商业模式。

1.产品创新

在公众的印象中,新产品越来越多,消费产品大概是最为引人关注的创新应用,其中有个例子就是詹姆斯·戴森发明的无袋式吸尘器。

🔷 创新创意故事

詹姆斯·戴森发明吸尘器

詹姆斯·戴森被英国媒体誉为"英国设计之王"。他是除维珍集团的理查德·布兰外,最受英国人敬重、富有创新精神的企业家。他所发明的双气旋系统(图1-5)被看作自 1908 年第一台真空吸尘器发明以来的首次重大科技突破,彻底解决了旧式真空吸尘器气孔容易堵塞的问题。如今,这一吸尘器已成为英美日澳等国吸尘器市场的老大。

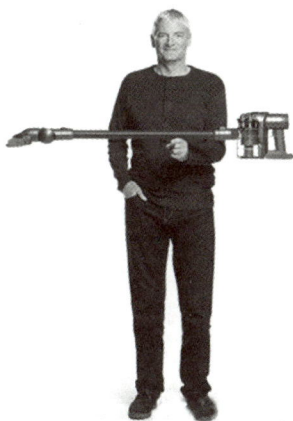

图 1-5　戴森和他的吸尘器

凭借这个发明,戴森一跃成为亿万富翁,名列英国富人榜第 37 位。但锐意创新的戴森,并不满足于目前的成就。在他的领导下,由 1200 名科学家和工程师组成的庞大发明团队,仍在致力于数字发动机、洗衣机乃至吸尘器本身的发明和革新。

英国发明家詹姆斯·戴森,自称是自披头士乐队后征服美国大陆的第一位英国人,他是靠吸尘器征服的。进军美国市场不到两年,他的革命性发明就帮助他打败了盘踞市场近100年的胡佛牌吸尘器,成为美国家用清洁品市场的No.1,销售量占到美国巨大的吸尘器市场份额的21%。连美国前总统克林顿也是他的忠实用户。

戴森毫不掩饰自己的得意:"一个名不见经传的公司,凭借一个长相如此另类的产品,能在如此短的时间内成为美国市场同类产品中的龙头老大,实在让人惊讶不已。我一直在绞尽脑汁地思考:披头士后到底还有没有别的英国人能如此成功,最后还真没想出第二个。"

可以说,戴森在美国刮起了一股"戴森旋风"。戴森牌真空吸尘器价格高达450美元,是对手产品价格的3倍还多。即便如此,通过一些脱口秀节目的大力推介,拥有戴森牌吸尘器在美国一度成为一种时尚。此外,在英国、澳大利亚和日本,戴森牌吸尘器都稳坐市场份额的头号交椅。

几年前,詹姆斯·戴森在英国女王伊丽莎白二世面前弯腰,接受英国王室授予的最高荣誉。他听见女王问他是做什么的,于是告诉她,自己是戴森牌双气旋吸尘器的发明者。"真的吗?"女王惊讶地说,"王宫里用的都是这种吸尘器。"

英语中有句古谚:需要是发明之母。这话用在双气旋真空吸尘器的发明上一点没错。1978年,31岁的戴森已是三个孩子的父亲。他们一家人居住在一间满是尘土的农舍里,家里有一台破旧的胡佛牌真空吸尘器。有一天,这台吸尘器又坏了,喜欢钻研的戴森决定自己动手修理。拆开吸尘器后他发现,自己遇到的是自吸尘器1908年问世以来就未解决的简单问题:当集尘袋塞满脏东西后,就会堵住进气孔,切断吸力。

一开始,戴森研制了几百个模型都没有成功。换作别人,或许早就中途放弃了,但戴森没有。他意志坚定,永不言输,哪怕背负高息银行贷款,戴森还是用5年的时间,在研制了5127个模型后,发明了不需集尘袋的双气旋真空吸尘器,引发了真空吸尘器市场的革命。

双气旋的创意,是从另一个发明中得到启示的。戴森在生产自己发明的"球轮"手推车的厂房里也遇到过同样的问题——风道里的过滤器,经常被各种塑料颗粒堵住。同事建议他安装一台工业用吸尘器以清除这些颗粒,为节省下13.4万美元的费用,戴森自做了一台。他用钢板焊了一个直径9米的圆锥,利用风扇将塑料颗粒吸到里面。塑料颗粒在离心力的作用下被甩到一侧,干净的空气在另一侧进入风道。这套装置的效果非常好,戴森又用同样的方法制作了一套小型的,将它装进了胡佛牌吸尘器里,从此再也没有发生气孔被堵住的情况。

1983年,戴森制造出自己的第一台吸尘器样机。这台非常具有后现代色彩的粉红色产品被命名为 G-Force。此后,戴森开始在英国和欧洲寻找合作伙伴。然而,意想不到的困难出现了。由于集尘袋生产和销售在当时的欧洲是个不小的产业,有 10 亿英镑的产值。在市场利益驱动下,业内人士纷纷选择维持现状,对戴森的新发明敬而远之,戴森竟找不到一个合作者,他的公司曾一度接近破产。

但戴森把永不放弃当作人生信条。1985 年,他带着自己的产品来到日本,寻找合作对象,没想到双气旋吸尘器在日本受到意想不到的欢迎。1986 年,日本开始销售 G-Force。1991 年,这一发明获得了日本举办的国际设计博览会大奖。在日本,拥有一台 G-Force 成为有钱人身份的象征。

1993 年,戴森在英国开设了研发中心和工厂,戴森牌吸尘器开始迅速占领英国市场。如今,戴森的公司已成为国际性的家电设计制造公司,产品在全世界37 个国家销售,公司收入的 90% 以上来自真空吸尘器。为了革新,戴森公司雇用了 1200 名科学家和工程师。近期,戴森的公司又推出了新一代球形吸尘器The ball 作为双气旋吸尘器的换代产品,为此戴森公司投入 5000 万英镑的科研资金。

戴森出生于 1947 年 5 月 2 日。戴森说他成功的契机来自父亲的突然死亡,他的父亲是一名教授古典文学的教师,在戴森 9 岁时死于癌症。当时,戴森正在父亲任教的那所寄宿学校读书,父亲的去世让他丧失了以前的待遇。他说:"我感到了待遇的差别和标准的降低,从那时起我就明白,我必须自我奋斗,于是我变得非常具有竞争意识。"他开始参加长跑,学习吹奏低音管,努力证明自己。最后,他考入皇家艺术学院,学习家具设计和室内设计。毕业后,他来到特伦斯·康伦设计集团工作。他的老板康伦这样评价他:"我想他已经通过他在全世界的成功,证明了自己的发奋成功的决心。他是一个思想专一的人,但同时懂得享受生活。他并不是一个工作狂,而是很会生活的人。他会跑到在法国的私人别墅度假,对园艺也非常感兴趣,爱好广泛。"

其实,戴森之所以被尊为"英国设计之王",是因为他的重大发明创造不止双气旋吸尘器一项。1966—1970 年,戴森就读于皇家艺术学院,学习家具设计和室内设计。学习期间他就进行了许多设计活动,有过一些设计与发明。

由他设计的名为"海上卡车"的汽艇获得设计协会奖和爱丁堡公爵特别奖,如今这一汽艇在利比亚等国家被广泛使用。1974 年,戴森开始自行设计球轮小推车,该小推车获得了 1977 年的建筑创新奖。

戴森现任英国设计协会主席,是政府发明方面的顾问。双气旋真空吸尘器的发明,让 58 岁的戴森就拥有了 8 亿英镑身价,在英国富人榜上名列第 37 位。

吸尘器是家居日用品,大家对这种创新产品在生活中的应用非常熟悉,以此为例来说明产品创新再合适不过了。工业设计师和创业者戴森在设计他的第一台吸尘器戴森 001 时,已经预想到他的产品会成为每家每户的必需品。

从商业的角度来说,产品创新的吸引力在于一个新产品会促使消费者产生购买欲,所以安索夫把"产品开发"作为未来企业发展的四大战略之一。当然,产品创新并不一定是日用消费品,也可以是机械设备等工业用产品。产品创新包含的范围很广,可以是技术要求很高的产品,也可以是体现创意的小工艺品。

案例 1-3

耳机绕线器

耳机平时不容易存放,用这种小物件(图 1-6)可以将耳机缠绕起来,方便存放。这也属于产品创新,但技术含量并不高。

图 1-6　耳机绕线器

2.服务创新

服务创新表现为新的服务应用,它和产品创新一样重要,却常常被忽视。原因之一是它往往不具备很强的轰动效应,不那么令人耳目一新。

就创新而言,公众更容易把发明等同于创新,发明的新颖性较强,发明的产物常常是产品。

服务创新通常体现在用一种新的方式提供服务,如通过一种完全不同的商务模式,有时候甚至能创造出一种崭新的服务。

创新创业故事

饿 了 么

"饿了么"是 2008 年由张旭豪、康嘉等人在上海创立的本地生活平台,主营在线外卖、新零售、即时配送和餐饮供应链等业务,公司秉承"极致""激情""创新"的信仰,致力于推进餐饮行业数字化的发展进程。

在这个外卖行业竞争十分激烈的时期,饿了么创始人张旭豪曾在 2017 年的年会上宣布,下一个 9 年,饿了么的一大战略将是 Make Everything 30 min,致力于用创新科技打造全球领先的本地生活平台,推动中国餐饮行业的数字化进程,将外卖培养成中国人继做饭、吃食堂后的第三种常规就餐方式。截至 2017 年 6 月,饿了么业绩持续高速增长,公司员工超过 15000 人,其在线外卖平台覆盖了全国 2000 个城市,加盟餐厅 130 万家,用户量达 2.6 亿。

饿了么是中国最大的餐饮 O2O 平台之一。进入主界面,这里有"我要订餐""我要预订"和"饿单中心"三个选项,主要功能都集中在"我要订餐"里。经过几秒的搜索,附近的餐厅就出现了。下方显示了最低起送价和预计送达时间,软件还是非常细心的,居然连麻辣烫都能列得出来。搜索区里有个语音识别功能,右上角的筛选功能能够迅速筛选掉不想吃的餐厅。选择一家餐厅,可以直接点餐,数量和总价都非常明了。进入购物车,结账,接下来录入详细的地址就直接生成了订单。预定信息可以在订单中心进行查询,可以实时看到餐点的状态。足不出户,很快你心仪的美味就会登门。

最近几年网络和通信业务的发展使很多类似于"直线"业务的服务创新萌生出来,新技术不仅被用来为客户提供更好的服务,还在改变人们的生活方式和企业的经营模式。

案例 1-4

代 客 泊 车

"代客泊车"在国人眼里是个新名词。近年来,随着有车族逐渐增多,去商场购物时停车难变成了突出的问题,尤其像北京、上海、广州这样的大城市,近年来这一矛盾日益突出。

北京赛特购物中心为了解决这一矛盾,从 1996 年 8 月开始,便推出一项名为"代客泊车"的服务方式:顾客来此购物,无须再为停车难发愁,只要将车交给泊车员,便可以放心地去购物。泊车员会把车安全地停放在地下车库内,待顾客购物以后再凭牌取车,且手续简便,顾客只需付存车费。赛特购物中心实行这项服务完全不是为了赚钱,而是要更好地树立企业形象。可以说,在国内提供此项服务的商家中,赛特是第一家。

有时候,创新是创造一种前所未有的服务方式,网上拍卖 eBay 以及网上结算都属于这种创新。联邦快递公司是弗雷德里克·W.史密斯的创新结晶,虽说仍属于已经颇为成熟的包裹运输业,但史密斯首先想出了用中心辐射系统来隔日递送包裹。公司白天收取包裹,之后用卡车把它们运送到机场,在那里进行分理,然后连夜装上飞机,飞往各个目的地,到达当地的处理中心,第二天派送到客户的手中。

3.工艺创新

工艺创新是生产和传输某种新产品或服务的新方式,如对产品的加工过程、工艺路线及设备所进行的创新。

工艺创新虽然排在第三位,但是工艺创新对社会的影响比前两者大。19 世纪早期在诺丁汉本地和周围地区出现过一阵反机器运动,那些在家庭作坊里劳动的织袜工人经常发起暴动,砸坏工厂里更高效的新机器,他们害怕这些新机器会抢夺他们的生计。工艺创新对社会产生的影响力可见一斑。尽管工艺创新的知名度远没有产品创新高,但工艺创新的例证比比皆是,其中不乏一些对社会产生重大影响的创新。

创新创意故事

复印机的发明

卡尔森 12 岁时,长得又瘦又高。为了帮助父母养家糊口,他在加利福尼亚州圣贝纳迪诺干零活。14 岁那年,他挑起了照料双亲的重担,每天早早就得起床,上学前先去商店擦玻璃橱窗,下午还得去银行和报社打扫,每星期六要从早晨六点一直忙到晚上六点。他的父亲是一位流动理发师,由于关节炎和肺病而无法工作。母亲也患有肺病,长年卧床不起。他俩就生了卡尔森一个孩子。

生活上的重担压得卡尔森喘不过气来,许多小孩子处于这种压力下早就退学了。但是,卡尔森顶住了。他念初中时除了做看门的工作外,还在印刷厂当学徒。高中时他除了继续干擦洗玻璃窗、打扫地板等活计外,还利用星期六和星期天在化学实验室工作。他先进入里弗赛德专科学校学习,然后又在加利福尼亚州理工学院念书。他艰苦奋斗了 5 年,可是,他却欠了 1400 美元的债。

1930 年,工作特别难找,卡尔森给 82 家公司写信要求工作,但是只有两家公司给他复函,还表示不能雇用他。最后,卡尔森总算在纽约一家电子公司的专利部门找到了一个固定的工作。在那儿复制文件和图表之类的麻烦事给他留下了不可磨灭的印象。

手稿必须重新打印出来,图表得送到照相复印公司去复印,这既花钱又费时间。他心想如果在办公室里有一架机器,只要把原文本塞进这架机器里,一按电钮就可得到一模一样的复本,那该有多好呀! 1935 年,他开始着手研制这种机器。当时人们同现在一样,总认为没有设备完善、规模巨大的实验室就不可能有重大发明。29 岁的卡尔森,瘦瘦的个子,虽然两眼近视,却是个意志坚强、锲而不舍的人。他单枪匹马埋头干了三年,细心观察光怎样作用于物质,不断探索图像从一张纸传到另一张纸上面的独特方法。星期六、星期天白天和工作日的晚上,纽约公共图书馆内都留下了他勤奋学习的身影,甚至在地铁里他也在思考问题。对他来说,时间永远不够用,因为他身负三副重担:白天他得努力工作来保住他的饭碗;夜晚去夜校读书,以便取得学位;百忙之中还要实现他的夙愿——研制复印机。通过理论上的探索,他终于掌握了静电学。1937 年,他正式提出申请,要求获得"静电摄影法"的专利权。卡尔森确信他已掌握了静电复印的基本概念,但是他还得把理论用于实际。他便把自己唯一的一间起居室的壁橱改成临时实验室,但结果证明它不能适应实验需要。因此,他在长岛的阿斯托里亚租了一小间简陋房子,在里面配备了实验用的物品。另外,他节衣缩食,用节省下的钱雇用了一位实验助手,帮他一起做实验。

1938 年 10 月 22 日,在这间简陋的房间里,卡尔森用墨水在一块玻璃板上书写了"阿斯托里亚 1938.10.22"几个字,又用一块布手帕在涂硫金属板上拭擦,使它带上电荷,然后隔着写有字的玻璃板,在泛光灯下将这块金属板曝光 3 秒钟,又在板上显示出来了。接着卡尔森又把一张蜡纸平压在涂硫的金属板上,纸上也复印出了相同的字。这就是世界上最早的静电复印,以后这种方法被命名为"静电印刷术"。然而,对卡尔森来说,以后几年的经历并不是一帆风顺的。根据他的图纸设计生产的各种复印机总不能使他满意。他想方设法推广这种机器,以引起人们的注意,可是他发现人们对他的发明漠不关心。1939—1944 年间,包括雷明顿·兰德和国际商业机器公司在内的二十多家公司拒绝接受卡尔森的新产品。尽管美国全国发明者理事会看到复印机的需要,却否定了卡尔森的制作法。

卡尔森仍不断地向四处发信,打电话,以加强他的专利权地位。1944 年,他专程到了俄亥俄州的哥伦布市向非营利性工业研究机构巴特尔纪念学院展示了他的制作法,"巴特尔"表示同意从事复印机的发展工作,但要将收益的 60% 付给该学院。然而,制造商们对此仍毫无兴趣。其中有的人把卡尔森制作法称为"粗糙或玩具式器具"。

根据合同,"巴特尔"用于研究静电复印机付出的费用超过某个限度时,卡尔森就得多付15000美元。卡尔森取出自己的银行存款,好言劝其亲属慷慨解囊,帮助他凑足资金。不久,势头开始变了。纽约罗彻斯特的一家小公司开始为卡尔森做小笔推销。1947年4月,卡尔森收到了"巴特尔"汇出的第一张2500美元专利支票。但直到1950年,静电复印机才在市场上出售。此后又过了10年,"巴特尔"生产了914型书桌大小的复印机,人们只要一按电钮就可以在一般的纸张上得到干印复本。

当时,在市场上出售的复印机有好多种型号,其中有伊斯门柯达克公司的一种采用化合显影剂的"湿写"复印机和明尼苏达矿业公司的一种利用红外线灯光热量在纸上形成图像的"热写"复印机。而静电复印机突出的优点是:这种复印机用干写法,不需要化学药品或特殊的纸张,而加工出的复印件质量特别好。

静电复印机在我国是20世纪70年代后期被广泛地应用起来的一种复印工具。它作为现代办公室用品大踏步地走进办公室,日益受到人们欢迎。

卡尔森发明的复印机听上去并不是一个很了不起的革新,但对办公室行政系统的管理意义重大。只要看一下复印机出现故障时办公室乱套的样子,就会意识到我们非常依赖它。

阿拉斯泰尔·皮尔金顿开发的"浮法玻璃"生产工艺更是鲜为人知,但也对社会做出了重大的贡献。用这种工艺生产平板玻璃是把玻璃提取出来放在熔化的锡床上。在这种新工艺出现之前,做橱窗玻璃或办公室玻璃窗所用的平板玻璃的制造成本很高,而且质量差,因为当时唯一能够使玻璃表面平整的方法是打磨和抛光。而一次成型的"浮法玻璃"制造工艺省却了耗时耗力的打磨和抛光流程,大幅度降低了成本。建筑师和地产商在建造新楼时可以指定使用大块的玻璃,而之前由于成本的原因会非常谨慎。最近30多年间,办公楼、宾馆、机场和大型商场都大量采用了玻璃幕墙。

企业生产领域工艺创新的案例不胜枚举,大学生在创业过程中要敢于从工艺视角对原产品进行创新开发,以解决原有产品的"痛点",更好地满足用户需求。

案例1-5

"青蒿素"的提取

我国中医临床治疗从中药中提取有效的成分,基本上都是采用"热提取工艺"。

可是,用这种方式,却不能像古书上所记载的有效地从青蒿中提取有效的抗疟疾的成分来,许多研究人员对此百思不得其解。中医研究院的一位研究人员通过查阅大量的文献资料,经过反复思索,突破了思维定势的束缚,终于悟出了一条道理——过去惯用的热提取方法,之所以不行,是因为破坏了青蒿中所含的有效成分。于是,这位研究人员按照这个思路想下去,革新了惯用的加热方法,采用了"乙醇冷浸法"。使用了这个新提取工艺以后,又经过反复的实践,终于得到了有效成分,再经过提纯,最后获得了成功,得到了"青蒿素"这个具有世界意义的抗疟疾新药品。

今天,类似的生产革新还在继续,这一次并不是发生在工厂而是发生在办公室。电子商务、电子金融大幅度地削减了纸质文件和人工操作的需要,这使得包括航空公司和保险公司在内的几乎所有公司都会对网上订购的客户提供折扣优惠。网上交易意味着减少用纸,减轻人们工作负荷,节约成本。最近银行大量裁员就可以看出服务创新给社会带来的巨变。

4.商业模式创新

商业模式就是创造和传递客户价值与公司价值的系统。商业模式创新旨在对企业基本经营方式进行变革,对客户价值和公司价值传递方式进行创新,是现代经济环境下企业获得核心竞争力的关键。具体内容将在"创业基础"课程中详细论述。

(二)创新的类型

一直以来,我们都可以根据创新的新颖程度来区分创新。有些创新的革新程度非常高,而有些则只是在原有的设计上稍作一些"表面"的修改。其中一种区分的方法就是根据变革的程度把创新分成激进式创新和渐进式创新。但是,只用这两种类型区分创新不能精确地描绘出各种创新之间微妙却很重要的差别,尤其是这种分类法还不能显示出创新"新"在何处。为此,亨德森和克拉克采用了一种更为复杂的分析方式。尽管这种分析方式较多地围绕着产品创新,但它对服务创新和工艺创新同样适用。亨德森和克拉克分析框架的核心是把产品看作系统,既然是系统,它们就是由各个组件配合而成,最终形成某种既定性能的体系。比如:

水笔＝笔头＋墨水管＋笔杆＋笔盖

系统＝各个部分的相互作用

亨德森和克拉克指出,制造一个产品一般需要两种完全不同类型的知识:一是组件知识,如了解每个组件如何在产品整体系统中发挥功效,这些知识构成了组件的"核心设计理念";二是系统知识,如了解如何将组件整合和连接在一起,这些知识涉及系统是如何运作的,以及各个组件是如何配置在一起工作的。亨德森和克拉克把它称作"结构"知识。

亨德森和克拉克根据组件知识和系统知识的区别把创新分成四种类型，见表1-1。

表 1-1　创新的类型

创新	组件	系统
渐进式创新	改进	未改变
激进式创新	新	新配置/新构造
模组创新	新	未改变
建构创新	改进	新配置/新构造

1.渐进式创新

渐进式创新是将现有的设计在组件上精益求精，再做改进。很重要的一点是只做改进，不做改变：组件没有发生很大的变化。有人是这样定义渐进式创新的："改变是在结构不变的基础上，运用企业的专长在组件技术上做进一步提高。"洗衣机的创新实例就是渐进式创新，它通过技术改良使电动机的功率更大从而提供更快的转速，转速决定了衣服的甩干程度。20年前，洗衣机的最快转速大约为1000转/分钟，后来转速得到改进，现在已经高达1600转/分钟。

渐进式创新最为常见。知识随着时间不断增长，材料不断变化改进，产品和服务随之越来越好。但是，这些改良只是组件的不断完善，系统本身不发生变化。

案例 1-6

腾讯 QQ

截至目前，腾讯发布了数以百计个版本的QQ，这其中当然有大的重构和功能的革新，但更多的是遍布在小版本中的渐进式创新。腾讯公司对QQ的版本基本上是一个月更新一次！一般只有1～2周的时间做界面设计，并且大部分进度是与开发重合的。产品经理（如果有的话）根据用户反馈和竞争对手的情况做需求分析，界面设计和开发同步进行。一个月一个版本，更能抓住用户需求的变化，有更大机会在不断开火中瞄准市场，也有更多机会尝试创新。

创新是企业保持竞争力的保证，近年来，互联网人都讲"微创新"，这个词虽然道出了创新的"形"，但未道出"势"。"渐进式创新"更好地描述了在产品上进行的循序渐进式的创新改良。

2.激进式创新

激进式创新远远不是只对现有的设计进行改良。激进式创新需要完全诞生一个新的设计,最好用全新的组件做全新的配置。亨德森和克拉克是这样描述的:"激进式创新创造了一个新的主导设计,其中融入了一套新的设计理念,各个组件有机相连,形成全新的结构。"

激进式创新相对较少,有人估测可能只有10%的创新属于激进式创新。激进式创新常常伴随着新技术的出现而出现(表1-2),有些时候这种技术会带来巨大的变化。

表1-2 激进式创新

激进式创新	技术	对社会的影响
电话	电信	大众通信的新方式
喷气式飞机	喷气发动	大批出游、国外度假
电视	传播技术	娱乐休闲新方式
个人电脑	微处理器	新的行政系统、网上业务

新的组件在激进式创新中出现,并通过新的方式组合成一个新的整体。

案例 1-7

绝不等待别人允许你创新

1956 年,美国一家小公司发明了一种称为 Hush-a-Phone 的塑料杯装置,用来放在电话听筒的下端,便于在嘈杂背景下用电话进行谈话——就像将你的手做成杯状放在电话上面。

当 Hush-a-Phone 上市时,立刻招致了美国电话电报公司(当时美国公共电话服务的垄断经营商)的反对,声称向电话系统附加任何没有经过美国电话电报公司同意的装置都是违法的。因此,Hush-a-Phone 没有获得批准。联邦通信委员会同意美国电话电报公司的说法,该装置没有和电话网络相连,这根本是无稽之谈。Hush-a-Phone 就这样很快成了历史。

几年之后,当保罗·巴兰提出一个最终支持网络的封装交换系统时,美国电话电报公司先是冷嘲热讽了一通,继而阻挠其发展。美国电话电报公司的一个管理人员最后对巴兰说:"首先,它不可能成功。即使它成功,我们怎么可能允许创造一个竞争对手呢!"

请注意"允许"一词,仅这个词就很好地解释了为什么我们不应该让既有的规则成为创新的看门人。

激进式创新是破坏性的改变,是一种毁灭式的创新,是一种推翻、替代或转变现有商业模式、客户期望和政府模式的发展,会创造出前所未有、令人难以想象的可能性。也就是说,这是颠覆现状的改变。这种创新令既定的规则制定者感到恐慌,所以常常会竭力压制创新。但是,如果我们的社会和经济想保持活力,这种创新才是更重要的。

3.模组创新

模组创新沿用现有产品系统中原有的结构和配置,但更换了采用新设计思路的新组件。

创新创意故事

发条收音机

这类创新的一个实例就是特雷弗·贝里斯发明的发条收音机。这种收音机已经伴随我们很长一段时间了。普通收音机需要靠电能运转,通常由外部电源或电池供电。发条收音机的创新之处在于它采用了一种全新的供能方式,它使用了弹簧式的装置。收音机中诸如喇叭、调谐器、扬声器和接收器等组件并没有改变。作为收音机,它的工作原理和其他收音机并没有什么差别,它采用了同样的结构来安排各个组件,以常规方式把这些组件相连构成一个系统。但是,作为发条装置,它不需要外部的电源,对于世界上那些无法得到持续供电的地区,这个特性就显得十分有价值了。

模组创新与渐进式创新有相似之处,都不是完全推出一套新的设计,它只在组件上做出更新,或者在原来的基础上做重大的修正。在发条收音机的例子中,只有供电方式发生了变化,收音机的工作原理和其他收音机没什么不同。模组创新最主要的特点是采用了新的组件,特别是新组件中含有新科技成分。新科技可能会改变整个系统中一个或几个组件的运作方式,但整个系统和其配置或者结构都没有发生变化。模组创新虽然没有激进式创新那么容易产生戏剧效应,但是对社会依然能产生重大的影响。在发条收音机的例子中,人们还像平常那样收听收音机,但它无须外接电源,这就使那些居住在穷乡僻壤、供电不稳定地区的人也能够享受到收音机带来的乐趣。发条收音机在发达国家也开拓出了一片新市场,如让那些徒步旅行者能用收音机了解外界的信息。

4.建构创新

在建构创新中,组件和相关的设计思想没有发生变化,但整个系统和结构的配置出现了变化,确定了新的组合方式。亨德森和克拉克指出:"建构创新的精髓在于将原有系统中的组件重新进行整合,用一种新的方式将这些组件集成在一起。"这并不是说组件一点也不发生改变,制造商完全可以精心完善各个组件,但变化不会太大,它们基本上还是像往常一样发挥它们应有的性能,不过是在一个新设计和新配置的系统中工作。

创新创意故事

索尼随身听

建构创新一个典型的例子是索尼随身听的出现。随身听在刚出现时是一个高度创新的产品,但它几乎或者根本没有包含新的技术,随身听内部所有的核心组件都曾在其他产品上试验、测试和应用过。可以录放音乐的便携式录音机已经问世很多年了。索尼的设计师用一个已有的、小型卡式录音机为起点试验他们的构想,这台机器被称为"新闻人",是专为新闻播报员而设计的轻型录音机。他们拆掉了录音线路和喇叭,装上了一个小型立体声扬声器,再配上一个轻便的耳机,整个机器就完成了。由于新的机器上没有喇叭,于是对功率要求就大大降低。不需要喇叭意味着可以把机器做得更小,而对功率的要求不高意味着使用小型电池就可以了,这样机器更轻。于是,一个拥有完全不同结构的全新系统呼之欲出,随身听就这样诞生了。它是一个新的音响产品,属于个人的音响系统,可以让那些年轻人边走边听音乐,免受年长的一代人对噪音的抱怨之苦。

随身听获得了巨大的商业成功,两年中销量增至 150 万台。它的意义并不只是在于随身听成了一个畅销的产品,更说明了建构创新所体现出的能量。它不仅保住了索尼公司电子消费产品领先者的地位,还对社会产生了更为深远的影响。其他生产商很快开始模仿他们,更为重要的是,它改变了消费者的行为习惯。年轻人发现他们可以借助随身听从事其他很多健康的活动,如慢跑、散步和健身训练,因此,随身听在帮助年轻人培养良好生活方式的过程中功不可没。

渐进式创新、激进式创新、模组创新、建构创新这四种分类中,没有一种是和其他类型严格区分的,它们之间一定有交叉重叠的部分。以这种方式进行分类的好处在于以下几点:

第一,可以表明技术和技术变革对创新的影响差异很大,技术可以通过很多方式发挥作用,但它对整个系统和单个组件所产生的影响大相径庭。因此,这种分类法就具有了预测功能,它可以用来更为有效地评估一项创新可能产生的影响力。

第二,能够解释为什么不同的企业对采用新技术会做出不同的反应。如果技术只影响组件,就会巩固原有生产者的竞争力,他们将会积极拥护这种变革;反过来,如果技术变革最终会导致整个系统发生变化,需要引入新的构造,是"创造式的破坏"在发生作用,那么原有的生产者的地位就会受到威胁和动摇,他们会对此耿耿于怀,表现出强烈的抵制。

第三,帮助我们理解技术变革的演进过程。新技术刚刚出现时常常会引发大量的带有不同构造的系统设计,互相竞赛,直到最终淘汰掉一些普通设计,主导设计渐渐浮出水面,被大多数生产商采用。这种演变过程比较常见,对未来的创新者和企业家有重要的指导意义。如果他们是行业的新进入者,就有必要认识到,他们会经历一个淘汰阶段,更重要的是,他们必须认识到最后公认的主导设计并不一定在技术上和市场上比竞争对手更胜一筹。英文键盘被采纳就说明有时候略为逊色的设计也会成为主导设计。

了解了什么是创新、创新有何意义以及创新的分类之后,那谁来实施创新呢?创新的主体是人。陶行知曾经说过:"处处是创造之地,天天是创造之时,人人是创造之人。"大学生是社会创新的中坚力量。对于当代大学生来说,创新并不是遥不可及。大学生在听到创新的字眼时,往往会表现出一种胆怯和排斥,认为自己根本不会创新。深受应试教育影响的当代大学生更是如此。本书就是从创新能力与创新人格、创意开发、创新过程、创新思维、创新技法、创新创意实践等方面让学生了解如何去创新以及如何去提高自己的创新能力。

四、创新能力内涵

创新能力是为了达到某一目标,综合运用所掌握的知识,通过分析解决问题,获得新颖、独创、具有社会价值的精神和物质财富的能力。创新能力是个体的一种创造力,它从来就不是孤立地存在于个体的心理活动中,而是与每个人都具有的人格特征紧密相连的。古今中外科学发展史的实践证明,优秀的人格特征是创造力充分发挥的必备心理品质。

创新能力也称创造力,是人才的核心能力,通俗地讲就是发现问题、提出新设想、创造新事物的能力。

综观近十年的研究成果,虽然国内学者对创新能力的理解各不相同,但他们对创新能力内涵的阐述基本上可以划分为以下三种观点。

(一)张宝臣、李燕、张鹏观点

认为创新能力是个体运用一切已知信息,包括已有的知识和经验等,产生某种独特、新颖、有社会或个人价值的产品的能力。它包括创新意识、创新思维和创新技能三部分,核心是创新思维。

(二)安江英、田慧云观点

认为创新能力表现为两个相互关联的部分,一部分是对已有知识的获取、改组和运用,另一部分是对新思想、新技术、新产品的研究与发明。

(三)宋彬、庄寿强、彭宗祥、殷石龙观点

从创新能力应具备的知识结构着手,认为创新能力应具备的知识结构包括基础知识、专业知识、工具性知识或方法论知识以及综合性知识四类。

上述三种观点尽管表述方法有所不同,但基本上都能将创新能力的内涵解释清楚。

五、创新能力的特征

(一)普遍性

创新能力并不是神秘的、只有"天才人物"才具有的超凡能力,而是每个正常人都具有的一种普遍能力。人的先天生理素质(如脑容量的大小、体质的强弱等)不能决定创造力的高低,后天获得的种种附加因素(如学历、职业、财富等)也不能体现创造力的发展程度。学生、工人、农民、科学家,每一个人都可能成为新事物的创造者,人人都有创造力。孟子就有"人人皆尧舜"的说法,这可谓是对创新能力普遍性的一种朴素认识。近代研究表明,创新能力是人脑的功能,主要蕴藏在人的大脑右半球。人脑的左右半球分工不同,右半球承担着形象思维、直观思维、空间想象能力及艺术表现能力;左半球是记忆、语言、计算、排列、分类、逻辑思维的指挥中心。首先,由右半球提出一个看起来不合逻辑的创造性设想;其次,由左半球将其转化成语言和逻辑表达而表现出来;最后,完成一个创新过程。每一个健全人体内都蕴藏着丰富的与生俱来的生理、心理和思维素质,只要大家具有创新意识,方法得当,人人都能发挥创造能力。

（二）潜在性与可开发性

创新能力是人人都有的，每个人的创造力都是大致相同的，即便有区别也没有数量级的区别。人脑的潜力相当大，正常人平均有总数达 140 亿个的脑细胞，其中经常处于活动状态的只占总数的 8% 左右，90% 以上的脑细胞处于相对静止或睡眠状态。创造力如果不去挖掘，它永远都是潜力，人的创新性之所以表现得差别极大，是因为开发的程度不同。正是在不断训练、不断挖掘、不断开发的前提下，创造力才得以发展提升，发挥越来越大的作用。以往传统的教育与训练，往往强调的是左半球的开发，而右半球还处于待开发状态，还有极大的潜能没有利用起来，如果能通过某些训练让更多的脑细胞活跃起来，创新能力将会大大提高。

创新创意故事

士别三日，当刮目相看

吕蒙，字子明，汝南郡富陂县（今安徽阜南东南）人，少年时即随姐夫邓当渡江。邓当为孙策部将，吕蒙年仅十五六岁即随军出征。邓当死后，吕蒙代领其众，随孙权征战各地。与刘表部将黄祖作战时，吕蒙为先锋，阵斩陈就，受任横野中郎将，赐钱千万。在赤壁之战中，吕蒙与周瑜、程普击败曹军，围曹仁于南郡，曹仁败走，进据南郡，晋位偏将军，任浔阳县令。

吕蒙初不习文，孙权开导他和另一个勇将蒋钦说："你们如今都身居要职，掌管国事，应当多读书，使自己不断进步。"吕蒙推托说："在军营中常常苦于事务繁多，恐怕不容许再读书了。"孙权耐心指出："我难道要你们去钻研经书做博士吗？只不过叫你们多浏览些书，了解历史往事，增加见识罢了。你们说谁的事务能有我这样多呢？我年轻时就读过《诗经》《尚书》《礼记》《左传》《国语》，只是不读《周易》。自我执政以来，又仔细研究了'三史'（《史记》《汉书》《东观汉记》）及各家的兵法，自己觉得大有收益。像你们二人，思想气质颖悟，学习一定会有收益，怎么可以不读书呢？应该先读《孙子》《六韬》《左传》《国语》以及'三史'。孙子曾经说过：'整天不吃、整夜不睡地空想，没有好处，还不如去学习。'东汉光武帝承担着指挥战争的重担，仍是手不释卷。曹操也说自己老而好学。你们为什么偏偏不能勉励自己呢？"吕蒙从此开始学习，专心勤奋，他所看过的书籍，连那些老儒生也赶不上。

公元 210 年（建安十五年），鲁肃继周瑜掌管吴军。鲁肃到陆口，途经吕蒙驻地。鲁肃为一代儒将，认为吕蒙有勇无谋，武夫出身，有些轻视他。周瑜曾对鲁肃说："吕将军功名日显，不可以故意待也，君宜顾之。"鲁肃遂见吕蒙。酒到酣处，吕蒙问鲁肃:"君受重任,与关羽为邻,将何计略以备不虞?"鲁肃仓促回答说:"临时施宜。"吕蒙说:"今东西虽为一家,而关羽实熊虎也,计安可不预定?"于是,吕蒙详尽地分析当时的利害,为鲁肃筹划了三个方案。鲁肃闻后,大惊,跃席而起,靠近吕蒙,亲切地拍着他的背,赞叹道:"吕子明,吾不知卿才略所及乃至于此也。"还说:"卿今者才略,非复吴下阿蒙!"吕蒙说:"士别三日,即更刮目相待,大兄何见事之晚乎!"从此,二人结为好友,过从甚密。后吕蒙计取三郡,濡须拒曹,收复荆州,与周瑜、鲁肃、陆逊一起被后世视为"东吴四大都督"。罗贯中赞曰:"生子当如孙仲谋,吕蒙谈笑便封侯。白衣摇橹真奇计,一举荆襄取次休。一笠覆官铠,犹然遭重刑。荆州万民心,从此俱安宁。势去人离奈若何?休言百万甲兵多。吕蒙预定招降计,决胜张良散楚歌。"

六、创新能力的构成

创新能力是一种综合能力,是人创造性思维功能、优秀的心理素质和社会实践能力的有机整合和集中表现。我们观察创新人物的能力构成时,会发现没有一个是单一的,都是多种能力的综合,并且这种综合是独特的,具有鲜明的个性色彩。

(一)创新能力的影响因素

1.知识与技能

虽然知识和技能的多少并不能完全决定创新能力的强弱,但是知识和技能是创新的基础和原材料,没有知识,不懂技能,是很难产生创造成果的。一个对光电知识一无所知的人很难发明出新型的电灯来,一个对计算机一窍不通的人很难开发出新的操作系统。不了解前人的成果、眼光狭隘、知识贫乏的人是很难做出重大科学发现和技术发明的。虽然有些人学历并不高,但他们通过多种形式的自学,掌握了一定的专业知识和技能,积累了大量的经验知识和技能,为其创新打下了基础。知识和技能的掌握,在很大程度上决定着认识能力、解决实际问题能力的大小。在创造力构成要素中,一般知识和经验为创造提供了广泛的背景,而专业知识、创造性知识、特殊领域知识等专门知识则直接影响创造力层次的高低。

2.智能因素

与创新能力密切相关的智能因素可分为三类:一是一般智能,如观察力、注意力、记忆力、思维力、想象力,它体现了人们检索、处理以及综合运用信息,对事物做间接、概括反应的能力,是人从事一切活动都必需的能力,即我们常说的智商。智力高低不能决定创新能力的强弱,但创新能力强的人一定有较高的智商,智商低的人不会具有很强的创新能力。二是创造性思维能力,主要指发散思维能力,如创造性的想象能力、逻辑加工能力、思维调控能力、直觉思维能力、推理能力、灵感思维及捕捉机遇的能力等。它体现出人们在进行创造性思维时的心理活动水平,是创造力的实质和核心。三是特殊智能,指在某种专业活动中表现出来的并能保证这种专业活动获得高效率的能力,可视为某些一般智能专门化的发展,如音乐能力、绘画能力、体育能力、操作能力等。特殊智能有助于人们在特殊领域进行创新活动。

3.非智力因素

非智力因素包含两种因素:一种是创新意识因素,指对与创新有关的信息及创新活动、方法、过程本身的综合觉察与认识,也可以简单地理解为创新的欲望,包括动机、兴趣、好奇心、求知欲、探究性、主动性、对问题的敏感性等。培养创新意识,可以激发创新动机,产生创新兴趣,提高创新热情,形成创新习惯。从某种意义上说,一个人能做出创新性成果,创新意识要比创新方法更重要,尤其在创新的初期,因为创新意识能使人们自觉地关注问题,从而发现问题。想创新的欲望决定了创新过程的发动,任何一个人如果他不想去创新,纵然再有才能,也不可能成功。另一种是创新人格因素,指创新过程中积极的、开放的心理状态,包括怀疑精神、冒险精神、挑战精神、献身精神、使命感、责任感、事业心、自信心、热情、勇气、意志、毅力、恒心等。在创新活动中,创新人格往往是成功的关键。研究表明,知识与技能是创新活动的元器件,智力因素是创新活动的操作系统,非智力因素是创新活动的动力和保障系统。非智力因素虽然不直接介入创新活动,但它以动机作用为核心对创新活动起着极其重要的作用。

(二)创新能力公式

我国学者提出一个创新能力的表达公式:

创新能力 $=K\times$创新性$\times$知识量^2

式中,K为一个常量,亦可视为个体的潜在创造力;创新性,是创新者的创新人格、创新思维及其所掌握的创新原理和方法的总和。

该公式又可表示为:

创新能力 $=K\times$(创新人格+创造性思维+创新方法+……)$\times$知识量^2

上述公式告诉我们,如果一个人的知识很多,创新性也很强,他就具有很强的创新能力;如果一个人知识很多,但创新性不强(如一些"老学究"式的人),他的创新能力也不会太强;如果一个人创新性很强,但知识量不够(如儿童),其创新能力也不会很强。但知识量和创新性存在一定的互补,如一些人有一项一般,而另一项很强,他也可能有较强的创新能力。

上述公式还告诉我们,个体创新能力的提高,主要依赖知识量和创新性两方面因素的增加。传统教育对知识的学习和积累非常重视,但是,一个人知识量的增加和累积需要一个长期的过程,这就需要在进行传统教育的同时进行创新教育,提高人们的创造性,从而大幅度提高人的创新能力。

创新测验

创 新 能 力 测 试

测试 1:创新思维能力测试

下面有 10 个题目,如果符合你的情况,回答"是",不符合回答"否",拿不准则回答"不确定"。

1.你认为那些使用古怪和生僻词语的作家,纯粹是为了炫耀。

2.无论什么问题,要让你产生兴趣,总比让别人产生兴趣困难得多。

3.对那些经常做没把握事情的人,你不看好他们。

4.你常常凭直觉来判断问题的正确与错误。

5.你善于分析问题,但不擅长对分析结果进行综合、提炼。

6.你审美能力较强。

7.你的兴趣在于不断提出新的建议,而不在于说服别人去接受这些建议。

8.你喜欢那些一门心思埋头苦干的人。

9.你不喜欢提那些显得无知的问题。

10.你做事总是有的放矢,不盲目。

评分标准:

题号	"是"评分	"不确定"评分	"否"评分
1	−1	0	2
2	0	1	4
3	0	1	2
4	4	0	−2
5	−1	0	2
6	3	0	−1
7	2	1	0
8	0	1	2
9	0	1	3
10	0	1	2

各题相加,统计总分,你的得分是_____。

1.得分22分以上,说明被测试者有较强的创造思维能力,适合从事环境较为自由、没有太多约束、对创新性有较高要求的职位,如美编、装潢设计、工程设计、软件编程等。

2.得分11~21分,说明被测试者善于在创造性与习惯做法之间找到均衡,具有一定的创新意识,适合从事管理工作,也适合从事与人打交道的工作,如市场营销。

3.得分10分以下,则说明被测试者缺乏创新思维能力,属于循规蹈矩的人,做人总是有板有眼,一丝不苟,适合从事对纪律性要求较高的职位,如会计、质量监督员等职位。

测试2:创造力测试

下面有20个问题,如符合你的情况,在括号里打上"√",不符合的则打"×"。

1.别人说话时,你总能专心倾听。(　　　)

2.完成了上级布置的某项工作时,你总有一种兴奋感。(　　　)

3.观察事物向来很精细。(　　　)

4.你在说话,以及写文章时经常采用类比的方法。(　　　)

5.你总能全神贯注地读书、书写或者绘画。(　　　)

6.你从来不迷信权威。(　　　)

7.对事物的各种原因喜欢寻根问底。(　　　)

8.平时喜欢学习或琢磨问题。(　　　)

9.经常思考事物的新答案和新结果。(　　　)

10.经常能够从别人的谈话中发现问题。(　　　)

11.从事带有创造性的工作时,经常忘记时间的推移。(　　　)

12.能够主动发现问题,以及和问题有关的各种联系。(　　　)

13.总是对周围的事物保持好奇心。(　　　)

14.经常能够预测事情的结果,并正确地验证这一结果。(　　　)

15.总是有些新设想在脑子里涌现。(　　　)

16.有很敏锐的观察力和准确提出问题的能力。(　　　)

17.遇到困难和挫折时,从不气馁。(　　　)

18.在工作上遇到困难时,常能采用自己独特的方法去解决。(　　　)

19.在解决问题过程中有新发现时,你总会感到十分兴奋。(　　　)

20.遇到问题,能从多方面多途径探索解决它的可能性。(　　　)

评分标准：

如果 20 道题都打"√"，则证明创造力很强；

如果有 13 道题打"√"，则证明创造力良好；

如果有 10～13 题打"√"，则证明创造力一般；

如果少于 10 道题打"√"，则证明创造力较差。

第二节　创新能力培养与开发

知识经济时代的竞争，实质上是知识创新和技术创新的竞争，归根到底是具有创新意识和创新能力的高素质人才的竞争，更是人才培养和教育的竞争。提高当代大学生的创新能力，对于促进未来国家建设和发展有着重要意义，也是提升中国国际竞争力的必经之路。

一、创新能力培养与开发的内涵

创新能力具有潜在性，在我们每个人的头脑中，天生就有一颗智慧的种子，心理学家把它称为类创造力或前创造力。我们要精心地培育它、开发它，让它生根、发芽、开花、结果，使潜在的创造力转化成现实的创造力。我们通常把类创造力或前创造力转化为现实创造力的过程称为创造力的培养与开发。

二、创新能力培养与开发的原理

（一）压力原理

适当的压力对创新能力的开发是十分有意义的，压力是驱散怠惰、激发求知欲的积极因素。对于创造者来说，其压力可能来自以下几个方面。

1.社会压力

社会压力主要是指来自制度、政策和法律等社会方面的压力。要有效地调节社会对创造者的压力，可以通过提高创造者的觉悟水平、增强创造者的时代感和责任心来进行。强烈的民族自豪感和责任心都可以产生一股压力，成为创新的动力。当前美国特朗普政府对我国发起贸易战，实际上是对中国实行高新技术封锁，使许多企业倍感压力，同时也激发企业自主研发的动力。

创新创意故事

有 GPS，为什么还要建北斗

　　成熟的美国 GPS 系统早已渗入中国经济、科研甚至国防的方方面面。十几年前中国研发北斗系统时，就有"花那么多钱还不如使用 GPS"的争论。但只要中国立志做一个有战略雄心的独立大国，答案就只有现在的这一个。在汶川地震和玉树地震中，国家也透露是用了这一套系统，所以在关键时候，还得看自己的。

　　"导航精度要高，要有自己的创新。"北斗系统的创新，是指北斗系统独有的，GPS 不具备的短报文通信功能。这 120 个字的短信功能有时候非常重要，用户之间可以互相联系。比如汶川地震的时候，所有通信都断了，救援队就依靠这个功能。社会的压力促使我们的技术人员不断地进行自主创新，推动了北斗系统的发展，虽然我们在技术上跟美国、欧洲的一些发达国家有差距，但是只要我们坚持去做，坚持去学习、改进，我们的技术一定能够实现赶超，让我们的卫星看得更清楚，运用得更灵活。

2.经济压力

　　虽然每个人对社会的需求层次是不相同的，但其中一个最基本的需求就是生存需求。生活在社会中的人，一方面具有永不满足现状的心态，另一方面又具有相对怠惰的心理，往往一旦达到了某种目的便不思进取了。所以，适当增加经济压力，不断进行反馈调节，也能促使人们继续发明和创造，以获得更好的经济效益。许多面临倒闭的工厂因职工创造出新产品而重新发展的事例是很多的。

创新创意故事

打工打来的专利

　　昆明冶金高等专科学校学生陈世宜家庭贫困，他上大学后，父母就离开家乡，随他一起来到昆明打工，供他上学。父母在昆明找到了一份生产水泥桩头的工作，先将土地平整密实，再将地面挖出一个锥形，然后将混凝土浇筑其中，经振动密实，待其自然硬化，最后再将地面挖开，取出桩头。就这样，他的父母和工友们一天能生产五六十个。为了能多生产一些桩头，陈世宜在课余时间也加入了他们的队伍，但他干了 3 天就支持不住了。因为这项工作实在是太繁重了，既费时又费力。陈世宜就想，能不能制作一个模具，将水泥注入模具直接生产，效率不就大大提高了吗？说干就干，他自己动手做了些模型，进行反复试验，经过一个月的摸索，陈世宜研究出了一套解决方案。看过陈世宜的演示后，父母和工友都认为效果不错，于是他们就找到了一家模具加工厂，按照陈世宜设计的模型和图纸生产了 3 个模具。第二天，他们仅仅使用 3 个模具就生产了 84 个桩头，而且工作量大大减轻！2009年 1 月，这个看似简单却很实用的发明"混凝土桩头预制成型模具"获得了国家专利。

3.工作(环境)压力

由于工作上的需要而不得不进行某些创新创造性活动，这就是工作压力。常见的各个科学院、研究所的攻关队、科研组等，它们在给研究者提供一定条件的同时也对他们造成一种工作(环境)压力。当然，工作压力太大或许会把人压垮，但如果工作上毫无压力的话，人的创新创造才能则难以发挥出来。

创新创业故事

电风扇吹香皂盒

联合利华引进了一条香皂包装生产线，结果发现这条生产线有个缺陷：常常会有盒子里没装入香皂。为了防止把空盒子卖给顾客，他们只得请了一个学自动化的博士后设计一个方案来分拣空的香皂盒。博士后拉起了一个十几人的科研攻关小组，综合采用了机械、微电子、自动化、X 射线探测等技术，花了几十万，成功地解决了问题。每当生产线上有空香皂盒通过，两旁的探测器就会检测到，并且驱动一只机械手把空香皂盒推走。

中国南方有个乡镇企业也买了同样的生产线，老板发现这个问题后大为恼火，找个小工来说："你马上把这个搞定，不然就别干了！"小工很快想出了办法：他花了 90 元钱在生产线旁边放了一台大功率电风扇猛吹，于是空香皂盒都被吹走了。

4. 自我压力

自我压力是指来自创造者自身的压力，即来自创造者对于事业执着追求和对于学术刻苦钻研的自觉性。创造者给自己规定了某种目标，即形成了一种内在的自我压力。凡为人类做出重大贡献的科学家和创造者，其成功之道多是靠自我压力。他们善于运用所掌握的知识巧妙地将外界压力转变为自我压力，从而调整自己的目标和行为以主动地开创新局面。在压力原理中，逆境无疑是一种极大的外

部压力。无数事实表明,逆境往往是通向成功的道路。"石压笋斜出,岸悬花倒生。"逆境更能锻炼创造者心理品质,使其更茁壮地成长。

(二)激励原理

1.信息激励

我们现在已步入信息社会,一个创造者要善于识别、寻找那些对自己创新创造活动有利的信息,多看、多听、多写、多想、多记,多接受教育和考查,多参加各类学术活动等,这样做才有利于自己创新创造力的开发。

2.心理激励

心理激励尤其是讨论和争论有利于人们创新创造力的开发。在1903—1905年的3年中,爱因斯坦经常同索洛文、贝索等年轻朋友在瑞士伯尔尼一家咖啡馆聚会并研讨学术问题。爱因斯坦关于狭义相对论的第一篇论文就是在这种讨论中孕育的。在他的这部划时代著作里,爱因斯坦没有引用任何文献,却提到了贝索对他的启发。

3.机制激励

机制激励是指建立一些有利于人们开发创新创造力的纪律、制度条文、法规,以鼓励人们创新创造力的开发。它在一定意义上属于创造环境的范畴。例如,我国国家创新体系的建立,就对开发国民的创新创造力有不可估量的作用,促成了一大批创造成果的问世及将其向市场转化。此外,我国《专利法》的再次修改以及各种创新奖励条文的出台,均有力地激发了人们创新创造力的开发。从创造学意义上说,我国政府和相关部门所做的有关创新方面的工作,绝大多数属于机制激励的范畴。

(三)调节原理

对于创造者来说,在某一个时期的创新创造活动应该有一个相对稳定的奋斗目标。但是,有时也不能死盯在一个目标上,创造者常常需要根据自己的实力状况和环境条件的变化,特别是在抓住创新创造过程中的各种机遇以后,经过反复比较而对原有的目标进行适当的动态调节。当然,这种动态调节并不是见异思迁,而是更好地发挥创造者自己的创造优势,从而达到最佳的创造效果。这种调节本身也就是创新创造力开发的过程。德福雷斯特为发明高效率的检波器,苦苦研究了四五年,但这时从英国传来弗莱明成功发明二极整流真空电子管的消息。这种电子管,在当时就叫二极管,它是理想的检波器。弗莱明的成功,标志着德福雷斯特在这场国际竞争中的失败。听到弗莱明成功的消息,德福雷斯特感到很懊丧:自己多年奋斗的目标被别人捷足先登了,夙愿成了泡影。显然,继续研究检波器已经毫无意义,必须另起炉灶,选择新的突破点。那么,新的突破点在哪里呢? 德福雷斯特想:既然弗莱明发明出了二极管,那么自己为何不在他的基础上再推进一步,对其性能加以改进呢? 根据二极管的结构和工作原理,德福雷斯特想到,如果在二极管里面再加上一个电极,不知会出现什么现象。于是,他决定试试看。这一试,试出了一片新天地。一开始,德福雷斯特在二极管中插入一个电极,使三个电极三足鼎立。可一通电,这种形式的三极管在电路中不起什么作用。德福雷斯特毫不气馁,他不断调整新加入的第三极的位置,变换它的材料,改变它的形状,终于发明了三极管。德福雷斯特发明的三极管,对于无线电技术的发展具有极其重要的作用。与二极管相比,它除了可以用于整流、检波以外,特别引人注目的是它的放大功能。这是一种十分有用的新功能,如果同时使用几个三极管,就能将所接受的弱电流放大到几万倍甚至几十万倍。所以,三极管的发明为无线电通信和广播开辟了道路,它不但扩大了无线电收发报机的使用距离,而且使收音机和多种多样的电气设备成为现实。它的出现,改变了无线电世界的面貌,所以德福雷斯特把三极管誉为"空中帝国的王冠"。1906 年 6 月,德福雷斯特发明的真空三极管获得了专利权。自那之后,他的三极管主导着 900 亿美元的电子工业,保持了长期的领先地位。一直到晶体管问世,三极管才相形见绌。

三、大学生创新能力培养与开发

创造力开发的实质就是对创造力各构成要素品质的提高及综合运用,以促进创造力整体水平的提高。具体地说,大学生创造力培养与开发围绕以下四个方面进行。

(一)多学、活学知识和技能

牛顿说:"我之所以比别人看得更远些,是因为我站在巨人的肩膀上。"创新不是空想,知识和技能是创新的基础。知识具有开启人头脑的功能,要充分发挥知识的开启功能,关键在于学生所学知识是否基础而灵活,能否举一反三。在同一种信息作用下,为什么有的人顿悟了,有的人却无动于衷呢? 这与吸收者原有的知识结构和观念状态有关。知识的优化需要掌握基础知识(哲学知识、语文知识、外语知识、数学知识、物理知识、计算机知识)、专业知识、相关知识、软科学知识、经验知识等。创新除与专业知识密切相关外,还常常与专业以外其他知识的掌握和运用密切相关。因此,要以本专业的基础知识为核心,建立起创造发明的"游击区",使专业基础知识与其他知识相互渗透,共同结合成一个网络式整体结构。

部分人存在错误的认识,认为我们进入社会、参加工作后,上学期间学习的知识技能的应用率很低,对知识、技能的学习产生了怀疑。事实上,知识的学习是"有备无患"的,当我们要用到相关知识但自己不具备时,创新就遭遇了瓶颈,很多人就放弃了。这就是很多人有很多好的创意,却鲜有创新成果的一个重要原因。知识与知识的碰撞、融合也会产生创新,如欧几里得几何的创立。如果一个人对知识的学习浅尝辄止,那么他也很难进行创新。只是需要注意,我们不能淹没在知识的学习中,更关键的是我们要创造性地运用知识。

(二)树立创新意识,培养创新精神

我们应该充分认识到未来社会对高素质人才的需求,加强大学生科技创新能力的培养成为当今时代教育的必然特征。然而当前教育的承袭传统、按部就班、因循守旧等弊端,抹杀了学生创新创造的本领,压抑了学生的学习热情,一定程度上形成了学生的思维定势。要培养大学生的创新能力,应该树立创新教育思维,加强素质教育。对此,教育者首先需要转变教育思想和教育观念,变应试教育为素质教育,为"创造力"而教,为"创造力"而学,在传授知识的基础上,变"授之以鱼"为"授之以渔"。尽可能地为学生提供一个独立思考、自由发挥的空间,营造一个开放的环境,允许其发表个人的独到见解,鼓励其对世俗、对权威发起挑战,从而引导和启发学生发现问题,并创造性地分析和解决问题,充分发挥自身的创造潜能,特别是逻辑推理能力、综合分析能力和判断归纳能力。在此基础上,要大胆改革现有的教学内容、教学方法、教学手段和人才培养模式,建立适应素质教育要求的创新教育体系。

创新意识是指人们根据社会和个体生活发展的需要,引起创造前所未有的事物或观念的动机,并在创造活动中表现出意向、愿望和设想,自觉或自发进行创造活动的一种心理准备状态。创新意识表现为一种内在的创新欲望,表现为在创新活动中有高度的热情、足够的自信心、独立思考和勇于探索的品质,是人类意识活动中一种积极的、富有成果性的表现形式,是人们进行创新活动的出发点和内在动力,是创新能力的前提。人的创新意识是在对创新活动认识的基础上形成的,是在创新活动的过程中培养起来的。创新意识涉及对创新活动的兴趣、需要,对创造的重要性、必要性和可能性的认识,涉及创新活动体验、经验的获得和积累,涉及人们在创新活动体验、经验和创造认识基础上形成的对创新的高度敏感性和自觉、自发进行创造活动的心理准备状态。对创新的兴趣和需要是创新的前提,创造活动首先基于创新需求的存在和人们对创新需求的认识,创新需求的存在和对创新需求的认识是创新意识和创新意向活动发生的前提,教师应使学生逐步树立创新意识,培养创新精神,学会产生新思想、获取新认识的有效方法。"学贵有疑",我们在学习过程中产生了疑问,要鼓起勇气去探究,培养自己创新的积极性、主动性,平时多

锻炼自己,创新意识自然就培养起来了。

教师在教学方法上要改传统的注入式为启发式、讨论式、探究式,学生通过独立思考,处理所获得的信息,使新旧知识融会贯通,建构新的知识体系,只有这样才能使学生养成良好的学习习惯,从中获得成功的喜悦,满足心理上的需求,体现自我价值,从而进一步激发他们内在的学习动机,增强创新意识。

(三)训练创新思维,学习创新技法

创新思维源于常规的思维过程,又高于常规的思维,它是指对某种事物、问题、观点产生新的发现、新的解决方法、新的见解。它的特征是超越或突破人们固有的认识,使人们的认识"更上一层楼"。创造思维是创造能力的催化剂,提问是启迪创造思维的有效手段。因此,教师在课堂教学中要善于提出问题,引导学生独立思考,使学生在课堂上始终保持活跃的思维状态。通过特定的问题使学生掌握重点,突破难点。

创新有方法可循,创新技法就是创造学家根据创新思维发展规律总结出来的创造发明的一些原理、技巧和方法,通过开发和培养创新主体的思维方法,发掘出创新主体发挥创造力的规律。创新思维是人创新能力形成的核心与关键。创新思维的一般规律是先发散而后集中,最后解决问题。创新技法是进行创新的工具。掌握了创新技法的特点,不仅使创新者敢于创新,而且使创新者善于创新。创新技法是非程式化创造,它本身也是一种探索性的活动,它有规律可循,但又不能像自然科学规律那样可以用数学公式来表达,而是带有模糊性。人们在这种模糊规律的指导下,尝试着用某种方法去解决创新问题,在能熟练运用创新技法后,必然逐步产生经验,在创新经验较丰富的情况下,直觉往往可以帮助确定该用哪种方法。最高境界的创新是忽视方法的,是把各种创新方法综合融汇,自由发挥;讲技法又不唯技法,用技法又会变技法,学技法又敢创技法。创新技法的掌握不能只靠别人讲授和自己念书、听课,而必须靠自己和群体的多次练习和体验才能牢固掌握。关于创新技法的内容将在以后章节加以说明。

(四)提供创新的舞台,参加创新实践

教师要善于调控课堂教学活动,为学生营造民主、平等、和谐、融合、合作、相互尊重的学习氛围,让学生轻松、愉快地学习,鼓励他们大胆质疑,探讨解决问题的不同方法。亲其师,信其道,师生关系融洽,课堂气氛才会活跃,只有营造良好的教学气氛,才能为学生提供一个锻炼创新能力的舞台。

创新能力是一种潜在的能力,它只能通过个人在一定环境和科学技术条件下的具体实践活动来显现。因此,实践是人创新能力形成的根本途径。人类祖先在

他们为生存而斗争的原始实践中形成了原始的创新能力,这种创新能力,是人在改造世界的实践中通过"尝试—纠错"式的学习,经过漫长岁月的积累而逐渐形成的。大学生也可以使用"尝试—纠错"的方式进行创新,提倡大学生应用"直接创造法"尽早涉足创新,即在知识不太多时直接对准创新目标进入创新过程,然后根据创新的需要反过来补充有关知识。大学生可以尽早参与到创新活动中,从辅助工作做起,在积累了必要知识后,直接参加科研开发工作,边学习边创新,边创新边学习,不断地提高自己的创新能力。大学生在参加各种社会实践活动的过程中,一方面要坚持实践内容和形式的多样性,以实现多侧面、多领域的锻炼;另一方面要强调实践的创新性,提高实践的层次,每次实践不能只简单地重复过去,只有在内容和形式上都比过去有所发展,有所突破,才能有所创新。同时,大学生应该提高对每次实践活动的利用率,注重在群体实践活动中相互学习、取长补短,提升自己。

(五)利用新的信息,触发创新灵感

现代社会,教师要培养学生搜集和处理最新信息的能力。科学技术的迅猛发展,新技术、新成果的不断涌现,瞬息万变的信息纷至沓来,令人目不暇接。只有不断地获取并储备新信息,掌握科学发展的最新动态,才能对事物具有敏锐的洞察力,产生创新的灵感。否则,创新将成为无水之源、无本之木。因此,要引导学生通过各种渠道获取新信息,如通过图书馆、电视、报纸、互联网、社会调查等获取信息,为创新奠定坚实的知识基础,这样才能高屋建瓴,运筹帷幄,驾驭科学发展的潮流,才能使创新能力结出丰硕的成果。

❓ 本章思考题

1.请从生活中找到至少 5 种创新成果,对该产品、工艺、流程、服务等方面的创新做简单介绍,并指出是否还有改进之处。

2.结合实际,谈一谈你该如何培养和提高自己的创新能力。

3.根据自己的思考与观察,从校园中发现好的创意,进行每周一创意活动设想。

第二章 创意开发与创新人格培养

哲理名言启示

好的点子的身价是没有上限的。点子是所有财富的起点。

——拿破仑·希尔

本章概要

通过本章的学习,使学生理解高校创意教育的重要性,掌握创意、创新人格的内涵及创意的特征,理解创新与创意的关系,掌握创意开发的过程及创意教育的路径。

教学要点

1.创意内涵及特征;
2.创新与创意的关系;
3.创意开发;
4.创新人格培养方法;
5.创意教育路径。

开篇案例

钱学森之问

"为什么我们的学校总是培养不出杰出人才?"这就是著名的"钱学森之问"。钱学森之问与李约瑟难题一脉相承,都是对中国科学的关怀。

2005 年,国务院总理温家宝在看望钱学森的时候,钱老感慨地说:"这么多年培养的学生,还没有哪一个的学术成就,能够跟民国时期培养的大师相比。"钱老又发问:"为什么我们的学校总是培养不出杰出的人才?"

这个被称为"钱学森之问"的问题(图 2-1),已引起上至国务院总理下至普通学生的深思。2010 年 5 月 4 日在与北京大学师生的座谈会上,温家宝总理语重心长地用钱老的话

图 2-1 钱学森之问

让大家反思。"钱学森之问"是关于中国教育事业发展的一道艰深命题,需要整个教育界乃至社会各界共同破解。

钱学森认为,中国没有完全发展起来,一个重要原因是没有一所大学能按照培养科技发明创新人才的模式去办学,没有自己独特的创新的东西,老是冒不出杰出人才。中国大学需要培养建设创新型国家的创新型人才。

思考与讨论

1."钱学森之问"对高校创新教育有何启示?

2.究竟是哪些原因阻碍了中国进行创造的脚步,我们又应该从哪些方面入手来清除这些绊脚石呢?

第一节　创意与创新

一、创意的内涵

创意在中国是一个常用概念,也是创意学的核心概念。目前,创意有多种定义,可以从宏观和微观两个角度分析。

创新是创造意识或创新意识的简称,它是指对现实存在事物的理解及认知所衍生出的一种新的抽象思维和行为潜能,对应的名词是创造力或创新力。

创意是一种通过创新思维意识,从而进一步挖掘和激活资源组合方式进而提升资源价值的方法。创意是传统的叛逆,是打破常规的哲学,是思维碰撞、智慧对接,是具有新颖性和创造性的想法,是破旧立新的创造与毁灭的循环,不同于寻常

的解决方法。

一般而言,创意是人们平常所说的"点子""主意""想法",一般源于个人创造力、技能和才华。创意是将一些简单、平凡的元素或生活智慧经过不断延伸、整合,赋予另一种意趣、表现方式或呈现形态的过程。创意是创新的开始,是创新的源泉,任何伟大的创造,初始时往往只是一种思想的火花。这种思想的火花基于对传统的继承与叛逆,是破旧立新的创造。进而言之,创意是人类经历(概念和直觉)的混合物的整合,它可能是简单的或者是复杂的;伟大的创意——不管是源自发达国家还是发展中国家——都能够产生巨大的新价值和财富。

进入 21 世纪以来,人类社会正逐步迈向一个创意经济时代,此时,人的创造力、想象力、创意成了核心,创意也逐渐成为推动经济发展的核心和主导力量,不再是简单的工业经济时代的规模决定一切,也不再是信息革命时代的技术万能。随着创意经济的出现,创意的本质深化为科学技术和艺术创造的结合,此结合力使人们重新认识到科学技术包含感性认识、艺术气质和美学内涵等方面,更强调个人的天赋。

在知识经济前提下,创意是新的"流通货币"。对创意内涵的定义,可以从宏观和微观两个方面来具体理解。

从宏观方面来看,创意是打破常规的哲学,是对传统的叛逆,是大智大勇的同义,是导引递进升华的圣圈,是一种智能拓展,是一种文化底蕴,是对点题造势的把握,是对宏观微缩的审视,是跳出"庐山之外"的思路,是超越自我超越常规的导引,是智能与文化神奇组合的经济魔方,是思想库与智囊库的能量释放,是深度情感和理性的思考与实践,是推动社会不断发展变化的强大动力,是思维的碰撞、智慧的对接,是创造性的奇思妙想,是投资未来、创造未来的过程。

从微观方面来说,创意是生产产品的能力,这些产品要既新颖又恰当。对创意产业或创意经济中的创意,研究者们有着明确的界定。被誉为"创意产业理论之父"的约翰·霍金斯(John Howkins)在其《创意经济——如何点石成金》一书中指出:"创意是能够给人类带来快乐的基本的普遍的天赋,是催生某种新事物的能力,它表示一人或多人创意和发明的产生。"霍金斯进一步指出:"任何创意都拥有三个基本条件,即个人性、独创性和意义。"首先,人类具有创意的能力,创意需要个人去观察,深层或者表面的东西都需要,然后让它们成型。其次,创意具有独创性,它可以是赋予某事物新的特征;也可以是全新的"从无中形成",即"独特"或"崭新"。最后,创意具有深远意义,它一方面经由知识产权法和市场使个人性、原创性的创意转变成创意产品,实现创意的商业化、市场化运作,从而实现创意的巨大经济价值;另一方面还会满足人们创造的需求,带来创造的愉悦。

综上所述,创意是经济主体通过创造性思维活动而获得的,是对某种潜在获利机会的原创性识别与认知。创意的内涵可理解为源于个人自身文化和经验积累而获得的个人天赋,并能在经济、社会和技术高度发达的社会中迅速转化为获得财富的新思想和新观念。创意作为一种原创性的知识,既可以是某种新发明或新技术的内心感知,也可以是对某种新的要素组合方式、新的商业模式或新的市场需求的前瞻性判断与敏锐洞察;既可以是某种点子、想法,也可以是某种策划、思路或解决方案。

二、创意的特征

创意作为一种特殊的生产要素具有不同于一般的已经显性化、编码化的知识,它的特征一般包括难言性、创造性、价值性、不确定性、理由充分性、互补性。

(一)难言性

创意的难言性体现在它难以被准确地描述和表达,因为人的某种观念、想法、灵感等是非标准化的。创意的产生高度依赖于个体的直觉、体验和洞察力,是难以充分交流的。

(二)创造性

创意是对现有的不合理事物的扬弃,革除过时的内容,确立新事物。创意首先应当具有创造性,这是创意的本质特征。凡是创意,必然对原有思想、理论、技术、方法等有重大突破,并提出新的思想、理论、技术、方法等。马克思和恩格斯就是突破了黑格尔的唯心主义辩证法,费尔巴哈的形而上学唯物主义,亚当·斯密、李嘉图的政治经济学,以及圣西门、傅立叶、欧文的空想社会主义等的局限性,同时吸收了他们学说中积极的、合理的东西,从而创立了马克思主义。爱因斯坦突破了牛顿把时间、空间和物质运动割裂开来的绝对的、机械的时空观,揭示了高速条件下时间、空间与物质运动的变化规律,创立了狭义相对论与广义相对论,为日后世界上一系列重大科学技术创新奠定了崭新的理论基础。

(三)价值性

创意具有"始创""修旧"之意。始创的意义在于第一个揭开了某一领域、某一方面的秘密,第一次揭示了某种内在规律,或发现、发明某种新理论、新技术、新方法,引起经济、社会的重大变革。从古今中外的历史来看,创意的主要特点是"始创",即前无古人,独自创造。西方国家的三大能源发现(蒸汽能、电能、原子能)也是首创的,我国古代四大发明(火药、指南针、造纸术、印刷术)当时在世界上是首创的。创意有明显、具体的价值,对经济社会具有一定的效益。

(四)不确定性

创意的不确定性集中体现为其使用价值和价值实现的未知性。例如,某种创意能否转化为某种现实的物化产品(服务),这种现实的物化产品(服务)能否被市场所接受,等等。这些在初期大都是未知的,只有最终经过市场的检验,才能够有明确的答案。

(五)理由充分性

创意的产生总是以一定的事实为依据,任何创意都是建立在充分的根据之上,在现实的基础上加以想象和联想,最终得到新颖的想法。创意要具备充足的理由,绝不是凭空想象,更不是胡思乱想。

(六)互补性

创意的互补性体现在其是在已有知识存量基础上的一种增量知识,是人类社会知识分工的一种深化,是一种分裂知识。创意本身并不直接转化为现实生产力,只有与已有的各种相关意识及各种类型的要素资源有机结合起来,并发生不同程度的嬗变,才能有效发挥其目的性。

从对创意特征的描述中可以得出:首先,创意所强调的是通过各种元素的组合可以形成各种新的物质,获得新的创意,它不是简单的相加或者模仿,而是在原有基础上的一种创造。其次,创意是一种迁移。所谓迁移,就是用观察此事物的办法去观察彼事物,就是用不同的眼光去观察同一个现象。通过这种视角的迁移,人们可以创造出许多新鲜的、交叉的、融合的、异化的新事物。最后,创意的元素包罗万象,可以是抽象的,也可以是实际的,可以是虚构的,也可以是现实存在的。

创意创业故事

限量刺激

日产汽车公司推出一种被称为"极具浪漫风采",名为"费加罗"的中古型轿车。日产公司在新闻发布会上宣布,这种车只生产 2 万辆,保证以后不再生产这一车型。日产汽车公司将在一段时间内接受预订,然后抽签发售。消息传出后,在全国引起了轰动,前来排号的人超过了 30 万,能中签买到车的人当然欣喜万分,没有中签的人就千方百计去搜索二手车,令二手车的价格比新车还高出 1 倍多。

这种限量刺激的创意,无非就是使市场上出现一定的"不饱和状态",来刺激消费者的购买欲。这家公司的做法恰恰是运用了创意开发原理中的逆向原理,利用消费者"物以稀为贵"的心理,从而获得了巨大的利润和市场。可见,创意在生产、销售等方面的正确运用,可以给企业和个人带来丰厚的经济效益。在创业过程中,创业机会是来自好的点子,有心的人才能发现生产生活中那些很好的点子和想法,并运用到创业中去创造更多的机会。

三、创意与创新的关系

(一)创意与创新的区别

1.二者的概念不同

创意是一种创新性的思维活动,可以是逻辑思维、形象思维、逆向思维、发散思维、系统思维、规模思维和直觉、灵感等多种认知方式或者是综合运用的结果。而创新是指突破传统,具有开拓性的思想、行为、成果等。可见创意只是大脑领域发生的活动,而创新包括了思想、行为和结果。也就是说,创新必须有创意,但创意不等同于创新。

2.二者的特点不同

创意具有突发性、不成熟性,是人的大脑的突发奇想,是尚未开始投入实践的灵感和想象。而创新具有成果性、价值性,是已经行动并取得成果的一系列活动的总和。创意是创新的开始,成败未知;创新是"创意+行动"的结果,只有将创意运用在行动中并获得成功,这一系列活动及成果才叫创新。

3.二者的结果不同

创新有失败,但失败不是创新,只是创新的一个阶段、一个环节。而创意要打破常规,可以天马行空甚至从胡思乱想开始,有着明显的自由性和不成熟性,所以创意往往是虚构的、示意的,更多的是一种艺术形式或者产品的最早期构思,而并非一种真实的产品。即使是对产品的构思,与产品有关的主意或者所谓"点子",绝大多数也并不能最终实现。也正因为如此,创意诞生后,还必须对创意进行证明和证伪。

(二)创意与创新的联系

1.一切创新始于创意

创意是一种思维活动,它是创新的开始,创新始于创意。工具、机器、作品、体制、机制等,一切创新都始于创意。有了创意才有以后的行动,创意也只有在行动中成功了,才成为创新的组成部分。

2.创意是创新的一部分

从广义的创新概念可以得知,具有开拓性的思想、行为、成果等都称为创新。确切地说,无论是理论创新、观念创新、科技创新、体制创新还是制度创新等,都离不开最初创意的萌芽。创新的成型以及创意的进一步验证,是最后投入实践获得成功的关键。所以说,创意是创新必不可少的一部分,没有创意的创新是不完整的。

3.创新是创意的理想结果

创意是大脑的创新性思维活动,具有一定的艺术色彩,最终是否能成为一个产品,开始时我们无从得知。但是,每一个创意的诞生都渴望着能够落地成型,通过"创意—策划—执行—反馈—再创意—再策划—再执行……"的循环往复过程,把创意思维变成创新成果,实现创意的终极目的。因此,可以说创新是创意的理想结果。

创意测验

工作创意测试

下面是 10 个题目,请在括号中选择一个备选答案。

1.接到任务时,是否会问一大堆关于如何完成任务的问题?(肯定 0 分,否定 1分)

2.你在完成任务过程中,是否不善于思考,而习惯于找他人帮忙,或者不断问别人有关完成任务的问题?(肯定 0 分,否定 1 分)

3.在任务完成得不好时,你是否会找出一大堆理由来证明任务太难?(肯定 0分,否定 1 分)

4.对于多数人认为很难的任务,你是否有勇气和信心主动承担?(肯定 1 分,否定 0 分)

5.当别人说不可能时,你是否就放弃?(肯定 0 分,否定 1 分)

6.你完成任务的方法是否与他人不一样?(肯定 1 分,否定 0 分)

7.在你完成任务时,领导针对任务问一些相关的信息,你是否总能回答上来?(肯定 1 分,否定 0 分)

8.你是否能够立即行动,并且工作质量总能让领导满意?(肯定 1 分,否定 0分)

9.工作完成得好与不好,你是否很在意?(肯定1分,否定0分)

10.对于做好了的工作,你能否很有条理地分析成功的原因和不足?(肯定1分,否定0分)

评分标准:

如果测试者能够得10分,则说明很棒;得7分以上,则过得去;如果低于7分,就不尽如人意了;如低于5分,测试者就要培养创新意识了。

第二节　创意开发

彼得·德鲁克认为,企业要想获得更加丰厚的经济效益,继续经营和发展,就必须运用创意开发的相关原理不断地进行创新,发现新的机遇。

一、创意开发的活动要素

创意开发同其他社会生产活动一样,有多种主客观因素,如创意的对象、创意开发的主体和创意开发的手段。要想深入了解创意开发,必须研究创意开发活动的要素和创意开发的环境。创意开发也可以认为是这些要素在一定环境里相互作用、相互联系并不断趋近创意开发目标的过程。

案例 2-1

雀巢的创意

雀巢咖啡的目标消费群以18~35岁的大学生和年轻白领为主。为吸引这群追求创意、个性,喜欢网络分享的年轻人,2009年8月13日—10月8日,雀巢发起"咖啡玩上'饮'漫画总动员"活动,倡导消费者创作雀巢咖啡"即饮饮料和你的趣味故事",并奉上众多时尚大奖,借雀巢咖啡即饮饮料更换新包装之机,以网络为平台掀起新一轮品牌推广。雀巢通过自主开发的四格漫画在线创作程序,利用雀巢卡通素材创作漫画,并进行网络评选。无论是网站设计的风格,还是各种活泼生动的卡通人物题材,都展现出符合年轻人口味的时尚感和原创性。在比赛中,创作的漫画中必须包含场景、咖啡产品和品牌元素,融入品牌形象,这样使得雀巢咖啡即饮饮料"无论到哪里,和你在一起"的产品特性深入人心,提升品牌好感度。

(一)创意开发的对象

由于创意开发活动都具有目的性,所以,创意开发对象是创意开发活动中的一个基本要素。创意开发的对象是指创意开发活动系统中的客体要素,可分为自然客体和社会客体,而确定创意开发对象的意义在于分析整个创意开发过程所要解决的最终问题。人们为了认识和改造这些客体,就会提出新问题,从而将创意开发对象具体化。

由于创意是面向应用的学问,是设计性的诊断,而不是单纯试验性的诊断,所以在创意开发过程中,首先要运用有关理论对事物进行分析研究,确定工作方向,明确创意开发的对象,做到有的放矢、"对症下药",这样才有意义,否则就会劳而无功,甚至因"误诊"或"力不从心"而造成不良后果。

(二)创意开发的主体

创意开发的主体指的是产生创意开发行为的主体,即创意开发者。它是创意开发的基本要素,在创意开发活动系统中占主导和支配地位。创意开发的主体可以是一个创意开发者,也可以是多个创意开发者组成的集体。只有一个创意开发者的创意开发主体称为创意开发个体,相应的创意开发行为称作个体创意开发;多个创意开发个体的集合,则称为创意开发群体。

一项创意开发活动究竟需要由个体还是群体来完成,与创意开发研究课题的技术水平、难度、所需经费以及所处的环境有关。富有创意开发精神和创意开发能力的创意开发个体,以及具有智力互补和资源优势的创意开发群体,都能在持续的创造性活动中,凭借自己的创造力为社会贡献优秀的创意作品。但无论创意开发者是谁,都应当强调其创造力的充分发挥和应用。

(三)创意开发的手段

创意开发的手段是指创意开发主体借以展开创意开发活动的方法和条件,它在创意开发活动中起着重要的作用。不同的创意开发活动具有不同的创意开发手段,例如,创造性思维方法、创造性观察方法、科学实验方法和创造性工程技法等"软"创意开发手段;又如开展科学研究和技术开发工作所需的设备、材料和经费等"硬"创意开发手段。

(四)创意开发的环境

由于创意开发环境相对于创意开发主体来说是一种外部条件,它对创意开发主体的思维方式和运用创意开发手段的状况产生的影响包括正面和负面两方面。

作为社会实践活动的创意开发,其主体总是在一定的客观背景下表现自己的创意开发行为,并受到该客观环境背景的影响。这种对创意开发活动产生影响的非创意开发对象客体就是创意开发环境。

因此,创意开发环境对企业的影响是不可忽视的。企业的创意开发应紧跟环境的变化,结合自身条件不断去适应环境,尽可能地利用环境中的有利条件。对于不利条件,要尽量施以影响,使其向有利于自己的方向发展。只要有强烈的创意开发意识和一定的创意开发手段,在任何环境里都能做到有所发现,有所创新。

二、创意开发的过程

著名创新学家郎加明在其所著的《创新的奥秘——创造新的世界与金三极思维法》一书中指出:"创新——创造新的世界的真正奥秘在于:创新首先是一种由创新者的素质和创新者的思路组成的运行机制,它是一个由创新者的素质转化为创新者的思路,再由创新者的思路转化为创新者的行为的复杂过程。"这句话概括了创意开发的过程,其大概包括创意思路—创意行为—创意结果。通常情况下我们认为,创意开发过程包含创意潜伏期、创意导入期、创意初现期和创意成熟期四个阶段。

(一)创意潜伏期

这一时期的主要任务是积累素材,训练创造性思维。创意开发的素材经常来源于生活之中,在平时就要善于观察生活,注意广泛收集素材,涉猎多方面知识。除了素材的收集,还要注意训练创造性思维。创意最终产生于创造性思维,一个优秀的创意是素材和创造性思维的完美结合。对自身创造性思维的训练,能帮助自己培养发散思维、逆向思维、跳跃式思维、交互式思维等,打破思维定势。只有这样,才能提高个人的综合素养,从而在进行创意设计时做到游刃有余,信手拈来。

(二)创意导入期

在接到具体的设计任务后,创意思维的开发就进入第二个阶段,即创意导入期。在创意目标确立以后,创意开发人员需要收集大量的信息,不仅要收集企业内部信息,更重要的是企业外部信息,例如,在为某企业做广告创意设计之前,应该走访相关企业,对其产品及服务本身进行透彻的研究,了解消费者的喜好和需求;也可以从竞争对手发布的广告信息中挖掘竞争者的策略等,这些都是在为下一个阶段做充足的准备。

(三)创意初现期

创意初现期即创意的形成时期,也就是在收集、总结的基础上进行交流和思考的阶段。在创意初现期,应该加强训练创意思维,将创意导入期收集到的信息提炼出创意主题,尝试用不同的方式进行表现。经过创意潜伏期和导入期,头脑中会积聚大量的直接资料与间接资料,也会闪现许多具有创意的"小点子"。这时要做的就是拿起笔来,把它们记下,而不要否定其中任何一个想法。还可以与他人讨论,收集更多的创意方案。常用的创意思维方法有水平思维法、发散思维法、逆向思维法、头脑风暴法等。

(四)创意成熟期

进入创意成熟期,应该研究和讨论如何对初步创意进行完善和提高。这一时期创意开发人员掌握了大量的信息,头脑中有了基本的创意构想,初步方案需要进一步修改和完善。

创意需要以一定的客观情况为基础,在创意开发过程中借用不同的创意开发方法,如分析法、协作法、系统法、思维法,从多角度、多侧面去观察和思考,捕捉偶然发生的构想,提出创造性的见解、观点和方案,从而产生意想不到的"创意"。具体的创意开发方法后面章节将会做详细论述。商业创意开发是创新创业的基础,大学生要把所学的创意开发方法灵活运用到商业领域中去。

第三节　创意教育与创新人格培养

一、加强高校创新创意教育的紧迫性

没有创意,就没有创新和创造。当前许多国家的高等教育在走创新之路,进行创意教育的探索。国务院总理李克强在十二届全国人大五次会议上作政府工作报告时指出,"持续推进大众创业、万众创新","新建一批'双创'示范基地,鼓励大企业和科研院所、高校设立专业化众创空间",足见创意教育的重要性。在当前国际化办学逐步深入的大背景下,中国高等教育要走创新发展之路,创意教育必不可少。中国高校需大力发展创意教育,让创意植根教育,用创意激发创新。只有青少年的创造力水涨船高,中国的未来才更加创意弥漫,潜力无限。

综观以往中国高等教育,创意教育意识淡薄,培养出来的毕业生创意能力较弱,影响了中国人才在国际上的认可度和知名度。

案例 2-2

为什么世界一流大学不爱招中国学生

耶鲁大学教授、北京大学经济学院特聘教授陈志武撰文写道:前不久,他跟一位美国名牌大学金融教授聊起博士研究生招生政策的话题,该金融教授说今后他们学校可能不再招收中国博士研究生了。原因是中国学生做博士论文研究虽然还可以,但是等到毕业找工作时却表现不好,没办法找到一流大学教职。以 2015 年为例,美国的前 30 名金融系毕业的博士中,来自中国的不少,但找教职岗位最成功的是去了加州理工学院,那所大学当然不错,可是,这么多中国博士生中居然没有一个被前 10 名或前 15 名的金融系招聘。

就拿同属亚洲与中国有着诸多相似特征的发展中大国印度来做比较,印度高等教育中的创意教育就做得比我们好,所培养人才的创新意识和创意能力也比我们强。比如,大家熟悉的谷歌、微软、软银、花旗集团等公司的 CEO 都是印度人,却鲜有中国人。可见,中国的创意人才不仅落后于欧美,也落后于印度。而且,不只是美国企业界里中国人和印度人的反差这么大,在大学里也如此。比如,几年前美国主要商学院,有 12 个在选拔招聘商学院院长,其中有 10 个给了印度裔聘书,没有一个给中国裔。尽管后来一些印度裔谢绝了,但这本身也反映出中国和印度之间在教育、文化上的差距。据统计,目前硅谷大概有 15% 的创业公司是由印度裔创办的。创业公司或大或小,都体现了创新精神和创意能力。

当然也有例外,如台湾爱迪生发明创意学院院长、台湾私立元培医事科技大学教授兼发明创意中心总监邓鸿吉,他被称为"台湾爱迪生",从事发明创新超过 30 年,发明与申请专利的高科技成品将近 400 项,为全世界创造了数千万个就业机会。代表性发明有自动感应冲水马桶、汽车防盗器、DVD 读取信息的播放机芯、磁浮发电机等。中国人才在国际上的地位总体不高。世界近现代重大发明中,专属中国人的发明很少。

本来中国人天赋高,又聪明勤奋,但为什么世界一流大学不爱招中国学生?归结起来就是中国的人才培养模式存在重大缺陷,这种缺陷甚至从基础阶段就开始出现,在高等教育阶段继续蔓延,由此导致了中国高等教育培养出来的人才缺乏创新意识与创意能力。

"处处是创造之地,天天是创造之时,人人是创造之人。"人类的生活已经离不开创造与创新活动。然而许多研究证实,中国学生普遍具有高智商、高知识、高经验,但是创新能力相对较低(图 2-2)。

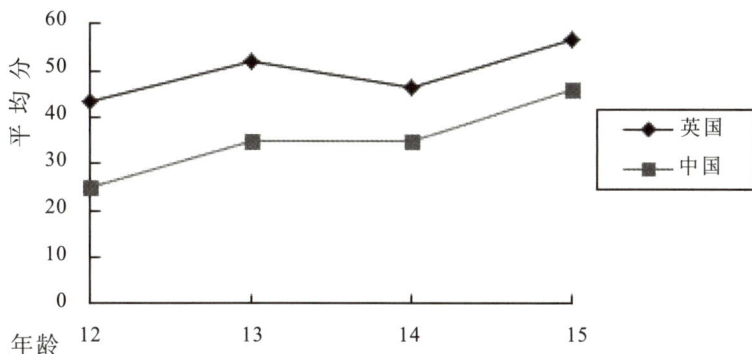

图 2-2　中英青少年科学创造力发展趋势的比较(胡卫平)

　　2016 年 8 月 13 日,在韩国首尔大学举办的世界奥林匹克数学大赛(WMO)上,中国选手考试成绩不佳。世界奥数大赛,上午考做题,下午通过各种活动、游戏综合检验学生的能力,考学生的独立思维能力、动手能力、团队合作能力,结果表明中国的学生通通落后了。并且,中国学生的态度、情绪也存在问题,输了后一蹶不振。从某意义上说,这是创意教育没充分开展与创意能力较弱的结果。加拿大、澳大利亚等地的选手尽管总体分数不高,但部分选手领袖欲强,点子迭出。

　　聚焦创意教育,实质上是撒播创新和创造的种子。让创意植根教育,用教育激发创新,创新便有了源头活水。今天的世界已经高度一体化了,为了让我们的后代有机会在国际竞争中胜出,一方面必须改变教育理念和教育方式,把从幼儿园到大学的教育重点放在"做人"的通识与思辨训练上;另一方面要走出儒家名分等级秩序的文化制约,不能再把"顺从听话"机器人作为我们的楷模。在现行的教育体制和社会环境里,为创意教育腾挪空间,有针对性地培养孩子的创新意识、创新精神和创新能力,可以培育更多的创新苗子,为创新发展注入源源不断的动力和活力。

　　创意教育从根本上关涉国家创新能力的建设,是一项事关国家与民族未来发展活力和发展后劲的伟大事业,不可忽略,也不可不慎。在当前国际化办学逐步深入的大背景下,我国高等教育要走创新发展之路,创意教育必不可少。

二、创新、创意教育内涵

（一）创新教育

进入知识经济时代以来，创新型人才成为各国、各行业竞争的重点。创新教育是适应知识经济时代的要求，旨在克服传统教育的弊端，最大限度地培养学生创造力的教育。在第三届中外大学校长论坛上，众多大学领导认为创新人才必备五大素质，即扎实的基础、创造性思维、创新人格、协作精神、实践能力，这正是创新教育的着力点。

创新教育是指通过锻炼创新思维，塑造创新人格，形成创新精神，养成创新能力，达到培养创新人才的教育过程。创新思维不仅仅是发散思维，除了严谨的逻辑思维，还需要实践操作体系；创新人格重点表现为有创新意识、创新情感和创新意志；创新精神主要包括好奇心，探究兴趣，求知欲，对新异事物的敏感，对真知的执着追求，对发现、发明、革新、开拓、进取的百折不挠的精神，这是一个人创新的灵魂与动力；创新能力主要包括创造思维能力、创造想象能力，以及创造性地计划、组织与实施某种活动的能力，这是创新的本质力量之所在。

（二）创意教育

创意教育就是在整个教育过程中赋予人类创新活动的特征，并以此为教育基础，达到培养创新人才和实现人全面发展目的的教育。创意教育是培养创意能力，培育现有创意，实践创意而形成的系统教育过程。创意教育的目的在于肯定每一个创意，孵化每一个创意，实践每一个创意。创意教育表现出基础性、实践性、创新性、创业性、服务性等特性。

正如原则上每一个鸡蛋都有孵化成小鸡的可能，每一只小鸡都有成长为大鸡的可能，每一只大鸡都有成为种鸡的可能，结果是不是每个鸡蛋都能孵出小鸡，不是每只小鸡都成长为大鸡，也不是每只大鸡都成长为种鸡。这个过程，鼓励创意的产生，鉴别创意的实际操作性，筛选出值得培育的创意，为优秀创意提供实践平台，从这一系列的教育过程中培养创意人才和创新人才，最后鼓励学生通过创意成为创业人才。

创意教育不是一门课程，而是一种教育方式的革命，一种学习方式和思维方式的培植。创意、创新、创造，主体是人，不是特定的哪个人，而是充满无限可能性的每个人。因此，高校要加强创新创意教育首先要从创新人格的培养和教育抓起。

三、创新人格培养

(一)创新人格的概念

创新人格,就是具有创新活动倾向的各种心理品质的总和,是创新活动成功的关键,反映的是创新主体良好的思想面貌和精神状态。创新能力的形成,以创新人格的培育为基础;创新能力的培养,以创新人格的养成为重要目标。创新人格作为一种非智力因素,能以其独特的功能对学生起到激发创新欲望、强化创新意识、开动创新思维、树立创新精神、增强竞争意识等作用。创新人格主要由以下四个方面组成。

1.创新动机

创新动机是促使人们主动追求和参与创新活动的一种内部力量。创新动机有两种:由外部客观因素所激发而来的动机,叫作外部创新动机,它的动力作用小,维持的时间短;由内部心理因素转化而来的动机,叫作内部创新动机,它的动力作用大,维持的时间长。在创新活动中,应当促使学生将这两种创新动机结合起来。

2.创新兴趣

创新兴趣是人们积极关注或参与创新活动的一种心理倾向。创新兴趣有两种:直接的创新兴趣由创新活动本身所引起,即它对人有吸引力,参与者总感到津津有味,乐此不疲;间接的创新兴趣则由创新活动的目的所引起,即它的结果对人们或社会有莫大的好处,所以参与者就能克服各种困难,完成创新活动。在创新活动中,学生必须善于将这两种创新兴趣统一地加以利用。

3.创新热情

创新热情是人们积极追求与参与创新活动的一种比较强烈、稳定而深厚的情感。积极的创新热情指具有个人与社会价值的创新,它能使人们在创新活动中取得辉煌的成就。而消极的创新热情则指向毫无意义的创新(如想发明永动机),它会成为人们前进道路上的绊脚石。必须引导学生养成积极的创新热情,参与有价值的真正的创新活动。

4.创新意志

创新意志是具有明确目的,克服一定困难,能够调控心理与行为,参与和坚持完成创新活动的一种心理倾向。要想开展创新活动,结出创新成果,必须具有坚定的创新意志,做到持之以恒、坚持到底。

(二)创新人格自我培养的途径

1.在日常生活中培养创新人格

生活是无声的老师,人格的形成是由无数个日常小事形成、发展的,创新人格的培养也不是一蹴而就的,我们通过"精细化生活",即认真过好每一天,独立做好每件事,用好奇、敬畏的眼光看待周围的一切,动手去做、去改造生活,养成良好的生活习惯、科学的思维方式、健康的行为模式,良好的人格就形成了。

2.在教育、学习中培养创新人格

教育和学习是一种有目的、有计划、系统性的培养人的活动,在完成常规学习任务的同时,还以培养学生良好人格品质为目的,是人格培养的主要途径。学生在学习中可以培养广泛的兴趣,获得成就感,培养自信心和独立能力,磨炼意志力,形成创新人格。对大学生心理及创新活动中的困惑,教育和学习是提供解决方法和灵感的重要途径。课程和教材中蕴含了很多适合人格教育的内容,教学过程中还会经常出现有利于人格养成的教育情景。因此,大学生一定要重视教育、学习对创新人格培养的作用。

3.在班级、团队活动中培养创新人格

大学是一个充满朝气的场所,各种各样的集体活动,如班会、报告会、社团活动等应有尽有,大学生应积极参与到这些集体活动中去,在活动中不仅可以开阔眼界、扩大交往、获得知识、培养能力,同时还可以培养、发展自己的创新人格。当然,人格教育与各种班级、团队活动有各自的目标、内容与功能,不能相互替代,但是可以在实现各自目标的基础上相互促进。把人格培养与班会活动、社团活动结合起来进行,这是进行人格教育的又一途径。这一途径能把学校安排的各种例行活动与人格教育有机地结合在一起,便于充分发挥各项活动的整体育人功能。

4.在社会实践中培养创新人格

人格教育不能仅仅局限于课堂教学和校内,其范围还应延伸至校外,各种社会实践活动是进行人格教育的重要途径之一,如参观访问、社会调查、公益活动、业余兼职、实习实训等。社会实践给了大学生充分展示自我的空间和发挥其主观能动性与创造性的平台,可以弥补第一课堂的不足,将理论与实践融为一体,在推动理论知识转化,拓展解决实际问题能力的同时,培养了大学生的创新人格。

🔵 **案例 2-3**

幼儿园里培养的诺贝尔奖获得者

1978年,75位诺贝尔奖获得者在巴黎聚会。有人问其中一位:"你在哪所大学、哪所实验室里学到了你认为最重要的东西呢?"

出人意料,这位白发苍苍的学者回答说:"是在幼儿园。"又问:"在幼儿园里学到了什么呢?"学者答:"把自己的东西分一半给小伙伴们;不是自己的东西不要拿;东西要放整齐,饭前要洗手,午饭后要休息;做了错事要表示歉意;学习要多思考,要仔细观察大自然。从根本上说,我学到的全部东西就是这些。"

所有在场的人对这位诺贝尔奖获得者的回答报以热烈的掌声。

无独有偶,当谷歌的创始人谢尔盖·布林(Sergey Brin)和拉里·佩奇(Larry Page)接受电视访问时,记者问他们的成功应该归功于哪一所学校,他们并没有回答斯坦福大学或密歇根大学,而回答的是"蒙台梭利小学"。自由自在地学习,没有任何消极输入的方式,在蒙台梭利教育的环境下,他们学会了"自己的事,自己负责、自己解决"。是这样的积极教育方式赋予了他们勇于尝试、积极自主、自我驱动的习惯,因而带来了他们的成功。

事实上,大多数科学家认为,他们终身所学到的最主要的东西,就是从小形成、保持至今的良好习惯。

5.在游戏训练中培养创新人格

大学生可通过拓展训练、团体辅导活动、模拟游戏、角色扮演等途径进行创新人格的培养。这些游戏、训练以其新颖独特的形式,运用体验式学习的模式,强调"从做中学"(learning by doing),越来越受到人们的欢迎和青睐。这些游戏和训练对大学生人格素质的影响体现在:培养大学生的团队协作意识、良好的沟通和交流能力,可以发掘大学生的潜能,培养其自信心、创新精神和问题解决能力等。大学生可以积极参与到这些游戏中,也可以结合集体活动自己组织、自我练习。

四、高校创新创意教育路径

构建科学的创意教育体系是开展创意教育的关键。通过阶段式创意教育实践,培养学生从创意、创新到创业的能力,真正实现创新创业型人才培养。

(一)组建创新创意保障机制

1.选拔优秀的创新创意教育教师

要成为创新创意教育教师,需要具备的品质如下:一是思维开阔,很容易接受新事物,并乐于尝试新事物;二是有较扎实的商业类知识,对商业运行规律有较全面的认识;三是有主见,但能极大地包容别人的意见和观点;四是有较好的职业道德品质,能客观地尊重别人的劳动成果;五是要有乐于奉献的精神。

2.开设创新创意基础教育课程

课程性质可以是公共选修课也可以是必修课,条件允许的话针对全校各专业开展教学,条件不允许就以选修课的形式或其他形式选拔学生开展教学。

3.遴选创新创意基础教育内容

创新创意基础教育内容应该具备基础性、前瞻性、实用性等特点,应该包括"创意形成""创意报告""创意实践""企业基础知识""知识产权"等教育内容。

4.筹建创业扶持基金

学校成立创业扶持基金,为学生创业提供支持。当然扶持基金的支持不是无偿的,要以参股等方式参与创业创收。

(二)形成创意

1. 开展创意理论教学

开展创意理论教学,使学生明确什么是创意、如何配合教师开展创意教育实践等。

2. 深入研究现实

创意的形成不是凭空设想,不是无源之水,不是无本之木,需要对现实有充分而深入的调研。不管是小到一个为人们的生活提供便利的物品,还是大到可以促进某个行业向前发展的某项技术,要形成创意,均需要深入的研究。

在实际操作中,要结合学生所学专业,鼓励学生从点开始,深入思考研究某种物品或技术的革新空间。

3. 形成创意报告

指导学生根据研究所得的现实问题撰写创意报告。创意报告要包括对创意对象的现状及存在问题客观准确的描述、针对创意对象的创意是什么、创意的可行性和现实性描述、实现创意需要的资助是哪些等内容。

4. 指导学生修改创意报告

有些学生有很好的创意,但是由于写作能力、调研的角度等原因,不能在创意报告里准确地描述自己的创意。这就需要教师指导学生修改创意报告,以便在筛选环节能准确把握每个学生的创意价值。

(三)筛选创意

"创意的生成同福特汽车的制造过程一样明晰",但是"创意的好坏,没有人能够担保"。在收齐创意报告后,就进入创意的筛选环节。组织评选专家是对创意进行筛选的首要环节,组织3~5名教师为评选专家,从学生提交的创意报告中筛选学生的创意。

当然,这个筛选过程要制定严格的公平公正的筛选标准,根据作品基础和作品质量确定合适的筛选比例。

(四)搭建创意实践平台

创意实践阶段主要针对筛选出的良好作品(不包括筛选出的优秀作品)和优秀作品。学校为良好作品提供创意实践园,鼓励良好作品提供者实践创意。

良好作品的实践主要依靠创意提供者自己,学校只提供相应的政策支持,教师也不主动提供指导,创意成败及利益盈亏完全由实践者自己承担。

学校为优秀作品提供较为优越的创意实践支持。第一,学校与企业进行校企合作创建创意实践基地,优秀作品的创意将在校内的实训室或企业的生产车间得以实践,生产出实体或技术性作品;第二,优秀作品的实践不仅会得到校内的专业指导,而且会得到企业界专家的指导;第三,优秀作品在实践环节将得到学校的资金和技术支持。

通过实践环节,部分良好作品的创意在实践中成长为优秀创意,而优秀创意作品将成为实实在在的物品或技术。

(五)实现创意市场化

在市场经济中,创意得到极大热捧是因为创意能够带来丰厚的回报。一个好的创意是创意者的思想结晶,由此可能带来公司业绩的提升,也有可能创造一个新的产业活动,塑造一个新的品牌。而创意要成为"回报"的前提是要有清晰的专利保护,否则这种依靠创意获取的收益便不能实现。

❓ 本章思考题

1.什么是创意?创新与创意关系如何?

2.为什么中国高校要加强创新创意教育?

3.如何培养学生的创新人格?

4.如何进行商业创意开发?

5.创意来自生活,你的每日一创意是什么?请跟班上同学一起分享。

第三章 创新过程

哲理名言启示

许多人把创意归结为偶然。其实创意的由来并非大家所以为的"灵光一现",积累是非常重要的过程。

——江南春

本章概要

通过本章学习,要求学生掌握创造性解决问题的系统模型;熟悉创新过程的四个阶段,能按时间和空间及心理学角度区分创新的过程。

教学要点

1.时间和空间角度的创新过程;
2.心理学角度的创新过程;
3.创造性解决问题的系统模型。

开篇案例

让大学生放下手机重回课堂

米奇·加德纳和罗博·里查德森是加州州立大学奇科分校的两名学生兼 SAE 兄弟会成员。里查德森主修计算机科学,他发现自己正受某件事情的困扰。用加德纳的话说就是:在课堂上,同学们总是盯着自己的手机,发短信、刷脸书等，就是没人听讲。他俩对这问题讨论越多，就越反感这种行为。他们想：如果技术会导致玩手机上瘾，那也应该有办法解决这个问题。于是，他们弄了个名为 Pocket Points 的 App——只要学生在课堂上不玩手机就能获得奖励。采用"地理围栏"技术（圈定了校园的 GPS"围栏"），该 App 能感知到学生何时进入了校园并自动锁定他身上的手机。当学生身处校园，只要手机上该应用开启"手机锁定"，就能获得积分。积分可以在当地商店兑换咖啡、酸奶等奖励。而一旦离开校园，手机自动解锁，又可以欢乐地各种"圈人"了。加州州立大学奇科分校是他们的 App 首发的地方，几周之后，全校 1/3 的学生都在用它。惊异于 Pocket Points 的反响，他们在宾夕法尼亚州立大学也进行了推广。同样地，几周时间内，大约 1/3 的学生投入了该 App 的怀抱。

地方报纸为此写了篇报道。事情就是那么巧，奇科分校另一初创公司成功传奇——克里斯琴·弗里德兰（Christian Friedland），Build.com 的 CEO，看到了这篇文章。他同意约见两位初出茅庐的学生，而且非常喜欢他们和他们的 App，不仅对此投资，还成为他们的导师和一大助力。有了弗里德兰的投资，两位小伙伴的事业开始腾飞。当到别的学校推广 Pocket Points 时，他们会利用 SAE 兄弟会的关系雇用几个校园大使。这些大使四处宣传该 App，促成本地业务开展。该 App 如今已入驻 100 所学校，且采用率接近 50%。还有 1200 多家商店使用该 Pocket Points 对学生进行营销并提供积分兑换服务，比如棒约翰、必胜客、星巴克、坚宝果汁和一些在线商店。而两位创始人最近也筹到新一轮的 150 万美元资金。

2016 年 1 月，Pocket Points 开始对店铺收取广告费，对在线商店收取联营费。仅仅几个月时间，收益就达到了每月 5 位数的健康值，且还在以逐月翻番的速率增长。

❓思考与讨论

1.创新是一种"高大上"的事情，对大学生而言是一件遥不可及的事情。你认同这观点吗？为什么？

2.什么是创新过程？结合案例从不同视角谈谈创新创意的具体过程。

任何事物的产生和发展都有一个过程。各种创新成果的出现，都经过了一系列的发展程序，这一系列程序就是创新过程。所谓创新过程，是指运用自己的思维和实践能力酝酿和产生创新成果，并将其转化为现实生产力的一个不断往复的过程,它是人类进行科学研究、技术发明、艺术创作等的实践活动。一般来说,创新过程具有操作性、现实性和反复性的特点。同时,创新过程不单是一个思维过程,也是一个实践过程,这两个过程是互相交叉的。因此,从这个角度来说,对创新过程的划分一般有两个出发点:一个是从时间和空间的实践角度出发,另一个是从心理学的角度出发。

第一节 时间和空间角度的创新过程

从时间和空间角度出发,可以将创新过程分为四个阶段:明确问题阶段、确定方案阶段、实施方案阶段、回顾总结阶段,如图 3-1 所示。

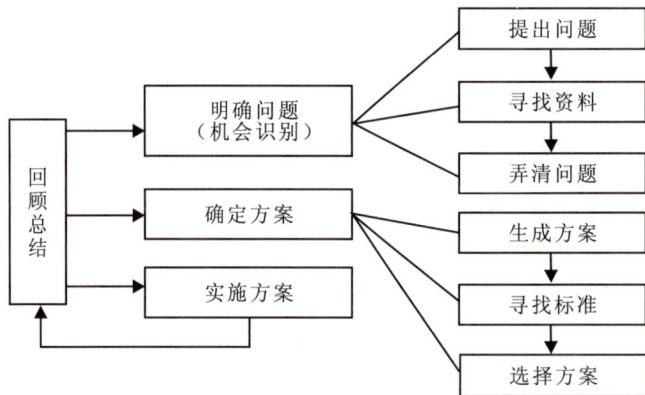

图 3-1 创新过程的空间和时间划分

虽然创新过程分为这四个阶段,而且这四个阶段在逻辑上存在着先后顺序,但其界限并不是十分明显,比如在实施方案阶段,在方案的实施过程中,发现该方案所要解决的问题根本不能有效地解决现状,也就是说所针对的问题并不是真正的问题,那么就需要重新回到第一个阶段,重新明确需要解决的问题。再如回顾总结阶段,它应该贯穿于其他三个阶段之中。明确问题阶段和确定方案阶段如同于创意产生的阶段,将在下节从心理层面作介绍,至于如何去明确问题和确定方案会在后面介绍。下面主要介绍实施方案阶段和回顾总结阶段。

一、实施方案阶段

实施方案阶段可以分为两个子阶段:制订计划、执行计划。计划是方案进一步细化的操作步骤。一个完整的实施计划应该针对对象是谁、要做什么、在哪里、在什么时间、怎样做以及为什么做等要点进行详细阐述。这个行动计划应该对具体的时间、地点、执行人和方式等做详细阐述，还要考虑到责任者的动机和能力等问题。

一个完整的计划应包括三种行动：紧迫的、短期的和长期的。紧迫的行动是指那些需要至少在当天完成的事情；短期的行动是指那些计划在近期内（如一周或一个月内）要做的事情；长期的行动是指那些在一年或更长时间内要进行的活动，由于时间间隔比较长，往往这些行动最容易发生变化，因此在考虑长期计划时不要对它限制太多。

（一）制订计划

第一，分析两种因素，即帮助性因素和阻碍性因素。通过对两种因素的分析，可以选择最适合的行动来利用那些有利的因素，同时规避或减少有负面作用的因素。而且针对每个因素来决定具体的行动，也会使你的计划更加细致而容易执行。

第二，潜在问题分析。将潜在问题分析的结果加入到计划中，通过分析得到的数据决定具体行动的顺序。比如在实施中有些问题可能很好解决，就可以先实行与这个问题有关的计划，将复杂问题留到时间充裕、精力更充沛的时候解决。

第三，制定实施清单。用一般提问法列出与问题解决有关的人物、时间、地点等内容，来帮助你明确每一个具体行动。比如你可以使用下面这些问题：谁能够帮助你来实施这个方案？你需要谁来接受该方案呢？谁曾经成功地解决过相似的问题？什么最有助于实施？该方案最大的优势是什么？要实施该方案你需要哪些资源？实施第一步时最重要的是什么？实施最后一步时最重要的是什么？哪些个人或团体能够帮助你实施该方案？这个方案哪个部分的困难最大？这个方案的哪个部分最容易得到外部的支持？在这个方案的哪个部分你需要对所有的假设进行验证？什么时候开始行动？获得他人的支持和接受的最佳时机是什么时候？什么时候需要对方案进行修改？实施这个方案与其他方案的不同之处在哪里？其他人如何从你的方案中获益？你怎样获得他人的支持？你怎样得到方案成功的反馈？上面没有问及原因的问题是用来对所有的问题进行检验的问题。当你问完自己上面的问题后，再针对自己的回答问"为什么"，将使你的答案更加符合实际而合乎情理。当你试图解释所有问题的答案时，你会发现一些当初被自己忽略掉的要点会带给你新的启发。

第四，规定方案标准。考虑在寻找解决方案时的选择标准，会促进方案的实施。而规定方案标准与潜在问题分析以及方案选择时制定的标准有对应的关系（详见"耳机线改进方案"案例）。

案例 3-1

耳机线改进方案

现有耳机线的主要问题	改进方案应考虑的标准
耳机线过长容易缠绕在一起	耳机线不易缠绕在一起
耳机线过短戴着不方便	耳机线的长度设计合理
戴耳机时间长了,耳朵不舒服	耳机设计遵循耳朵的结构,戴着舒服
耳机用完后不好携带	耳机不用的时候,耳机线缩短,容易携带

(二)执行计划

在执行计划时,除了做好物质上的准备外,还要做好心理上的准备,这样才能在遭受挫折时避免一蹶不振,才能使我们坚持不懈地执行计划,从而使梦想成为现实。

第一,物质上的准备。物质上的准备主要是资金的筹集。资金筹集涉及财务方面的知识。一般来说,如果是个人行为,属于比较小型的创新创造活动,资金来源以自有资金为主,也就是以个人投入为主,以负债资金,如向他人借款、银行贷款等为辅。如果是企业行为,需要大量资金,则这种创新创造活动的资金筹集有举债、自有资金、发行股票等多种形式。具体内容将在"创业基础"课程中讲解。

第二,心理上的准备。心理上的准备体现的主要是从事创新创造活动的主体需要具有的心理素质。前面章节已讲解,下面再简单介绍一下。

(1)要有激情。即使一个比较完善的计划,如果没有激情,依然会停滞不前。这时,试着寻找一下,哪些因素曾经激发你把设想付诸行动?哪些因素曾经燃起过你的热情?事物迅速发展,随着时间的变迁、空间的移动,去年有效的方法不一定就能够解决今年的问题,其他场合有效的方法也不一定适用于现在的场合,所以要不断地更新,以免自己的新设想还没有执行就成了"古董"。再比如对事物的不满足、期限的压力、欲望等。如果想停下来,想对前进路上遇到的障碍认输,就问问自己,有没有一团火能够激发自己的力量。

(2)激发勇气。勇气是人类首要的品质,如果缺乏勇气,一个小小的障碍就会把你打回原地。一个新设想在本质上必然具有异常性,实施它需要勇气以承担可能的失败和被拒于门外的风险。当你感到气馁时,就问问自己,哪些因素曾经给过你试验一个新设想的勇气? 比如,潜在的巨大回报、别人的鼓励、对设想的信心、有没有其他路可走等。

(3)迅速开始。对执行计划的最大损害莫过于拖延。行动才能实现你的设想。把自己放在实施计划的位置上。如果你想成为一个营销人才,不要"等着"变成一个营销人才,而是自己向自己、朋友、亲人推销一切可能的产品,去参加一些营销活动,也就是说一定要实际去做。计划、热情和勇气都要通过行动来表现,一个好的设想也只有通过行动才能够让人们认识。只要有好的想法就应迅速实施。

(4)丢开借口。不管什么样的理由,不管这些理由是好是坏,丢掉这些妨碍你把设想变成行动的借口,背水一战。

(5)扛住非议。有人说:"脸皮厚是上帝的礼物。"要坚定地实现你的设想,就要有能抗住众多非议的韧力。新设想必然会受到威胁,因为依照创造的定义,新设想必然会冲击现存的规则、惯例、权威和假说。当斯特拉文斯基第一次演出他的芭蕾舞剧《春之祭》时,迎接他的是一群骚乱的观众;当开普勒用椭圆而不是正圆计算天体的轨道时,他受到了教会和权威势力的严重指责;当早期的微型电子计算机的创始者于1970年要把他们的设想出售给一些大公司时,这些大公司纷纷对他们的设想嗤之以鼻。教育家伯利兹曾说:"喜欢变化的只有新生儿。"你最好的办法就是:加厚你的盾牌,抵挡住这些不分青红皂白的批评,不要因为太多的反对就放弃自己的计划。

(6)坚持不懈。要做好闪电般达到目标的准备,同时也要做好打持久战的准备。很多时候,一个新设想之所以得以实现,其80%的功劳应该归于持之以恒的努力。每个人都会遇到挫折,这个时候,最重要的是坚持。

在实践中,我们还会遇到各种意想不到的问题和新情况。新情况的出现,可能会导致无法顺利实施计划,必须返回到某个阶段,比如回到查找资料或是选择方案的阶段,对这些新问题进行分析和探讨,然后按照前面讲述的步骤重新来过,找到适应新情况的计划。

二、回顾总结阶段

回顾总结工作是贯穿于整个创造过程的,所以它一般需要完成以下三部分工作,分别是验证结果、回顾全过程、利用导出结论。

（一）验证结果

问题解决了，并不意味着创新过程的结束。科学史上出现很多这样的现象：问题解决后，但事实上结论并不正确。比如，地心说曾是流传多年且人们都深信不疑的结论。如果无法对问题解决过程产生的结果进行很好的检验，则不能肯定结果的正确性。

检验结果的方法主要有以下两种。

第一，使用常识检验。数学上运算的结果有的可以通过常识来检验，把它们同观测值或者可观测的在常识上的估计值相比较。学生在解题过程中经常会出现很多可笑的结论，如有的学生求出父亲的年龄为 10 岁零 3 个月。对于这样的结论，有的学生竟然深信不疑。这并不一定说明他们笨，而是因为他们没有在问题解决后进行验证。下面看一个使用常识解决问题的案例。

案例 3-2

蒸汽机车的诞生

1804 年，世界上第一辆沿铁轨行驶的蒸汽机车在英国诞生了。创造者是 33 岁的机械技术专家特里维西克。他制造的机车依靠齿轮啮合轨道前进，运行时还会发出吱吱的声音，速度不快，很难投入使用。当时有位年仅 23 岁的司炉工史蒂芬森，他一直在思考怎样能提高机车的速度。"用齿轮怎么会比没有齿轮快呢？"他开始怀疑机车必须使用齿轮才能在轨道上前进的理论。经过实验，他横下心把齿轮取了下来，令人惊奇的事情出现了，机车的速度一下子提高了 5～10 倍，飞快地奔向前方，既没有滑走也没有脱轨，而且还消除了吱吱的响声。仅仅一个常识性的判断就使蒸汽机在实用化的道路上突飞猛进。

第二，使用特殊值检验。通过逻辑推理和演绎论证解决的问题，常常可以用特殊值来检验所得到结论的正确性。特殊值的挑选过程可以是随机的，也可以是精心挑选的，只要是理论上应该使结论成立的数值，都可以作为我们检验的手段。

（二）回顾全过程

在解决问题的整个过程中，回顾全过程是系统化解题过程和总结经验最关键的阶段。解决问题的过程，有时是思路清晰、洋洋洒洒、一蹴而就的，但有时也是思路混乱、走过许多弯路,甚至到了真正把问题都已经解决了还不知道是怎么回事的地步。如果此时没有对过程进行很好的回顾总结,下次遇到同样的问题,还能否把问题解决就说不定了。回顾解题过程并不是在整个解题过程完成后附加的一个过程,其本身就是解题过程的一部分。如果没有对解题过程进行思路回顾和总结的习惯,那么解决问题的策略本身就不完善。回顾总结不仅有利于总结解决问题的经验,而且会快速提高解决类似问题的速度,减少因此而浪费的时间。

(三)利用导出结论

聪明而富有策略的问题解决者,知道问题产生的结论和问题本身一样,具有很高的价值。问题解决以后产生的结论,往往具有多种功能。它不仅是解决这个问题的经验,还可能是解决其他新问题的钥匙或者绊脚石。

创新创意故事

挤奶女工与牛痘

天花是危害人类生命的一种疾病。天花曾在英国流行,先后夺去了 20 万人的生命。天花在中世纪的欧洲也留下了阴影,18 世纪时,天花在欧洲流行了数十年,导致 6000 万人的死亡。在当时,欧洲幸存下来的人平均每 5 人中就有一位是"麻脸"。不仅是平民,许多皇族权贵人物也逃不过天花瘟神的黑手。

有没有更有效、安全的办法来杜绝可怕的天花呢?这个问题引起了一个英国乡村医生的思考,他的名字叫爱德华·琴纳。

就在爱德华·琴纳历经多重探索而感到举步维艰时,一位姑娘来到琴纳的诊室,琴纳判定姑娘患的是天花,但是女孩摇摇头说自己得的肯定不是天花。并说,在她们的奶牛场,几十个女工从来都没有得过天花,只不过是在手上长过小痘疮。牛痘是牛的一种轻微传染病,发病时在牛的乳房附近会长出脓疱,挤奶时会通过伤痕而传染到人的手指。有意思的是,凡是患过牛痘的人就不会再患上天花了。这次门诊的意外收获让琴纳产生了一种灵感,这个挤奶的女工为什么不得天花?她身上这个小痘疮到底和天花有什么关系?琴纳通过仔细观察发现,牛身上长出的牛痘水疱和天花病人身上的症状十分相似。他进而想到是不是可以给人接种牛痘呢?

牛天花与人天花,牛痘与人痘,经过反复思考和试验,琴纳决定跨越这个别人认为不可逾越的鸿沟。

1796 年 5 月 17 日,琴纳选择了自己 47 岁生日的这一天给一位 8 岁的男孩接种牛痘。琴纳用小刀小心地在小孩上臂的皮肤上轻轻地划了一道,然后又十分小心地将他从牛奶女工那里获得的出痘的浆液轻轻地涂抹在男孩皮肤的刀痕处,完成了牛痘的接种。

一个星期后,这个孩子出现了一些类似于天花的症状,不几天,孩子一切正常。两个月后,琴纳把人类的天花接种到这个孩子的身上,这个孩子居然不再生天花,他对天花有了一种神奇的抵抗力。

琴纳从挤奶女工不生天花这个简单的事实,溯根寻源,寻找其中的原因,创造性地把牛身上的牛痘接种到人的身上,使人产生一定的免疫力,产生对天花病毒的抗病作用。琴纳开创了预防医学,也就是免疫医学。他的创造和发现,使人类战胜了天花,拯救了无数的生命,保护了千百万名儿童的健康。

第一,应用结论。大部分问题的结论都可以运用到其他问题中去,因为日常生活中的问题一般而言并不是独立的,而是一环套一环的。比如你在工作中得到升迁、工资收入水平提高,你就可以满怀信心地面对妻子和孩子,可以花些时间和金钱来改善家庭气氛等,因为前一个问题的解决为你后一个问题的解决奠定了基础。

案例 3-3

电话卡文化

日本电信电话公司(NTT)是电话卡的发明者。发明电话卡后,NTT 公司大获其利,电话卡的销量年年跃升,热度不减,到 1988 年达到了 5000 万张。可是,NTT公司的总裁纲谷先生并没有到此就停止。电话卡的发明,应该怎样加以利用呢? 他感觉到,这个主题并没有被挖掘尽。也就是说,电话卡的生命力远不止这些,还可以再挖掘出更新的东西。纲谷在打算赋予电话卡文化时原本是以邮票作为其心目中的蓝本的。随着电话卡收藏热不断升温达到白热化以后,他发现这股热浪开始降温了。他考虑再三,认为热浪消退的原因在于电话卡的文化气息太单薄、太小气,不能反映日本博大的文化气象。他决心不学邮票那样亦步亦趋,他要让电话卡成为大型文化史书的另一种形式。

在以大阪市建城 400 周年为题发行的地方版电话卡大获成功后,NTT 以各地名胜古迹、盛会和自然风景为题材的电话卡在各地风行起来,其中包括"明星系列""名画系列""万国博览会系列"等,还推出新业务——定做电话卡,为一些大公司、大企业或某些特殊客户根据各自需要特别设计电话卡,包罗万象的文化景象无不一一收于小小的电话卡这个方寸之地中。这种文化书式的电话卡,当然又再度掀起抢购热潮,这种热潮还波及众多的异国旅游观光者,他们也大量购买这些电话卡。

有时,在问题解决以后,得到的结果似乎并没有什么用。这时,应该积极去想象所有可能用到结论的地方,而不是放弃这个结果,或许这个看似无用的结果会是一个了不起的发现。

不干胶纸的发明就是一个极好的例证。

🔱 创意创业故事

不干胶纸的发明

3M 公司是美国最有创意的公司之一,它的宗旨之一就是鼓励员工不断对现状进行改进思考,产生新的发明。一位员工经过努力,发明了一种胶,可是这种胶却不怎么黏,同事开玩笑称为"不干胶",认为这个发明什么用也没有,让他感到很尴尬。这个结果真的没什么用吗?他仔细思考,经过别人的启发,他终于找到了不干胶的诸多用途:标记纸、注释贴、留言贴等。人们发现使用不干胶后用完了就可以撕下扔了,再也不用烦恼胶纸和胶水粘得到处都是了。这样,3M 公司制成不干胶纸销售,结果销路奇佳,成为 3M 公司的拳头产品之一。

第二,导出新问题。在解决一个问题以后,并不意味着结束。这个结论的出现,很多时候会影响到我们已有的一些结论和未知的某些结论。运用"普遍法"和"特殊化"就能很容易想出相关的新问题。我们从所得到的结论出发,用这些提到的方法导出新的问题,并由这些新的问题再导出别的问题,同时我们可以利用这个问题的解决方法来解决这些新问题,如此等等。从理论上说,这一过程是无限的,但在实际中,我们很少进行得很长,因为这样所得到的问题容易变得非常棘手。当然,推出一个既有趣又能轻松解决的新问题并没有那么容易,这需要经验、鉴别能力,还要有好运气。但是,在我们成功地解决了一个好问题之后,应该继续寻找新的好问题。

第二节　心理学角度的创新过程

心理学角度的创新过程是指个体从开始创造到产品落地的一段心智历程。心理学角度的创新过程更侧重于从心理层面、思维领域分析创意产生的过程。人类的创新过程是个复杂的心理过程。创新过程就是一个创意产生的过程。

通过对古今中外杰出创意事例的深入研究以及相关领域的科学研究,我们发现创意活动过程表现出以下几个突出的阶段性特征:

一是创意的准备期,即一个发现问题与界定问题的过程。

二是创意的产生期,即一个提出假设、发挥构想、产生创意的过程。

三是创意的验证期,即一个完善和发展假设、构想及评价、优化创意的过程。

本书采用英国心理学家华莱士对创新过程的划分。华莱士认为,创新思维过程,自产生、发展直至完善的每一项创造活动过程,均具有明显的客观规律性。任何创新过程都要经过四个阶段,即准备阶段、酝酿阶段、顿悟阶段和验证阶段(图 3-2)。

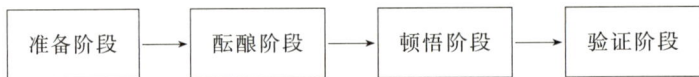

图 3-2　创新过程的四阶段

一、创新四阶段说

(一)准备阶段

创意活动的准备阶段就是提出有价值的问题,创新思维围绕这些问题展开,并确立思维方向的过程。创意的准备阶段是一个外部信息输入环节,包括确认问题和搜集材料。它是一个发现问题、界定问题和设立目标的过程。

创新思维是从怀疑和不满开始的,并从中发现问题和提出问题。创新所要求具备的素质之一就是要有怀疑精神。如果一个人认为哪里都没有问题,那他就不会有创新了。发现问题就等于解决问题的一半(图3-3)。爱因斯坦曾说:"提出一个问题,往往比解决一个问题更重要。"因此,正确地发现问题或矛盾,并提出问题是创新的关键一步,是创新活动的基础。

创新最重要的一点就是:
每天都要善于发现问题,
然后立即改正,并由此养成习惯。

图 3-3　发现问题等于解决问题的一半

但到底什么是问题呢? 所谓问题,是指社会实践活动预期效果、理想效果或应有效果与实际效果之间的差距,有差距就有问题。问题就是社会活动主体的期望、设想与现实的差距所形成的客观矛盾。问题就是矛盾,发现问题就是发现矛盾。毛泽东说过,什么叫问题? 问题就是事物的矛盾。哪里有矛盾,哪里就有问题。可见问题就是矛盾,正确地认识和发现问题,就是要正确地认识和发现矛盾。反过来说,能够正确地认识和发现矛盾,也就是能够正确地认识和发现问题。

但发现问题并不是一项简单的工作,而是一项复杂且艰难的工作。毛泽东指出,提出问题,首先就要对问题即矛盾的两个方面加以大略的调查和研究,才能懂得矛盾的性质是什么,这就是发现问题的过程。发现问题要求创意人进行调查研究,收集相关的资料和信息,对收集的资料和信息进行分析和研究,从他人的经验中获取必要的知识和启示,并从旧的问题和关系中发现新的东西,为解决问题做准备。"要产生新构想,你必须先熟悉别人的想法。"如果只是简单地罗列堆积信息数据资料,不对其做正确而深刻的分析,也就不能发现问题。调查和分析不是截然分开的两个步骤,而是紧密联系在一起的。一边调查一边就要用心去进行分析,边调查边分析。也就是说,创意人在创新之前,需要对前人在同类问题上所积累的经验有所了解,对前人解决到什么程度,哪些问题已经解决,哪些问题尚未解决,做深入的分析。这样,既可以避免重复前人的劳动,还可以使自己站在新的起点从事创造工作。从前人的经验中,不仅能获得知识,还能获得启示。

案例 3-4

马克思写《资本论》

马克思写《资本论》(图 3-4)时做了大量的准备工作,他参考了 1500 多本书,每本书都做了笔记。为了广泛收集资料,他经常到大英博物馆的图书馆阅读,他总是坐在图书馆靠右边最后一排的第一个位置上,读到兴奋时,常常习惯性地用右脚在地上来回搓几下。他在那里看书的时间长达 25 年,把座位下面的那块坚硬的水门汀地板磨掉了一层。

图 3-4 《资本论》

案例 3-5

爱因斯坦写《相对论》

爱因斯坦在青年时期,就对物理学中的基本问题感到不安,尤其是光的速度问题。他日夜为解决这个问题收集资料,深入思考长达 7 年之久。当他考虑到时间概念时,忽然觉得萦回在头脑中的问题可以得到解决了。这样,他只用了 5 周时间就完成了举世闻名的《相对论》的创作(图 3-5)的写作。

图 3-5 《相对论》

准备阶段的工作范围应尽量大些,包括相关学科、跨学科知识的汲取、方法的借鉴;准备的时间应充分些,在对资料、经验做深入整理分析的时候,无效的观念应予抛弃,对问题做多角度、多思路、多方法的试探解决,问题的本身也可在准备中得到重新界定。

(二)酝酿阶段

酝酿阶段,又称沉思阶段或孕育阶段(图 3-6)。

这一阶段主要表现为冥思苦想,是准备阶段之后、灵感出现之前的一个潜伏期,即对前一阶段,也就是准备阶段所发现并界定的问题,以及收集的资料、信息进行加工处理,不断地从正反两面进行各种假设、构想,让各种知识、信息在头脑中反复地组合、交叉、撞击和渗透,创造性地加工,不断地否定、选择,不断地提出各种新的假设、构想,从而推断出问题的关键所在,并做出解决问题的假想方案。酝酿阶段常常

图 3-6　酝酿阶段

需要相当长的时间,是大脑高强度的劳动时期。经过反复的思考、酝酿,也可能有些问题仍没有理想的解决方案,会一次或多次发生"思维中断"。因此,这一阶段的时间差异也较大,少则几分钟,多则数日,甚至几年。在这一阶段,人们也常常在一番紧张思考之后,主动暂时搁置问题,做些其他的与想法无关的事情,比如试着睡觉和做梦,从而使这些信息处于孕育状态,让其逐渐成熟,等待着灵感和突变思维的降临。在这个时期,创新者的观念仿佛是在"冬眠",他虽然不再有意识地努力去思考问题,但他的潜意识仍在围绕这个问题工作,等待着"复苏"。此时可以通过调整心态,换一种心情或状态来工作,也可以让脑筋休息一段时期。可以将前一个问题搁置而换一个其他问题,然后有意地在半途予以搁置,再换第三甚至第四个问题。这种不断地进行交替工作,很可能同时得到几种结果,使孕育阶段得到充分利用。

案例 3-6

科学家高尔顿在沉思阶段如何调节

英国科学家高尔顿兴趣广泛,他原来是学医的,但他对气象学、地理学、优生学、指纹学、创造心理学、数学都做过贡献。他往往是一个问题不能突破时,就暂时搁下,研究另一个感兴趣的问题,有时还会转到第三个问题,在适当的时候,又回转过来考

虑第一个问题,这样交错穿插,他的创新成果非常多。若用头脑休息的方法,也有两类:一是静中养智,坐在舒适恬静的地方以澄清自己的心境,或松弛身心,听音乐、看电影、洗温水浴、做日光浴等都有助于休息;二是进行不剧烈的运动,如散步、游泳等。

沉思阶段的存在说明,创新是一种有节奏的工作,有动有静,有行有止,有忙有闲,需要适时地协调。死读书和疲劳战,对创新有百害而无一利。

(三)顿悟阶段

创新思维的第三个阶段就是创意的诞生阶段,即顿悟和灵感的成型阶段,称为顿悟阶段,或者豁朗阶段、明朗阶段。

顿悟阶段是发现具体解决方法的明朗期,即发现了解决问题的方法,形成了解决问题的初步假设,找到了问题的答案或得出了结论。顿悟是经过长时间的酝酿之后,创新思维火花猛烈爆发,新的观点在极短的时间里灵光一现,这个阶段中直觉、灵感等非逻辑思维往往起着决定性的作用。顿悟和突破虽然是在极短时间里出现的,但它们是整个创意过程中的转折点。这一时期就是灵感来临的时期,经过分析和冥思苦想后,在创新方法的启发下,在直觉、灵感、想象和联想思维的作用下,某个偶然的时刻,灵感降临,思路豁然开朗,创造性成果脱颖而出,产生了超常的新理论、新观念、新思想和新发明。也就是常说的"众里寻他千百度,蓦然回首,那人却在,灯火阑珊处"。这一心理现象人们通常称为"灵感"。

这里需要注意的是,灵感的出现不是轻而易举的,而是在艰苦的脑力劳动之后。灵感不是在体力和脑力相当疲劳、心情烦躁或高度紧张焦虑时产生的,而是在思维活动长期紧张以后的暂时放松状态下产生的。因为大脑处于紧张状态时,是难以接受新信息并进行有效思考的,只有当大脑处于较松弛状态时,外界的有关信息才有可能与脑中原有信息重新组合沟通,使问题得到顺利解决。因此,可以暂时将一个冥思不得其解的问题搁置一旁,去听听音乐、散散步、看看电影,或者干点其他看似与问题无关的事情来帮助思考,也就是说能让大脑开始新的组合的活动都可以做。经过一段时间的孕育,在某个非常偶然的时刻,具有价值的新观念可能突然出现,从而出现豁然开朗的境界。

案例 3-7

顿悟阶段

数学家庞加莱讲到,有次他在进行了一段时间紧张的数学研究以后,就到乡间去旅行,不再去想工作了。"当我的脚踏上刹车板时,突然想到一种设想……我用来定义富克斯函数的变换方法同非欧几里得几何的变换方法是完全一样的。"又一次,在想不出一个问题时,他走到海边,然后,想些完全不相干的事情。"一天,在山岩上散步的时候,我突然想到,而且想得又是那样简洁、突然和直截了当:不定三元二次型的算术变换和非欧几里得几何的变换方法完全一样。"

文学家欧阳修自称:"余生平所做文章多在'三上',乃马上、枕上、厕上也。盖唯此尤可以属思耳。"启迪阶段是创造过程的高潮,久攻不克的堡垒,突然间被打开一个缺口,创造取得了突破!创造者欣喜若狂,思绪万千,心理学家称为"有啦!"现象、"啊哈!"现象。

其一,灵感的出现,在时间上没有规律,但在出现的场合和范围上,表现出共同的规律——不论灵感多么飘忽不定,它总是出现在人们学有所长的领域中,这是显而易见的。郭沫若和茅盾同为文学大师,他们绝不会在导弹、火箭的研究领域中产生灵感;同样,钱学森、钱三强也不会在文学创作中产生灵感。

其二,灵感总是出现在勤于思考、刻苦学习的人之中。也就是说,灵感不会降临在整天无所事事、缺乏思考的人那里。

其三,灵感总是出现在人们对某个问题的专注之中。如果你是一个勤于思考的人,但考虑问题不专一,遇到困难就望而却步、见异思迁;或者考虑的问题很多,但都浮于表面,缺乏深度;或者爱在琐事、杂事上费工夫,灵感也就很难光顾。

在这一时期,人们发现了解决问题的方法,形成了解决问题的初步假设,找到了问题的答案或得出了结论。问题的明朗化可以是突发的、跳跃的,也可以是渐进的、连续的,可以是直觉的,也可以是逻辑的。但这一阶段获得的观念可能是正确的,也可能是错误的,这时产生的创意还有待验证。从心理状态上看,这一阶段是高度兴奋的。豁然开朗的领悟,常常是突如其来的,有时创意人自己也感到惊愕。就如同一两岁正在学说话的宝宝,当家长在日常生活中教他说一些词,认识一些事物时,宝宝当时并没有反应,有时似乎也不是很感兴趣,但是可能过几天忽然给你带来了惊喜,叫了第一声"妈妈""爸爸"……对于小宝宝来说,这就是一个创新过程。而第一声"妈妈""爸爸"就是宝宝的顿悟阶段,这是在家长反复不断教育的前提下,宝宝在不断地听和练的长期过程中的领悟。

创新创意故事

周林与冻疮药

20 世纪 70 年代初期,在上海求学的周林每年冬天都会经受一种痛苦的考验——冻疮。他和许多同学的手脚都长满了冻疮,疼痛难忍,虽然四处求医,但是冻疮就像狗皮膏药一样沾上就很难清除。痛苦激发了周林的斗志:誓要将冻疮打翻在地,再狠狠踏上一脚!

彻底治愈冻疮的方法在哪里呢?周林四处打听和查阅资料,分析打针、吃药、针灸等方法均无进展。在他与冻疮的不断接触、周旋的过程中,周林认识到继续前人的研究是没有希望的,必须走出一条全新的路。可是,路在何方?他吃饭想,走路想,睡觉想……衣带渐宽终不悔,顽强的周林对治疗冻疮的新方案"苦恋"不止。

终于有一天,周林步入顿悟境界,找到了攻克难关的新思路。那天,周林在一台大型砂轮旁打磨铸件,沉重的铸件在砂轮的磨削下产生巨大的冲击振动。瞬间,一股强大的振荡冲击波从双手传遍全身,周林感到热血沸腾。此时,一个灿烂的思想火花"咻"地进入他的脑海燃起了熊熊大火:"谐振?发热?治冻疮!"这一顿悟,使周林中断了的思维变得通畅,他想到了用电谐振刺激人体血液循环来治疗冻疮的原理。

从此以后,周林在生物医学工程和现代频谱技术的集合方面进行潜心研究,利用电谐振刺激人体血液循环的原理发明出一种治疗冻疮的仪器。这种仪器的核心部件是电热频谱管,它能产生特殊的谐振波。将长有冻疮的手脚放在管下,便开始治疗。实践证明,效果明显。1985 年 10 月,周林以其发明荣获首届世界青年发明家科技成果展览会金奖。

(四)验证阶段

在启迪阶段所获得的灵感是否就是答案,是否就是一种可用的发明,尚需经过验证。从完整的创新过程来看,验证过程是一个必不可少的阶段。新的观点要经过逻辑的推敲和完善,并经过实践的检验。再好的创意、再好的灵感,不经过充分的验证,则无法实施,创意只能成为纸上谈兵。因此,创意的验证过程就是把灵感中产生的思维结果付诸实施,用新的技术方案去固化顿悟引发的创意思维成果。其实,创意方案的产生过程已基本完成。例如,对艺术家的创作来说,在思维豁然开朗后,就已经构成了解决问题的端倪和作品的轮廓。但是,新观念是否切实可行,还有待于进一步的验证和实践。

　　总之,经过验证阶段,可以使创造的成果得到进一步的完善和确认。通过灵感所获得的观念,必须经过审美、逻辑、实践等方面的检验。对创造成果进行科学的验证,利用观察和实验,分析、证明发明的可重复性、合理性、严密性、可行性及发明的真实性,主要是从理论上验证,从行为上修正。在验证阶段,对新观念、新设想完全不做修改的情况是不多的,甚至也可能因为可行性、重复性差等原因被否定,此时就要回到酝酿阶段重新冥思苦想。

案例 3-8

广告创意验证阶段的重要性

　　创意的形成可能在一刹那之间,却是绞尽脑汁的。也许一个新的闪念令我们激动不已,但是,应该相信,一个令自己满意的创意结果也许仍然是不完美的,需要经过耐心的加工处理使之臻于完美。在完成了构思之后,可以交由深谋远虑的批评者审阅,也可以提供给同事共同讨论,甚至投向社会供大众修改,从而使独创的东西变成吸收了许多外在养料的东西,并使它在无情的增删中具有更多新的价值。日本某汽车公司曾分别在南非、澳大利亚做广告,分别在车内装载猪、孕妇,刻意表现汽车的稳定性和安全性,但都引起抗议。这给我们留下启示:如果事先能广泛听取意见,使创意万无一失后再作定夺,也许就不至于这般狼狈了。所以,广告创意只有在得到社会良好的回馈之后才算成功。

　　应当指出,从心理学角度划分的创新四个阶段并不意味着创意活动一定要按照这一固定模式、程序去操作。不应教条地理解为要把一切创造都一成不变地纳入四阶段的框框之中,顺序不可逾越。实际上,现实中的创造是复杂的,创新四阶段只有第一与第四这两个阶段可鲜明分开,其他几个阶段虽然在理论上可以分开,但在实践中很难划分。有的发明创造是偶然得到启发,旋即全力完成的,没有明显的孕育阶段。正如心理学家克雷奇指出的:"虽然这个模式仅仅提供了关于解决问题过程的粗略描绘,而且往往颠倒了事件的实际次序,但对于进一步的分析,它却是一个有用的普遍的参照体系。"

【小训练】
阅读下面案例,找出案例中的四个阶段。

创意创业故事

京城 1 号卖花小丑

20 岁从山东临沂农村来北京"漂"的小宋,已在京城"混"了 11 年。这个初来乍到时挨骂受气的小饭馆伙计,眼下已摇身一变成了公司总经理,甚至连名字都从宋广斌改为宋非凡。"我喜欢非凡这名字,因为我的想法和做法与众不同。"他气定神闲地说。宋非凡打小就不安分,虽然七八岁时就跟父母下田拉犁、牵牲口、捡地瓜,但他可不想像父母那样一辈子埋头干农活,初中没毕业就做起小买卖,在集市卖瓜子,几年后又跑到北京打工。

2006 年初,他逛王府井时,发现路边不少卖花的小姑娘,虽然吆喝得挺起劲,但买花的人很少,有人甚至厌烦地躲她们。他琢磨开了:"假如我卖花,能用什么方式吸引人呢?"

忽然,他想起在电视上看过马戏团的小丑,那滑稽逗人的模样令人难忘,"我要是打扮成小丑卖花,没准能给人惊喜"。想出了这么个鬼点子,他忍不住偷着乐。

他找了家小裁缝店,给自己设计了套小丑服装,一半红一半黄的连衫裤和尖帽子,花了 200 多元。还用半个乒乓球做了个鼻套儿。然后买了口红,给自己涂抹了一张麦当劳叔叔式的大嘴,对着镜子反反复复练习做鬼脸。一天晚上,乔装打扮成小丑的他去花店买了几束鲜花,直奔北京后海的酒吧街。"哎哟喂,快看嘿,真好玩,这是干什么用的?"路人发出惊呼。知道他是卖花的后,有个小伙子

图 3-7　京城 1 号卖花小丑

说:"今天是我女朋友生日,她在酒吧里坐着呢,你给她送束花去。"当他把花送给那女孩,并说"祝你生日快乐"时,女孩兴高采烈地非拉着他合影。那晚上,他这个小丑很风光,后海很多卖花的,数他卖得快,不但赚了 100 多块钱,还有不少中外游客争着和他拍照留念。"百分之百的回头率呀!"兴奋之余,他打定主意开"小丑鲜花专递"店。

那年的春天,他的花店在后海附近的旧鼓楼大街开张了,门口的牌匾上写着"小丑送花,包你开心"。他在名片上印着——北京 01 号小丑宋非凡。

"每天面对客户的笑脸,听着感谢的话,我喜欢这样高高兴兴地赚钱。"宋非凡

如今可"牛"了,开起北京创意非凡鲜花有限公司,培训出了几个小丑员工,经营两家小丑鲜花店,第三家店即将开张,还开通了网上鲜花超市。他盘算着"在北京多开几家连锁店,将来在全国开加盟店"。

资料来源:中国青年报 2008 年 12 月 22 日

二、有关创新阶段的其他说法

还有不少人提出各种创新阶段说,三段、四段、五段、六段甚至七段的都有。

(1)有人将创造过程分为三阶段,如图 3-8 所示。

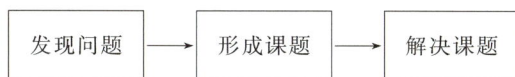

发现问题 → 形成课题 → 解决课题

图 3-8　创造三阶段模式

第一阶段,发现问题,就是从平时忽视的事物中发现问题;第二阶段,形成课题,就是形成能够实际地得到解决和处理的具体课题;第三阶段,解决课题,就是对归纳收集到的情报,提出假设,完成假设,并进行验证。这时,在解决课题的阶段中,提出并完成假设的推理过程是十分重要的。

(2)苏联创造心理学家鲁克提出五阶段模式,如图 3-9 所示。

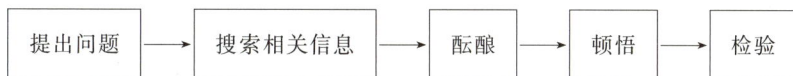

提出问题 → 搜索相关信息 → 酝酿 → 顿悟 → 检验

图 3-9　鲁克创造五阶段模式

(3)美国创造学家奥斯本把创造分为七个阶段,如图 3-10 所示。

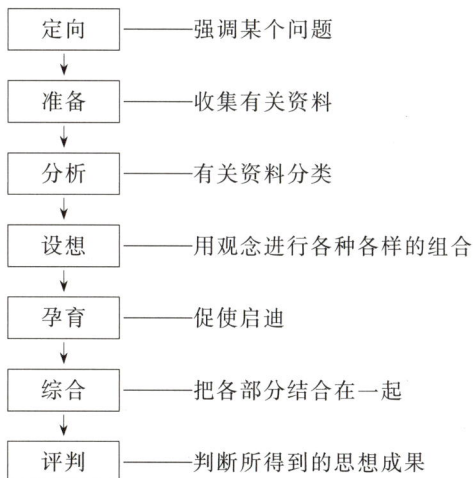

定向 —— 强调某个问题
↓
准备 —— 收集有关资料
↓
分析 —— 有关资料分类
↓
设想 —— 用观念进行各种各样的组合
↓
孕育 —— 促使启迪
↓
综合 —— 把各部分结合在一起
↓
评判 —— 判断所得到的思想成果

图 3-10　奥斯本创造七阶段模式

第三节　创造性解决问题的系统模型

上面两节分别从时间、空间的角度及心理学层面介绍了创新过程。下面我们介绍一种创造性解决问题的系统模型,该模型显示了创新的过程。我们知道,是否具有创新能力以及创新能力的水平高低,只有在解决问题的过程中才能表现出来。可以说,解决问题的过程就是创新的过程。创造性地解决问题按过程可划分为 6 个阶段:问题调研、设定目标、确定手段、解法最优化、制作和验证、说服他人。具体模型如图3-11所示。

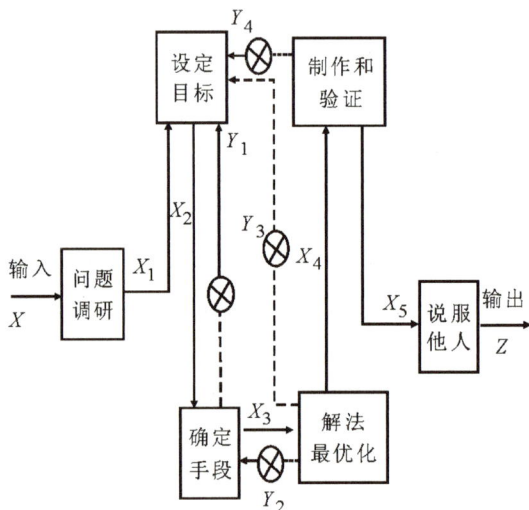

图 3-11　创造性解决问题的系统模型

图 3-11 中的虚线表示反馈,实线表示各阶段的输入或输出。符号意义如下:

X ——问题情境。

X_1——特定问题的最佳定义和有实现价值的解法概念。

X_2——可以接受解法的边界条件或目标集。

X_3——客观上的最佳解法。

X_4——对应用对象(主观上)的最优解法。

X_5——满足客观和主观要求,并得到证实的工作模型(成果)。

Y_1——验证所获得的手段是否满足目标要求。

Y_2——若客观上确定的最佳解法不能满足对象需求,则应从技术上修改现有解法,直到满足需求为止。

Y_3——评估最优解法实现预定目标的可能性。

Y_4——验证最优解法转化成的"硬件"能否实现目标。

Z——可为他人所用的创造成果。

下面分阶段详细介绍。

一、问题调研

问题调研阶段的目的是界定问题。界定问题就是要明确问题的性质和内容，即确定是什么样的问题，问题的实质和内容是什么等，也就是要明确创新对象是什么，使创新具有针对性，做到有的放矢、"对症下药"。只有正确辨别和明确问题性质后，创意才能做到针对性、高效性和高水平。界定问题是对问题的明确过程和把握过程。

知识链接

创新思维中问题产生的三大源头

创新思维中问题产生的三大源头(图 3-12)是一个重要的结构性认识模型。其实，人的思维是受问题驱使的，如果某件事不是一个问题，我们就不会考虑它。比如在早期，汽车转向是通过从车窗伸出的人造手臂来模仿司机的手臂动作表明方向。虽然这不是一种非常有效的方法，但这种情况持续了约 40 年，始终没有人质疑过。后来，它变为了转向灯，这个改变并没有依靠任何的技术突破，而是有人愿意考虑这个问题。

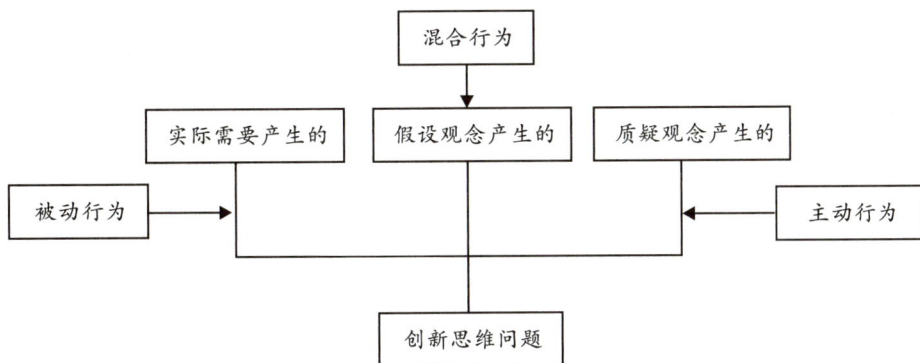

图 3-12　创新思维中问题产生的三大源头

创新问题的产生主要来自以下三个方面。

（1）实际需要产生的，是一种被动的满足行为。所谓的实际需要既包括创新主体的要求或欲望，也包括市场客体的要求或欲望，是通过满足而产生的创新问题。

（2）质疑观念产生的，是一种主动的质疑行为，是通过主体质疑而产生的创新问题。

（3）假设观念产生的，是一种既有主动又有被动的行为，是通过主体的假设观念而产生的创新问题。

问题调研阶段的输入是一个情境，即"某人关于条件和环境的立场"。在一般情况下，解题者总是从问题情境出发，而不是从问题开始，只有遇到比较简单的问题（"教科书式"的问题）时，解题过程的输入才是明确定义的问题。该阶段的重点是问题，其输出主要是经过分析和确认的问题。问题调研阶段按次序回答下列问题。

（1）基本需要是什么。人们从所处的问题情境中意识到问题，这是第一步，即要有问题意识。它是整个创造性思维活动的开始，要求人们对周围世界中的事件以及需要解决的问题非常敏感，并具有敏锐的观察能力。第二步是进一步辨认和确认需要，并概括出基本需要。

（2）基本问题是什么。首先提出不同的问题定义，其次判断每个问题是否满足基本需要，最后确定最好的问题，给出基本问题的定义。

（3）是否值得解决。根据现有的技术手段，形成初步的解法概念，讨论所获得的解法有何意义，推测完全实施所确定问题的解法可能引起的问题和结果，考察别人是否提出过这个构想、是否成功、结果怎样，以此来决定基本问题是否值得解决。

（4）是否可能解决。考虑与成功有关的已知和未知因素，在现有技术水平和资源基础上，评估问题解决的可能性。

（5）是否应当解决。粗略估计所需时间和资源，初步确定解决此问题可利用的资源，进行成本-收益核算，以此决定是否应当解决该问题。

案例 3-9

凭证式众筹　美微创投

2012年10月，淘宝出现一家店铺，名为"美微会员卡在线直营店"。淘宝店店主是美微传媒的创始人朱江，原来在多家互联网公司担任高管。消费者可在淘宝店拍下相应金额的会员卡，但这不是简单的会员卡，购买者除了能够享有"订阅电子杂志"的权益外，还可以拥有美微传媒的原始股份100股。四个月里，1191名会员参与了认购,募集资金 120.37 万元。

美微传媒的众募式试水在网络上引起了巨大的争议,很多人认为有非法集资嫌疑,果然还未等交易全部完成,美微的淘宝店铺就于 2 月被淘宝官方关闭,阿里对外宣称淘宝平台不准许公开募股。而证监会最后宣布该融资行为不合规,美微传媒不得不向所有购买凭证的投资者全额退款。

按照证券法,向不特定对象发行证券,或者向特定对象发行证券累计超过 200人的,都属于公开发行,都需要经过证券监管部门的核准才可。

在淘宝上通过卖凭证和股权捆绑的形式来进行募资,可以说是美微创投的一个尝试,虽然说因为有非法集资的嫌疑最后被证监会叫停,但依旧不乏可以借鉴的闪光点。主要闪光点包括门槛低,即使几百块也可购买。但主要问题在于目前我国受政策限制。建议在长远政策放开之前,以相对小范围的方式合规筹集资金。比如股东不超过 200 人,比如从淘宝这样的公开平台转移到相对更小的圈子。如果希望筹措到足够资金,可设立最低门槛,并提供符合最低门槛的相应服务和产品以吸引投资者。该模式比较适合大众式的文化、传媒、创意服务或产品。

上述案例当中,对创业项目的选择其实如同对创新问题的选择一样,非常重要。上述案例失败的原因在很大程度上是募集资金受到政策的限制,项目启动时没有对问题进行深入调研,在募资范围及方式上没有谨慎考虑,与国家政策相违背,最终导致项目的失败。

在问题调研阶段回答以上五个问题的过程中,若有必要,可以反馈到前面的问题中进行讨论。问题调研阶段的最后输出是:最好的问题定义及有实现价值的解法概念。

二、设定目标

问题调研的成果是根据所看到的需要而提出的特定问题及有实现价值的解法概念,它将作为设定目标阶段的输入。该阶段的目的是为成功解决问题规定必要的约束条件(可接受的限度)。设定目标是在问题调研成果的基础上,先设定总目标,再逐级分解总目标,建立目标集。该目标集是衡量具体解法能否解决基本问题的标准,此阶段的输出是一个目标集或者"技术说明书"。

三、确定手段

确定手段阶段的目的是确定使解题者基本满意的解决问题的最佳手段。此阶段输入的是解法必须达到的具体目标,输出的是所提出的最佳解法。所谓最佳解法是指最有可能实现预定目标且客观上优化的解法。对解题者来说,"确定手段"意味着为了"综合"出最好的解决方案而进行精细、艰难的创造性思考。

确定手段阶段又分为以下 4 个基本步骤:

(1)进行手段预选。

(2)对获得的手段进行评价。

(3)对满意的手段进行详细研究。

(4)根据预定的目标评估解法实现目标的可能性。

可能性大的解法方可进入下一阶段。当然有些问题是不可能解决的,若这个阶段没有成果,解题过程必须终结。此外,在数量上最好保留两种以上的解法,以便一种解法失败,还有"次佳"解法可以依靠。

四、解法最优化

具体解法的细枝末节可能对对象是至关重要的,因此,在解题过程中需要专门考虑对象问题的阶段,我们称为"解法最优化"阶段。它的目的是从对象的角度使提出的具体解法最优化。

该阶段从三个方面考虑:一是需要优化的具体解法,二是需要优化的指标,三是最终用户。概括起来,最优化有两种类型:技术上最优化和对用户是最优的。技术上的最优化,其最终目的在于提出对象能够接受的具体解法,因此,该阶段的最优化应是针对对象而言的。

解法最优化阶段,输入为"最佳"的解法,输出是"最优"的具体解法。在此阶段,若解法不能满足对象需求,需返回上一阶段,对解法进行修改,并验证解法是否能实现预定目标。

五、制作和验证

制作和验证阶段是将上阶段的成果——创造性想法变成实际有用的"硬件",构造一个实际模型并实现其性能,从而把抽象的思想变成现实。

制作和验证阶段的目的是为我们提出的新设想作出实际模型,表明设想是可以变成现实的,利用模型获取事实资料。事实资料主要包括模型运行的性能、能否实现预定目标、会出现什么样的技术和非技术问题、实际制造和运行的费用等。这些资料是完善模型的重要依据。该阶段输入的是一个经过优化的抽象模型,包括示意图、设计图、方案、计划等,这是前四个阶段的全部创造性思维的成果。输出的是一个经过证实的、可行的实际模型及有关其性能、特性和相关事实的资料。

总而言之，在制作和验证阶段，通过实际"硬件"，可以发现我们的创造性设想是否正确。

六、说服他人

仅仅成功地建造和试验一个新装置或新计划是不够的，还需要把它"推销"给其他人，这一新创造才可以产生有益的社会影响，否则，其创造性贡献的价值是不会实现的，即创造性过程的最后阶段，是我们称为"说服他人"的积极活动。

说服他人阶段的目的是使他人接受和实际应用我们的新创造。该阶段的工作依次是：

(1)分析和总结已获得的创造性成果。

(2)制定期望的行动目标。

(3)识别要被说服的他人。

(4)了解关键的人和集团。

(5)制定说服策略。

(6)贯彻到底。

说服他人阶段的输出为有益于社会的新创造被应用。

第四节　创新的一般过程

根据前三节的讲解，我们知道，从时间和空间角度来说，创新过程一般可以分为明确问题阶段、确定方案阶段、实行方案阶段、回顾总结阶段；从心理学角度来说，创新过程一般可以分为准备阶段、酝酿阶段、顿悟阶段和验证阶段；从创造性解决问题的角度来说，创新过程包括六个阶段，分别是问题调研阶段、设定目标阶段、确定手段阶段、解法最优化阶段、制作和验证阶段、说服他人阶段。三个角度的分析从不同侧面说明了创新的过程，其中，时间和空间角度的分析，侧重于方案的选择和回顾阶段，即更多地考虑确定方案之后创新过程会出现的一系列可能性发展；心理学角度的分析更侧重思维领域的发展过程；创造性解决问题的系统模型则侧重于创造力的训练过程，相对来说涉及的过程发展更完整。

为此,结合上述三节的分析,本书总结创新过程如图 3-13 所示。

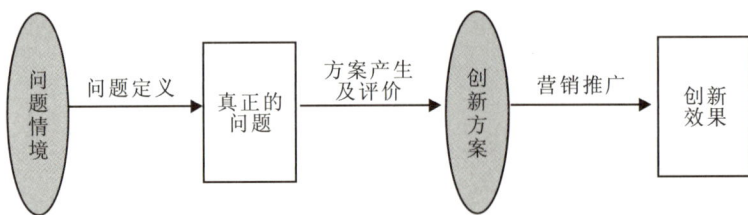

图 3-13　创新过程

也就是说,创新过程可以分为三个阶段:问题定义阶段、方案产生及评价阶段和营销推广阶段。

一、问题定义阶段

问题定义阶段就是界定问题阶段,即要弄清是什么样的问题或问题究竟是什么,问题的核心是什么,问题的要害是什么,问题的影响程度、重要程度有多大等。只有对问题的这些方面明确界定后才能把握问题。例如,明确问题是不是事关全局的根本性问题;是重点问题,还是一般问题;是表面性问题,还是潜在的深层次问题;是占主导地位的主干性问题,还是处于受支配地位的枝节性次要问题;是普遍性的问题,还是特殊性的问题;是现实问题,还是将来问题;是长期性问题,还是短期性问题;是新问题,还是老问题等。总之,要找到问题的关键。这里要运用矛盾分析的方法去解剖矛盾、识别矛盾、分析矛盾的活动过程。需要注意的是,由于矛盾的不定性和变动性,在界定问题时应充分注意问题的相对性、变化性。问题的相对性是指问题的重要程度、影响力都是相对的,同一问题在不同的场合和条件下其重要程度和影响力是不一样的,问题作用力度的大小也是不一样的。问题的变化性是指问题性质和作用都是在不断变化的,在一些场合是关键、主要的问题,在另一些场合则有可能是次要的、一般的问题;在一定场合下的次要问题,在另一场合很可能会成为关键的问题。这就要根据具体的时间、地点、条件来认识和分析问题,这样才能真正把握住问题。

在这个基础上,选准创意问题,即选准作为创新对象的问题,以明确创意需要以及能够解决什么问题。创意要做什么,必须是明白无误的,否则就会导致创意失误。如选择了力所不能及的,在现有条件、能力以及主观努力下无法解决的问题,那就必然碰壁,遭到失败。如果确定要解决的问题轻而易举就能解决,则又失去了创新的意义。因此,创新活动必须正确界定需要解决的问题,就是要在识别创意问题的基础上,合理选择最有意义而又有能力解决的问题作为首要问题。我们都知道,无论组织或个人,在一定的时间阶段总会面临一系列的问题,而且由于人们的资源和精力在一定时间阶段总是有一定限度的,不可能同时解决所面临的所有问题,只能集中力量一个个地解决。为此就要首先选择关键性或有影响性的重点问题加以解决,即按轻重缓急、先后顺序解决。这就必然要求在对问题进行识别的同时,对创新问题做出最合理的选择。一般来说应把最具有现实意义和普遍意义,且是社会活动主体最感兴趣,又有能力解决的问题作为努力方向;把所有存在的问题都作为创新对象一锅煮、一把抓,那就必然造成吃力不讨好、最终一事无成的后果。经过问题定义阶段,找到真正的问题,也就是创意问题。

二、方案产生及评价阶段

在找到问题的基础上,设定目标,根据设定的具体目标来确定方案。产生的方案并不一定是最适合或者最优的,所以要将方案投入实践,检验方案的可行性。

三、营销推广阶段

最终产生的可行方案并不是创新的最终结果。创新是商业化的过程,应该通过合适的营销手段将停留在研究领域的创新方案和创新成果转化为对社会有意义、能够产生经济效益的创新成果。这样创意的商业运用才能真正发挥创新的市场价值。

📖 创新创业故事

可法姆人造皮革

20世纪60年代美国杜邦公司投入巨大的研究力量开发出一种称为可法姆的多孔聚亚胺酯,可法姆几乎可以取代皮革,两者的差异都是些无足轻重的特性,例如非均质、融解变硬和保养费用高(如需要经常抛光)。杜邦公司在进行了大量的市场分析后,发现结果是鼓舞人心的。尽管公司坚信这个产品优于皮革,但是由于制造成本高,可法姆的价格被定位在高端市场。自从1964年可法姆推出后,5年内共卖出大约7500万双鞋。杜邦公司十分惊讶地发现,在这段时间,它在可法姆上损失了大约7000万美元。消费者对产品反应之冷淡超出了杜邦公司的预期。其中一个原因是消费者称这些鞋不够舒适;另一个关键的因素则恰好是欧洲当时更流行用不同种类的皮革制鞋。1964—1969年,进口鞋种类从9％增至26％,而可法姆只提供一种皮型。由于缺乏灵活性,可法姆被排挤出了高档鞋的市场,造成严重亏损。1971年杜邦公司放弃了这种产品,把工厂和可法姆的制造工艺转手让给了波兰。

这个故事能传递的最有意义的信息就是营销的重要性,我们可以看到市场,特别是市场上的变化是如何导致创新失败的。对于这个案例,虽然潮流发生了变化,但是如果能在现有的条件下对产品进行有效的营销,也许会是另一番景象。这就是营销的重要性,我们将在"创业基础"课程中对该知识进行详细的讲解。

❓ 本章思考题

1.发现问题就等于解决问题的一半。分析"中国式过马路"的原因,找到根本问题所在,并提出对策方案。

2.查找创新案例,分析创新过程。

3.创新的商业化阶段为什么重要? 结合相关案例进行说明。

4.针对大学生上课玩手机、逃课现象,请运用本章所学知识,提出创造性解决该问题的系统模型。

第四章 突破创新思维障碍

哲理名言启示

思维是无形的,但是为了创造出有形的具有时代气息的东西,就有必要将思想表达出来。

——哈伯德

本章概要

通过本章创新思维知识的讲解,要求学生掌握常用创新思维有哪些,熟悉创新思维的特性;理解思维定势的积极性和消极性以及各种类型的思维障碍,能运用相关方法对自身存在的思维障碍进行突破;掌握互联网思维并运用互联网思维进行创业实践。

教学要点

1.创新思维概述;

2.创新思维特性;

3.常用创新思维介绍;

4.互联网思维;

5.思维定势;

6.创新思维障碍。

开篇案例

"点石成金"的故事

　　从前,有两个穷人遇到了一位能点石成金的神仙。神仙给他们每人 100 两黄金,甲很高兴地接了金子,乙却不要。神仙很奇怪地问乙:"你为什么不要?"乙说:"您给我金子,我很感谢您的帮助。但金子总会花完的,我请求您把'点金术'传授给我,这是对我最大的帮助。"神仙被乙的好学精神所感动,高兴地把"点金术"传授给了乙。一年后,甲的金子用完了,又成了穷人,而学会了"点金术"的乙,自己能点石成金,成了一个大富翁。

❓ 思考与讨论

1.谈谈"点石成金"故事对你人生有何启示。

2.结合自身情况,谈谈如何突破案例中甲那样的思维障碍。

第一节　创新思维概述

一、创新思维概念

　　思维决定行为,思路决定出路。生活工作没有思路不行,组织管理没有思路不行,企业经营没有思路不行,创新创造没有思路更不行。在逆境和困境中,有思路就有出路;顺境和坦途中,有思路才有更大的发展。

　　创新思维是人类思维的精华,是创新活动的核心。有了创新的思维,就有了创新的出路。可以说,一切创新成果都是创新思维结出的硕果。

创新创业故事

自动摘收西红柿问题的解决思路

　　20 世纪初,发达国家已经实现了农业机械化。然而,能自动摘收西红柿的机器始终没有被发明,主要是因为西红柿的皮太柔嫩,使用机械很可能抓得过紧而将西红柿夹碎。那么,怎样才能实现自动摘收西红柿呢? 解决这个问题有两种不同的思维方式：第一种方式是致力于研究控制机器的抓力，使其既能抓住西红柿，又不会将西红柿夹碎。但是，这项研究始终未能成功。第二种方式则是采用了一种从问题的源头解决的办法，即研究出韧性十足、能够承受机器夹力的西红柿。沿此思路，人们成功培育出一种硬皮西红柿。

面对同一个问题，不同的人可能采取不同的思维方式去寻求解决问题的方法。上例中的第一种解决方案是大多数人习惯使用的思维方式，即利用现有信息进行分析、综合、判断、推理而产生解决办法，即将所需解决的问题与头脑中已储存的过去曾经遇到过的问题做比较，以寻找解决问题的办法。其本质是通过学习、记忆和记忆迁移的方式去思考。这种思维称为再现性思维，也称习惯性思维或者常规思维。而上例中第二种解决方案是在已有经验的基础上寻找另外的途径，探求新思维，发现新关系、新方法以解决问题，这就是创新思维的例子。那么，什么是创新思维呢？

创新思维是指以新颖独创的方法解决问题的思维过程，通过这种思维能突破常规思维的界限，以超常规甚至反常规的方法、视角去思考问题，提出与众不同的解决方案，从而产生新颖的、独到的、有社会意义的思维成果。换句话说，创新思维就是构想创意的过程。

创新思维是人类思维的高级形式，是创新的源头。它既是一种超越其他思维的独立思维、超常规思维、创造性思维、形象思维等综合性思维，又是对一切旧思维进行革命性的改革和更新的新型思维。一般来说，创新思维的获得始于灵感而终于构思。创新思维是一种具有开创意义的思维活动，即开拓人类认识新领域，开创人类认识新成果的思维活动。它往往表现为发明新技术，形成新观念，提出新方案和建议，创建新理论。

创新思维广泛存在于政治、军事决策中和生产、教育、艺术及科学研究活动中。如工作实践中，具有创新思维的职业经理可以想别人所未想、见别人所未见、做别人所未做的事，敢于突破原有的框架，或是从多种原有规范的交叉处着手，或是反向思考问题，从而取得创造性、突破性的成就。

创新思维是相对于传统性思维而言的，是所有人都有的思维形式。可以说我们在座的每一位同学都有创新思维。但是，不是所有的人都会用它，大量的创新思维被埋没了。比如小学生问老师："老师，天上有一个太阳，会不会有两个太阳？"老师说："瞎说，国无二君，天无二日，怎么会有两个太阳。"完了，小孩的创新思维可能就被泯灭了，天上可能就有两个太阳，五个太阳。宇宙无限，银河系太阳系可能有很多，这个创新性思维就被埋没了。我们每一个人都有创新思维，平常人传统性思维、常规性思维占主导，所以他的创造力发挥不出来。

那么创新思维和一般思维有什么不同？我们来看下面的故事。

创意创新故事

第六罐可乐

有这样一个游戏：假设可乐 2 元钱一罐，两个空罐可以换一罐可乐，如果给你 6 元钱，你最多能喝几罐可乐？就这个游戏，我们问过身边很多人，包括同事和朋友，当然还有亲人。90％的人经过推演，最后说：是 5 罐吗？

我们可以回过头来仔细审视一下游戏的过程，大多数人都能喝到 5 罐，怎样想办法喝到第六罐是游戏的核心。很多人会说，我只有一罐了，没法继续了，干脆喝掉，一个空罐也没什么价值，扔掉算了！这里面引发两个问题。一是空罐有没有价值？二是你能否对自己手中的空罐以及别人手中的那些空罐开展合作，以充分整合利用它们？

这个游戏，让我们发现了"空罐"就是那些闲置的资源，发现"空罐"就是发现价值；每个人都有"空罐"，都有很多资源在人为地闲置着，如果被充分整合，我们将惊叹自己的表现。

思考创新思维和一般思维的不同之处，会拓展我们的思路。我们不能局限在处理那些碰到的困难和难题上，而要把注意力集中转移到事实的分析上，以使现有资源产生更大的价值。我们要学会区分相关信息，并把握暂时无用信息的价值。这非常重要。今天无用的信息可能会成为明天成功的关键。正如游戏所体现的那样，找到空罐成为获得第六罐的关键。你把第五罐喝掉，再搭配一个空罐也能换回来第六罐，喝掉后再把空罐还给对方，这种思维方式跟普通的思维方式很不一样，这样的处理问题的思维方式就是创新思维。

二、创新思维的特征

(一)对传统的突破性

从创新思维的本质看，它打破传统、常规，开辟新颖、独特的科学思路，升华知识、信念和观念，发现对象之间的新联系、新规律，是具有突破性的思维活动。突破性(breakthrough)是创新思维的一个显著特征。

首先，突破性体现为创造者突破原有的思维框架。原有的思维框架对思考问题有很多好处，它能使人们省去许多摸索、试探的思考步骤，提高思考效率。但是,原有的思维框架不利于人们进行创造性思考。因此,无论是思考如何解决新问题,还是思考如何解决老问题,都需要人们跳出原有的思维框架,用新的思考程序和思考步骤进行新的尝试。突破以往思维程序和模式对寻求新设想的束缚,对那些默认的假设、陈旧的观点和固化的模式提出挑战,可能取得意想不到的成功。

其次,突破性体现为突破思维定势。思维定势可能是对过去某一阶段经验的总结,是经过成功的经验或失败的教训验证的"正确思维"。但是,当事物的内外环境发生变化时,仍然固守"正确的"定势思维却行不通了,它们常常对创造性思考产生消极作用。不突破思维定势,就会被原有的框架所束缚,就很难进行创新活动。

最后,突破性体现在超越人类既存的物质文明和精神文明成果上。从超越既存的物质文明成果看,产品的更新换代就是科研人员在思维上敢于超越原有产品的结果;从超越既存的精神文明成果看,爱因斯坦突破了牛顿经典力学的静态宇宙观去思考,创立了狭义相对论。

(二)思路的新颖性

创新思维往往是新颖的、独特的。思路的新颖性(originality)是指在思路的选择和思考的技巧上都具有独特之处,表现出首创性和开拓性。思路的新颖性表现为不盲从,不满足现有的方式或方法,需要更多地经过自己独立思考,形成自己的观点和见解,突破前人成果的束缚,超越常规,学会用新的眼光去看待问题,从而产生崭新的思维成果。如果缺少独立自主的思考,一切循规蹈矩,照章办事,就不可能产生新颖的思路,更谈不上创新。

创新思维的一个重要特点是新颖,那么达到什么程度才叫"新"呢?考夫曼和罗纳德(Kaufman & Ronald)把创造思维的结果——创意分为四个级别,也称四个C(两个小写、两个大写)。四个C在不同领域的概念和例子完全不同。下面从创业的角度加以介绍。

(1)微创意(mini-creative idea,mini-c):在生活和学习的过程中,对个人经历或某些现象作出新的解释或者发现了其中细微的新颖之处。微创意属于创意的初级阶段。小朋友看着天上的一朵白云惊呼"像一只大鸟",父母会表扬"真有创意"。很多写作和绘画的创意训练都属于微创意。这个级别的创意主要还局限在学习、理解、体验和认知阶段。微创意还不能构成新产品的解决方案和创业机会,但恰恰是这些点点滴滴的积累,会为形成更高级别的创意提供基础。

(2)小创意(little creative idea,little-c):解决日常生活问题的小创意。这样的例子很多,每个人在日常生活中都会遇到这样那样的问题,都有过为解决问题而产生新想法的经历。没有实际经验的大学生应该多从生活问题入手,先培养创业理念,慢慢过渡到更加新颖的创造思维活动。

(3)专业创意(professional creative idea,professional-C):在工作领域提出具有专业水准和实际应用价值的创意。绝大部分创意、发明和创新驱动型的创业都属于专业创意的水平。在专利数据库中,很多专利都属于专业创意级别。有专业背景的高年级本科生、硕士生、博士生或专业人员,在已有技术支持下,才可能达到专业创意级别。所谓专业背景并不一定仅局限于科学技术类专业,在任何领域具有一定的学习和工作经历都可以称为具有该领域的专业背景。

(4)重大创意(big creative idea,big-C):可能引起重大发现或发明,具有深远历史影响的创意。如蒸汽机、电、电话、计算机、互联网、卫星、宇宙飞船、原子弹、核能等可以影响人类社会历史发展进程的创意,称为重大创意或历史性创意。

并不是所有创意都是全新的,也并不是所有创业都需要重大创意。一个好的创意会让人产生眼前一亮的感觉。这就源于创意思维的新奇,也就是求异性。如果老调重弹、平平淡淡,必然乏味。学会用新眼光去看待问题,突破思维的惯性。比如可以在原料、结构、性能、材料、外形、色彩、包装乃至加工方法上找到新的方法。

案例 4-1

变 色 杯

水杯是日常消费品,商家通过水杯颜色变化的商业创意制作了一种可以变色的水杯,创造了无限商机。人们称这种水杯为变色杯。

变色杯又称魔术杯,是一种会随水温变化杯体颜色的杯子(图 4-1),当水温比较高时,杯体颜色比较浅;当水温比较低时,杯体颜色比较深。这样的杯子就和一般的杯子有所不同。

倒入热水后变色

图 4-1 变色杯

在商业领域,有些小创意也可能有大商机,而有些大创意往往在短时间内很难转化成商业机会。对于创业机会的评估要全面系统地从创意、市场、盈利、团队、资源等方面进行综合考量。

(三)视角的灵活性

创新思维表现为视角能随着条件的变化而转变,能摆脱思维定势的消极影响,善于变换视角看待同一问题,善于变通与转化,重新解释信息。它反对一成不变的教条,会根据不同的对象和条件,具体情况具体对待,灵活应用各种思维方式。进行创新思维活动的人在考虑问题时可以迅速地从一个思路转向另一个思路,从一种意境进入另一种意境,多方位地试探解决问题的办法,这样,创新思维活动就表现出不同的结果或不同的方法、技巧。

面对处于世界经济趋于一体化、竞争日趋激烈背景下小企业的前途问题,企业的职业经理不能无动于衷或沿用老思路,否则,只有死路一条。企业职业经理必须或是考虑引进外资,联合办厂,或是调整企业的人力、财力、物力的配置结构,并进行技术革新,或是加强产品宣传,并在包装上下功夫,或是上述三者并用。企业职业经理也可以考虑企业的转产,或者让某一大型企业兼并,成为大企业的一个分厂。这里的第一条思路是方法、技巧的创新,第二条思路是结果的创新,两种不同的创新都是创新思维在解决企业问题中的应用。创新思维的灵活性还表现为人们在一定的原则界限内的自由选择、发挥等。一般来讲,原则的有效性体现在它的具体运用上,否则,原则就变成了僵死的教条。

换一个角度,换一种思维,或许一切都会有所不同。

创新故事

拆迁的启示

在二三十年前的北京,有一个文化馆需要重新修建,周边住着大概 100 户居民。按照北京当时的物价,100 户居民拆迁,大致需要 2000 万元。但是上级主管部门只拨了 1400 万元,也就是每户 14 万。还差 600 万元,即每户少给 6 万。该怎么办?

按照惯性的思维,主要是通过做思想工作,从修建文化馆给人们带来的好处,要有顾全大局意识等方面来进行说服。但是效果不好,拆迁户谁都不理睬。因为他们没有地方住,有些拆迁户甚至说到总不能让我们睡在马路上。后来又有人提出,如果说服不行,来硬的搞强拆。强拆于情于理都不合适。后来请教于靠卖点子成了百万富豪的何杨。何杨说:我调查过了,在郊区比较方便的地方买块地,盖上楼,800 万元就可以解决这些人的住房问题,每户多出的 6 万元可以用来买小轿车解决交通问题,牌照统一做好。对于这个点子大部分搬迁户很开心,但还有几个愁眉苦脸:我都 72 岁了,谁帮我开车,难道我自己学开车吗? 这时,何杨又有一个点子,这 100 辆车,不要发给每一户,而是成立一个出租车公司,这 100 户人家都是投资者,他们平时要乘车,打一个电话,不管到哪,免费接送。根据出租车公司经营情况年底分红,搬迁户一个个都变成了老板。这个点子一出,老老少少都开心。何杨解决拆迁问题的思维方式跟普通的思维方式不一样,从一个思路转向另一个思路,从一种意境进入另一种意境,体现了创新思维的灵活性。

(四)思维的艺术性

创新思维活动是一种开放的、灵活多变的思维活动,它的发生伴随"想象""直觉""灵感"之类的非逻辑、非规范思维活动,如"思想""灵感""直觉"等往往因人而异、因时而异、因问题和对象而异,所以创新思维活动具有极大的特殊性、随机性和技巧性,他人不可能做到完全一样。创新思维活动的上述特点同艺术活动有相似之处,艺术活动的表面现象和过程是难以模仿的,如凡·高的名画《向日葵》,人们都可以去画向日葵,且大小、颜色都可以模仿,甚至临摹。然而,艺术的精髓和创造性、创作能力只属于作品的作者本人,是无法仿照的。任何模仿品只能是"几乎"以假充真。由于创新思维的抽象性,其思维能力无法像一件物品(如茶杯)摆在我们面前,任我们临摹、仿造。因此,创新思维被称为一种高超的艺术。

(五)程序的非逻辑性

创新思维往往是在超出逻辑思维、出人意料、违反常规的情形下出现的,它可能并不严密或暂时说不出什么道理。因此,创新思维的产生常常省略了逻辑推理的许多中间环节,具有跳跃性。

创新思维的非逻辑性,由于中间环节的省略而呈现飞跃式,有时会显得离谱、不可思议,甚至创造者自己也感到不理解。例如,眉头一皱、计上心来,急中生智等就是创新思维非逻辑性的典型表现。在创造活动过程中新观念的提出、问题的突破,往往表现为从"逻辑的中断"到"思想的飞跃"。这通常伴随着直觉、顿悟和灵感,从而使创新思维具有超常的预感力和洞察力。

创新思维总是表现为在时间上以一种突然降临的情景标志着某一种突破的获得,表现了一种非逻辑的特征,这是在长期量变基础上的爆发性的质的突破。弗兰西斯·培根曾在 1605 年说:"人类主要凭借机遇或其他,而不是逻辑创造了艺术和科学。"

当然,创造性成果的产生,是研究者长期观察、研究、思考的结果,是创新思维活动过程的产物。这一过程往往存在着对形成创造性成果有关键、决定作用的突发性思维转折点。"山穷水尽"时突然看到"柳暗花明"。这种突发性和偶然性表现在:思想火花的爆发没有固定的时机,它的出现带有极大的随机性。

创新创意故事

浮力原理的发现

关于浮力原理,有这样一个传说,据说,叙拉古王国的赫农王让工匠为他制造了一顶纯金的王冠,但是,他总是怀疑金匠偷了他的金,在王冠中掺了银。

于是,他请来阿基米德鉴定,条件是不许弄坏王冠。当时,人们并不知道不同的物质有不同的比重,阿基米德冥思苦想了好多天,也没有好的办法。有一天,他去澡堂洗澡,刚躺进盛满温水的浴盆时,水便漫溢出来,而他则感到自己的身体在微微上浮(图 4-2)。于是他忽然想到,相同重量的物体,由于体积的不同,排出的水量也不同……他不再洗澡,从浴盆中跳出来,一丝不挂地从大街上跑回家。当他的仆人气喘吁吁地追回家时,阿基米德已经在做实验。他把王冠放到盛满水的盆中,量出溢出的水,又把同样重量的纯金放到盛满水的盆中,但溢出的水比刚才溢出的少,于是,他得出金匠在王冠中掺了银子。这次试验的意义远远大过查出金匠欺骗国王,阿基米德从中发现了浮力原理,并在《论浮体》中记载了这个原理,人们今天称之为阿基米德原理。

图 4-2　浮力原理的发现

(六)内容的综合性

创造性活动一般是在前人的基础上进行的,必须综合利用他人的思维成果。科学技术发展史一再表明,谁能高度综合利用前人的思维成果,谁就能取胜,就能取得更多的突破,做出更多的贡献。正所谓温故而知新,在技术领域,由综合而结出的硕果更是到处可见。所以,综合也是一种创造。

第二节　常用创新思维介绍

创新思维的关键在于怎样具体地去进行创造性的活动,其诀窍在于多角度、多侧面、多方向地看待和处理事物、问题和过程。创新思维方式有很多种,包括想象思维(形象思维)、抽象思维(逻辑思维)、逆向思维、正向思维、发散思维、收敛思维、横向思维、纵向思维、转化思维、简化思维、互联网思维等。

本节重点介绍几种人们常用的创新思维。

一、理论思维

理论思维是恩格斯首先提出来的。他在1878年指出,一个民族想要站在科学的最高峰,就一刻也不能没有理论思维。自从恩格斯提出理论思维以来,这个科学的灵魂越来越引起人们的重视。许多哲学论著都不同程度地谈到理论思维。但从目前的研究状况看,理论思维并没有真正成为一门独立于哲学之外的科学。从古到今,理论思维都是包容在哲学之中的。所以,人们往往把哲学思维与理论思维等同对待,顶多也不过把理论思维当哲学的一个组成部分。

理论一般可理解为原理的体系,是系统化的理性认识。理论思维是指使理性认识系统化的思维形式。这种思维形式在实践中应用很多,如系统工程就是运用系统理论思维来处理一个系统内各种问题的一种管理方法。钱学森认为,系统工程是组织管理系统的规划、研究设计、创新试验和使用的科学方法。又如,有人提出"相似论",也是科学理论思维的范畴,即人见到鸟有翅膀能飞,就根据鸟的翅膀、鸟体几何结构与空气动力、飞行功能等相似原理发明了飞机,也称仿生学。在企业组织生产中,也有很多地方要用到理论思维。因此说,理论思维是一种基本的思维形式。因此,为了把握创新规律,就要认真研究理论思维活动的规律,特别是创新性理论思维的规律。

二、发散思维

发散思维是由美国心理学家J.P.吉尔福特提出的,是对同一问题从不同层次、不同角度、不同方向进行探索,从而提供新结构、新点子、新思路或新发现的思维过程(图 4-3)。

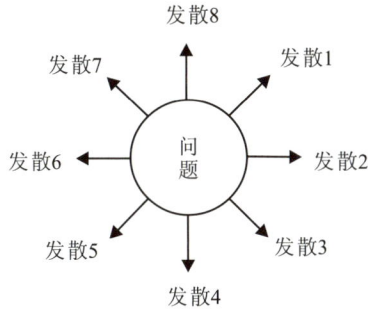

图 4-3　发散思维

发散思维是创新思维的主要标志和集中表现。发散式创意思维是指在对某一问题或事物的思考过程中,不拘泥于一点或一条线索,而是从仅有的信息中尽可能向多方向扩展,而不受已经确定的方式、方法、规则和范围等的约束,并且从这种扩散的思考中求得常规和非常规的多种设想的思维。

发散思维的概念,最早是由伍德沃斯于 1918 年提出,以后斯皮尔曼作为一种"流畅性"因素而使用过。美国心理学家吉尔福特在"智力结构的三维模式"中,便明确地提出了发散思维,也即多向思维。他认为,发散思维是从给定的信息中产生信息,其着重点是从同一的来源中产生各种各样的为数众多的输出。它的特点一是"多端",对一个问题可以多开端,产生许多联想,获得各式各样的结论,如怎样将梳子卖给和尚。二是"灵活",对一个问题能根据客观情况变化而变化。如第二次龟兔赛跑兔子又输了,原因可能是方向相反,还可能是前面有条河,等等。三是"精细",能全面细致地考虑问题。四是"新颖",答案可以有个体差异,各不相同,新颖不俗。

在 20 世纪 50 年代后,人们通过对发散性思维的研究,进一步提出了发散性思维的流畅度(指发散的量)、变通度(指发散的灵活性)和独创度(指发散的新奇成分)三个维度,即发散思维具有流畅性、灵活性和独特性的特点。

流畅性是思想的自由发挥,指在尽可能短的时间内生成并表达出尽可能多的思维观念以及较快地适应、消化新的思想观念,是发散思维量的指标。例如,在思考"取暖"有哪些方法时,可以从取暖方法的各个方向发散,有晒太阳、烤火、开空调、开电暖气、用电热毯、剧烈运动和多穿衣等,这些都是同一方向上数量的扩增,方向较为单一。

灵活性是指克服人们头脑中僵化的思维框架,按照某一新的方向来思索问题的特点。常常借助横向类比、跨域转化和触类旁通等方法,使发散思维沿着不同的方面和方向扩散,以呈现多样性和多面性。

独特性表现为发散的"新异""奇特""独到",即从前所未有的新角度认识事物,提出超乎寻常的新想法,使人们获得创造性成果。

通过发散思维的训练,人们的思维会变得更加敏捷,思路更加活跃,能够提出大量可备选的方案、策划或建议。可以通过扩展一种事物的用途来进行思维的发散。比如马具,在汽车发明后,欧洲生产马具的工厂受到了影响。但是,也有极少数的马具商看到了那场变动所带来的新商机,转而生产皮鞋、提包等皮革制品,而漠视变革的部分厂商都落得个破产负债的下场。再比如拉链,最早的拉链发明者只是用拉链来替代鞋带,逐渐地,有些家庭服装店的老板发现,拉链还可以用在其他地方,比如钱包和衣服上,而且效果出奇地好。从此,拉链的使用领域越来越广泛。

发散思维的具体形式包括用途发散、功能发散、结构发散和因果发散等。

案例 4-2

发散思维的应用——孔

"孔"结构在工程实例中广泛应用(图 4-4),利用发散思维,可用"孔"结构解决很多问题,举例如下。

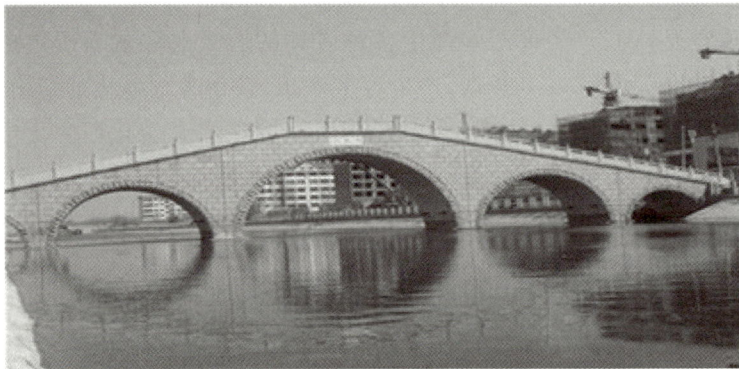

图 4-4　桥　孔

(1)钢笔尖上有一条导墨水的缝,缝的一端是笔尖,另一端是一个小孔。最早生产的笔尖是没有这个小孔的,既不利于存储墨水,也不利于在生产过程中开缝隙。

(2)钢笔、圆珠笔之类的商品常常是成打(12 支)平放在纸盒里的,批发时不便一盒一盒拆封点数和查看笔杆颜色。有人想出一个办法,在每盒盒底对应每一支笔的下面开一个较大的孔,查验时只要翻过来一看,就可知道够不够数,是什么颜色,这样既省时又省力。

（3）防盗门上有小孔,装上"猫眼"能观察门外来人。

采用发散思维,可以尽可能多地提出解决问题的办法,最后再收敛,通过论证各种方案的可行性,最终得出理想方案。

【小训练】请同学思考一下,拉链、尺子、铅笔除了日常用途外,分别还有哪些用途?

创新创业故事

卖梳子给和尚

某公司创业之初,为了选拔真正有效能的人才,要求每位应聘者必须完成一道测试:以比赛的方式推销 100 把奇妙的梳子,并且把它们卖给一个特别指定的人群——和尚。众多应聘者认为这是开玩笑,最后只剩下甲、乙、丙三个人。主持人交代:以一个星期为限,向我报告销售情况。一个星期的期限到了,三人回公司汇报各自销售实践成果,甲先生仅仅卖出一把,乙先生卖出 10 把,丙先生居然卖出了1000 把。

同样的条件,为什么结果会有这么大的差异呢? 公司请他们谈谈各自的销售经过。

甲讲述了历经的辛苦,他跑了三座寺院,游说和尚应当买把梳子,无甚效果,还惨遭和尚的责骂,但仍然不屈不挠,终于感动了一个小和尚,买了一把梳子。

图 4-5 卖梳子给和尚

乙去了一座名山古寺,由于山高风大,把前来进香的善男信女的头发都吹乱了。乙先生找到住持,说:"蓬头垢面对佛是不敬的,应在每座香案前放把木梳,供善男信女梳头。"住持认为有理。那座庙共有 10 座香案,于是买下 10 把梳子。

丙来到一座颇具盛名、香火极旺的深山宝刹,对方丈说:"凡来进香者,多有一颗虔诚之心,尤其对于积德行善之人宝刹应有回赠,以做纪念,保佑其平安吉祥,鼓励其多行善事。我有一批梳子,您的书法超群,远近闻名,可刻上'积善梳''虔诚梳''发财梳'三字作为赠品。"方丈听罢大喜,立刻买下 1000 把梳子。分成不同档次,在香客求签后分发。结果反响很好,越来越多的寺院要求购买此类梳子。得到"积善梳"的施主与香客也很高兴,一传十,十传百,朝圣者更多,香火更旺。

创新思维是灵活的,创新路径是多样的。创新思维在解决问题时不会拘泥于一种路径,而是从收敛的问题出发,让寻找答案的思维发散起来,这可以得出意想不到的结果。在上述案例中,甲从梳子最常用的功能梳头的角度出发,和尚本没头发,效果自然不好;乙从上山拜佛的香客角度出发,以头发吹乱是对佛的不敬来游说住持购买他的梳子,头发容易被大风吹乱是事实,所以效果还是可以的;丙从寺庙和佛法的推广角度来推销梳子,站的角度更高,所以才会取得卖出 1000 把梳子的好成绩。

三、收敛思维

收敛思维是将各种信息从不同的角度和层面聚集在一起,尽可能利用已有的知识和经验,将各种信息重新进行组织和整合,实现从开放的自由状态向封闭的点进行思考,从不同的角度和层面,把众多的信息和解题的可能性逐步引导到条理化的逻辑序列中,以产生新的想法,寻求相同目标和结果,形成一个合理的方案(图 4-6)。

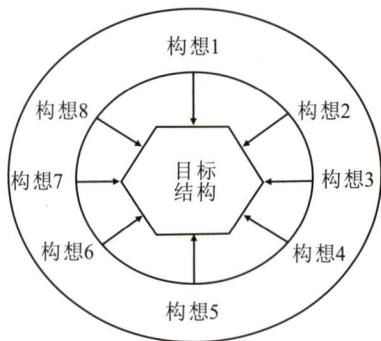

图 4-6　收敛思维

　　收敛思维的特点是以某个思考对象为中心,尽可能运用已有的经验和知识,将各种信息重新进行组织,从不同的方面和角度,将思维集中指向这个中心点,从而达到解决问题的目的。这就好比凸透镜的聚焦作用,它可以使不同方向的光线集中到一点,从而引起燃烧。如果说,发散思维是由"一到多"的话,那么,收敛思维则是由"多到一"。当然在集中到中心点的过程中也要注意吸收其他思维的优点。收敛思维的另一种情况是先进行发散思维,越充分越好,在发散思维的基础上再进行集中,从若干种方案中选出一种最佳方案,同时注意将其他方案中的优点补充进来,加以完善,围绕这个最佳方案进行创造,这样效果自然会好。

　　洗衣机的发明就是如此,首先围绕"洗"这个关键问题,列出各种各样的洗涤方法,如在洗衣板上搓、用刷子刷、用棒槌敲打、在河中漂洗、用流水冲洗、用脚踩洗等,然后再进行收敛思维,对各种洗涤方法进行分析和综合,充分吸收各种方法的优点,结合现有的技术条件,制订出设计方案,再不断改进,结果就成功了。

案例 4-3

隐形飞机

　　隐形飞机的制造是一种多目标聚焦的结果。要制造一种使敌方的雷达探测不到、红外及热辐射仪等追踪不到的飞机,需要分别实现雷达隐身、红外隐身、可见光隐身和声波隐身四个目标,每个目标中还有许多具体的小目标,通过具体地解决一个个小目标,最终制造出了隐形飞机(图 4-7)。

图 4-7　隐形飞机

　　在收敛思维的过程中,要想准确地发现最佳的方法或方案,必须综合考察各种发散思维成果,并对其进行归纳、分析和比较。收敛式综合并不是简单的排列组合,而是具有创新性的整合,即以目标为核心,对原有的知识从内容到结构上进行有目的的评价、选择和重组。

发散思维所产生的设想或方案通常多数是不成熟或者不切实际的,因此必须借助收敛思维对发散思维的结果进行筛选,得出最终合理可行的方案或结果。

四、侧向思维

侧向思维就是利用其他领域里的知识和资讯,从侧向迂回地解决问题的一种思维形式。侧向思维是发散思维的又一种形式,这种思维的思路、方向不同于正向思维、多向思维或逆向思维,它是沿着正向思维旁侧开拓出新思路的一种创造性思维。

案例 4-4

"拉网捕鱼"的观光项目

据中央电视台报道,前些年有一个商人承包了千岛湖水域养鱼,但千岛湖里有一种鱼肉少刺多,不好卖,商人面临亏本。一个偶然的机会,他发现这种鱼跳得很高,渔民们拉网捕鱼的时候,网内一片白花花的鱼跳起来,很是壮观。他灵机一动,请来了剧团的舞蹈专家做指导,让渔民穿上统一的制服,一边唱歌、喊号子,一边用舞蹈样的动作拉网捕鱼,吸引了很多人围观,如图 4-8 所示。后来他开发了一个用游船接载游客观看"拉网捕鱼"的观光项目,获得了巨大成功。

图 4-8　游客拉网捕鱼

这种做法就是运用侧向思维。刚开始的时候,商人是希望卖湖里的鱼,但发现鱼不大好卖,就转向经营"拉网捕鱼"的观光项目,把思维方向转到了另一个侧面,不直接卖鱼,改搞捕鱼观光,就获得了新创意。

纵观世界科学发展史,一些科学奇迹往往正是通过侧向思维打开传统思维枷锁而获得的。圆珠笔刚刚在日本造出时,困扰厂家的最大问题就是书写一阵后会因圆珠磨损而漏油,有的工程师从改进圆珠质量入手,有的则从改进油墨性能入手,但都未能解决漏油问题。东京山地笔厂的青工渡边却从四岁的小女儿把圆珠笔用到快漏油时就丢弃不用这一现象中得到启发,建议老板将笔芯做得短些,不等其漏油,油就用完了。这项"无漏油圆珠笔"的小发明,颇受顾客欢迎。

历史上甚至有这样的现象,一些人在自己的领域内未见有什么大的进展,在别的行业却成绩斐然。例如美国画家莫尔斯发明了电报,美国自行车修理工莱特兄弟发明了飞机,学医的鲁迅却成为文学领域的"大家"。

"他山之石,可以攻玉。"当我们在一定的条件下解决不了问题或虽能解决但只是用习以为常的方案时,可以用侧向思维来产生创新性的突破。具体运用方式有以下三种:

(1)侧向移入。这是指跳出本专业、本行业的范围,摆脱习惯性思维,侧视其他方向,将注意力引向更广阔的领域或者将其他领域已成熟的、较好的技术方法、原理等直接移植过来加以利用;或者从其他领域事物的特征、属性、机理中得到启发,导致对原来思考的问题的创新设想。鲁班由茅草的细齿拉破手指而发明了锯;威尔逊由大雾中抛石子的现象,设计了探测基本粒子运动的云雾器等。大量的事例说明,从其他领域借鉴或受启发是创新发明的一条捷径。

(2)侧向转换。这是指不按最初设想或常规直接解决问题,而是将问题转换成它侧面的其他问题,或将解决问题的手段转为侧面的其他手段等。这种思维方式在创新发明中常常被使用。如在网络热潮中,兴起了一批网络企业,但最终盈利的是设备提供商,如思科等企业。

(3)侧向移出。与侧向移入相反,侧向移出是指将现有的设想、已取得的发明、已有的感兴趣的技术和本厂产品,从现有的使用领域、使用对象中摆脱出来,将其外推到其他意想不到的领域或对象上。这也是一种立足于跳出本领域,克服线性思维的思考方式,如将工程中的定位理论用在营销中。

总之,不论是利用侧向移入、侧向转换还是侧向移出,关键是要善于观察,特别是留心那些表面上似乎与思考问题无关的事物与现象。这就需要在注意研究对象的同时,间接注意其他一些偶然看到或事先预料不到的现象。也许这种偶然并非偶然,可能是侧向移入、移出或转换的重要对象或线索。

创新故事

十八元八角八分

周恩来总理在他的政治生涯中,思路活泼多变的事例不胜枚举。20世纪50年代,在一次中外记者招待会上,一个外国记者问周总理中国的人民币有多少。显然这是一个带挑衅、嘲讽性的问题,讽刺我国发行的人民币没有黄金储备。如果直接说我们的黄金储备不多,有失国人、国家的尊严;如果硬说我们有充足的黄金储备,又不符合事实。回答好这个问题,确实有很大难度,总理采取迂回的方法从容不迫地回答:"十八元八角八分。"(当时人民币票面值是十元、五元、二元、一元、五角、二角、一角、五分、二分、一分,加起来共十八元八角八分。)

世界万物是彼此联系的,从别的领域寻求启发、方法,可以突破本领域常有的思维定势,打破专业障碍,从而解决问题,或者对问题作出新颖的解释。

侧向思维富有浪漫色彩,看似问题在此,其实"钥匙"在彼;似乎瞄着问题的焦点,答案却在远离焦点的一侧。侧向思维的要义在于"他山之石,可以攻玉",借助系统之外的信息、知识、经验来解决面临的难题。侧向思维是利用事物间的相互关联性,经由常人始料不及的思路达到预定的目标,这就要求思维的主体头脑灵活,善于另辟蹊径。

五、逆向思维

逆向思维是从结果到原因反向追溯的思维状况,即对任何问题哪怕是现成的结论,都不满足于"是什么",而要多问几个"为什么",敢于提出不同的意见,敢于怀疑,反其道而行之。从广义上来说,一切与原有思路相反的思维都可以称为逆向思维。

案例 4-5

名牌大学封门风波

有一所名牌大学,它有很多个校门,其中西边的一个小校门面对着一个城中村,城中村里有很多小街小巷,到处脏乱差。城中村里的村民在学校西门外的小巷里开了很多小饮食店、小杂货店和小旅馆,吸引学校里的年轻教师和学生过来消费。学校领导对这里的状况非常不满意,担心存在各类安全隐患,于是决定封闭这个校门。没想到校门刚刚封上,就被城中村的村民砸开了,原来校门封上后,村里的店铺没了生意,经营不下去,村民就不干了。学校领导想,封不封校门是我学校的事,你们无权干涉,领导对闻讯赶来的记者说:门,还是得封的!城中村里的居民也不甘示弱,组织老头老太巡逻队,一旦发现学校再封门,就立即采取行动。白天封上,晚上又被砸开。

后来学校党委书记到欧洲某名牌大学访问,发现那里的大学周边也有类似的小街小巷,但人家没有封门,而是把周边的小街小巷打造得很有情调和特色,成为学校周边的一个旅游景点。于是回来后转变思路,与城中村的村委会达成协议,对街面和店铺进行清理整顿,搞好治安与卫生,学校与村委会定期进行联合检查,矛盾得到圆满的化解。

原来是堵,后来是疏,方向正好相反。这样的例子还有很多,比如大家知道,公园里的草地经常被抄近道的游客踩踏,有一家新公园开门的时候,先不铺石板路,等游客在草地上踩出痕迹来,才在那些游客经常走的地方铺上石板,这种做法叫逆向思维。

人要随着思维角度的转换而改变,凡事切莫焦躁或是懈怠,用智慧的眼光从不同角度切入问题,从而找到问题的最佳解决途径。逆向思维具有以下特点:

(一)普遍性

逆向性思维在各种领域、各种活动中都有适用性。由于对立统一规律是普遍适用的,而对立统一的形式又是多种多样的,有一种对立统一的形式,相应就有一种逆向思维的角度,所以,逆向思维也有无限多种形式。如性质上对立两极的转换:软与硬、高与低等;结构、位置上的互换、颠倒:上与下、左与右等;过程上的逆转:气态变液态或液态变气态、电转为磁或磁转为电等。不论哪种方式,只要从一个方面想到与之对立的另一个方面,都是逆向思维。逆向是与正向比较而言的,正向是指常规的、常识的、公认的或习惯的想法与做法。逆向思维则恰恰相反,是对传统、惯例、常识的反叛,是对常规的挑战。它能够克服思维定势,破除由经验和习惯造成的僵化的认识模式。大学生创业者可以采用逆向思维反向设计,通过解决原商品"痛点"问题从而获得不满意消费者的市场份额。

创新创意故事

奇虎360颠覆了杀毒软件行业

2009年以前,杀毒软件行业看上去是一个很成熟的行业,软件厂商包括消费者在内,都一直信奉"一手交钱,一手交货"的杀毒软件经营思路。行业被瑞星、金山等几个巨头垄断,巨头之间的竞争基本陷入僵持状态。表面上看,没有生存空间。但是,奇虎360改变了既定规则。2009年,它在杀毒软件市场上推出了反其道而行的服务策略——杀毒软件终身免费。除了免费之外,奇虎360还将自己的产品定位从单纯的杀毒演进为电脑的"安全卫士",给那些不懂也懒得去学习计算机知识的人使用。这些策略为其带来了惊人的用户量。奇虎360彻底颠覆了杀毒软件行业,其商业模式也逐渐演变为免费增收模式。

(二)新颖性

循规蹈矩的思维和按传统方式解决问题虽然简单,但容易使思路僵化、刻板;摆脱不掉习惯的束缚,得到的往往是一些司空见惯的答案。其实,任何事物都具有多方面的属性。由于受过去经验的影响,人们容易看到熟悉的一面,而对另一面视而不见。逆向思维能克服这一缺陷,往往出人意料,给人以耳目一新的感觉。

创新创意故事

孙膑智胜魏惠王

孙膑是战国时著名的兵家,至魏国求职,魏惠王心胸狭窄,忌其才华,故意习难,对孙膑说:"听说你挺有才能,如能使我从座位上走下来,就任用你为将军。"

魏惠王心想:我就是不起来,你又奈我何!孙膑想:魏惠王赖在座位上,我不能强行把他拉下来,拉扯皇帝是死罪。怎么办呢?只有用逆向思维法,让他自动走下来。于是,孙膑对魏惠王说:"我确实没有办法使大王从宝座上走下来,但我有办法使您坐到宝座上。"魏惠王心想,这还不是一回事,我就是不坐下,你又奈我何!便乐呵呵地从座位上走下来,孙膑马上说:"我现在虽然没有办法使您坐回去,但我已经使您从座位上走下来了。"魏惠王方知上当,只好任用他为将军。

在生活、工作中一味地钻牛角尖,还不如从相反的方向思考,问题也许就会迎刃而解。

六、联想思维

联想思维是指由某一事物联想到另一种事物而产生认识的心理过程,即由所感知或所思的事物、概念或现象的刺激而想到其他的与之有关的事物、概念或现象的思维过程。

联想是每一个正常人都具有的思维本能。由于有些事物、概念或现象往往在时空中伴随出现，或在某些方面表现出某种对应关系，这些联想由于反复出现，就会被人脑以一种特定的记忆模式接受，并以特定的记忆表象结构储存在大脑中，以后一旦再遇到时，人脑会自动地搜寻过去已确定的联系，从而马上联想到不在现场的或眼前没有发生的另外一些事物、概念或现象。

按亚里士多德的三个联想定律——"接近律""相似律""矛盾律"，可以把联想分为相似联想、对比联想和接近联想三种类型。

(一)相似联想

相似联想是指由某一事物或现象想到与它相似的其他事物或现象，进而产生某种新设想。如学习中的"高原现象"与企业成长阶段的"瓶颈"，"狐借虎威"与"品牌联盟"，战场上的战术与商场竞争中的策略等。相似联想的创新性价值很大。随着社会实践的深入，人们对事物之间的相似性认识越来越多，极大地扩展了科学技术的探索领域，解决了大量过去无法解决的复杂问题。

创新创意故事

鲁班发明锯子

大家都知道，锯子是木工师傅不可缺少的工具。那么，锯子又是谁发明的呢？传说是春秋时鲁国的巧匠鲁班发明的。有一次，鲁班承造一座大宫殿，需用很多木材，他叫徒弟上山去砍伐大树。当时还没有锯子，用斧子砍，一天砍不了多少棵树，木料供应不上，他很着急，就亲自上山去看看。山非常陡，他在爬山的时候，一只手拉着丝茅草，一下子就把手指头拉破了，流出血来。鲁班非常惊奇，一根小草为什么这样厉害？一时也想不出道理来。在回家的路上，他就拔了一棵丝茅草，带回家去研究。他左看右看，发现丝茅草的两边有许多小细齿，这些小细齿很锋利，用手指去扯，就被划出一个口子。这一下把鲁班提醒了，他想，如果打出像丝茅草那样有齿的铁片，不就可以锯树了吗？于是，他就和铁匠一起试制了一条带齿的铁片，拿去锯树，果然成功了。这种带有细齿的铁条，就是我们现在使用的锯子的祖先。

(二)对比联想

对比联想是指思维主体将所考虑的问题与储存于大脑中的已知信息或经验进

行对照的联想。这种联想,可以是正面的对比联想,可以是反面的对比联想,也可以是正反兼有的对此联想,还可以是正反对照以突出其反差的对比联想。

案例 4-6

战争逸事

在一次战争中,一方的侦察兵发现敌军阵地后方的一片坟地上常出现一只家猫。每天早晨八九点钟,那只猫都会在坟地上晒太阳,而周围既没有村庄,也看不到有人活动。这位善于联想的侦察兵从空间位置的接近上,联想到坟地下面可能是个掩蔽部,而且还可能是个高级机关,于是命令集中火力攻击那片坟地。事后查明,这里的确是敌军的一个高级指挥部,掩蔽在里面的人几乎全部丧生。

活动规律的猫和周围偏僻的环境,两者的对比联想带来了这次战争的胜利。

(三)接近联想

接近联想是指思维主体借助时间和空间上与外界刺激有关的事物、动作或经验进行的联想。心理学研究表明,对任何两个毫不相干的概念,一般最多只需要经过四五步的联想即可将它们联系起来。比如"木质"与"足球":通过木质可以想到森林,森林可以联想到草原,草原可以联想到足球。

创新创意故事

互利的推销

国外一家公司既经营鲜牛奶又经营面包、蛋糕等食品。这家公司出售的牛奶质优价廉,每天都能在天亮以前将牛奶送到订户门前的小木箱内。牛奶的订户不断增多,公司获利越来越多。可是这家公司经营的面包、蛋糕等食品,虽然也质优价廉,由于门市部所在的地段较偏僻,来往的行人不多,营业额一直不理想。这家公司的老板当然知道通过报纸和电台做广告是有作用的。但他同时也清楚,这要付出很大的代价,而且面包、蛋糕一类食品不同于一般大件商品,在报纸或电视等媒体上公布其名称、价格,是不容易引起消费者注意的。该公司老板从牛奶订户不断增多的事实中感到,这是一个很大的消费群体,对其进行宣传不仅能收到很好的效果,而且通过他们可不断扩大影响。于是他认定,要为面包、蛋糕等食品做宣传,可以在牛奶订户上做文章,这是一个可以从中挖掘出有效宣传形式和手段的重要源泉。

　　他有意识地围绕着天天为订户送奶这件事不断地左思右想,终于想出一个投资不大而又宣传效果极佳的推销面包、蛋糕的好方式。这家公司的老板想出的办法是:设计、印制一种精美的小卡片,正面印各种面包、蛋糕的名称和价格,卡片的背面是订货单,可填写需要的品种、数量和送货时间,及顾客的签名。每天把它挂在牛奶瓶上送给订户,第二天再由送奶人收走,第三天便能将所订的面包、蛋糕等食品随同牛奶一起送到订户家中。在这家公司没开展为订户送牛奶同时也按订货单送面包、蛋糕的业务之前,订户们都要自己上街去买早上吃的面包、蛋糕,不但费时费事,往往还要一次买够几天的需要量,这就影响到面包、蛋糕的新鲜程度。再则,公司为订户所送的面包、蛋糕,其价格总是比从街上零售店买的要便宜一些。

　　分析:公司老板通过有意识地运用接近联想而想出的这种推销面包、蛋糕的办法,既扩大了销路,增加了盈利,又不失为一种便民利民之举,大受欢迎。这家公司的老板思考这个问题运用了联想思维中接近联想的创新思维方法。

　　【小训练】“钢笔”与“电视”如何联系起来?

　　创新思维具有由此及彼的联想力,这种联想有两个方向:一个是纵向,看到一种现象特别是反常现象,就向纵深思考,寻求其实质;另一个是横向,看到一种现象,就联想到与其相似或相关的事物。

七、整体思维

　　整体思维又称系统思维,它认为整体是由各个局部按照一定秩序组织起来的,要求以整体和全面的视角把握对象。

创新创业故事

田忌赛马

　　齐国的大将田忌很喜欢赛马。有一回,他和齐威王约定,要进行一场比赛。他们商量好,把各自的马分成上、中、下三等。比赛的时候,要上马对上马,中马对中马,下马对下马。由于齐威王每个等级的马都比田忌的马强一些,所以比赛了几次,田忌都失败了。

　　有一次,田忌又失败了,觉得很扫兴,比赛还没有结束,就垂头丧气地离开赛马场。这时,田忌抬头一看,人群中有个人,原来是自己的好朋友孙膑。孙膑招呼田忌过来,拍着他的肩膀说:"我刚才看了赛马,威王的马比你的马快不了多少呀。"孙膑还没有说完,田忌就瞪了他一眼:"想不到你也来挖苦我!"孙膑说:"我不是挖苦你,我是说你再同他赛一次,我有办法准能让你赢了他。"田忌疑惑地看着孙膑:"你是说另换一匹马来?"孙膑摇摇头说:"连一匹马也不需要更换。"田忌毫无信心地说:"那还不是照样得输!"孙膑胸有成竹地说:"你就按照我的安排办事吧。"齐威王屡战屡胜,正在得意扬扬地夸耀自己马匹的时候,看见田忌陪着孙膑迎面走来,便站起来讥讽地说:"怎么,莫非你还不服气?"田忌说:"当然不服气,咱们再赛一次!"说着,"哗啦"一声,把一大堆银钱倒在桌子上,作为他下的赌钱。齐威王一看,心里暗暗好笑,于是吩咐手下,把前几次赢得的银钱全部抬来,另外又加了一千两黄金,也放在桌子上。齐威王轻蔑地说:"那就开始吧!"一声锣响,比赛开始了。孙膑先以下等马对齐威王的上等马,第一局田忌输了。齐威王站起来说:"想不到赫赫有名的孙膑先生,竟然想出这样拙劣的对策。"孙膑不去理他。接着进行第二场比赛。

孙膑拿上等马对齐威王的中等马,获胜了一局。齐威王有点慌乱了。第三局比赛,孙膑拿中等马对齐威王的下等马,又战胜了一局。这下,齐威王目瞪口呆了。

比赛的结果是三局两胜,田忌赢了齐威王。还是同样的马匹,由于调换一下比赛的出场顺序,就得到转败为胜的结果(图4-9)。

图4-9　田忌赛马

整体思维在辩证逻辑中作为一种独立的思维方式,其特定的原则和规律有以下三个:

（一）连续性原则

连续性原则即当思维对象确定后，思维主体就要从许多纵的方面去反映客观整体，把整个客观整体视为一个有机延续而不间断的发展过程。

（二）立体性原则

立体性原则即当思维对象确立之后，思维主体要从横的方面，也就是从客观事物自身包含的各种属性整体地考察它、反映它，使整体性事物内在诸因素之间错综复杂的关系网络清晰地展示出来。

（三）系统性原则

系统性原则即从纵横两方面来对客观事物进行分析和综合，并按客观事物本身所固有的层次和结构组成认识之网，逻辑再现客观事物的全貌。

现代科学发展最明显的特点就是既高度分化，又高度综合。对任何复杂的科学，我们越是从整体角度对各个部分（元素）做出精确理解和掌握，就越能正确地进行研究。科学要想迅速得到发展，不仅要重视理论研究，也要重视科学思维方法的研究。科学方法论的研究本身就是一个自我辩证否定的过程，而整体思维的提出在这个过程中是具有必然性的。

当两个系统进行较量时，系统的整体效益具有最大的价值，不要把目光都集中在局部之间的较量上，调整一下结构往往会有出人意料的变化。

八、简化思维

简化思维就是思维的简化。有没有遇到过这样的情形，当你想进入某个问题时却发现那个问题实在太复杂了，牵涉许多方面，你感觉自己好像进入了一个迷宫，不知道该往哪边走，不知道该如何着手，只好在原地徘徊。这时你可能需要简化你的思维。

在生活、工作中很多人之所以对有些问题感到难以抉择，是因为他们在问题和信息的海洋中迷失了自己最初的目标，不知道自己到底要什么。这时，最好的办法就是把问题聚焦到最初或最终的目标上来，从目标反推，看看要实现这个目标需要采取哪些行动，而不要过多关注旁枝末节，这种思维方式就是简化思维。

改革开放初期，人们对如何进行改革存在许许多多的争论。有人认为社会主义与资本主义的主要区别是公有制和计划经济，提出改革要问"姓社姓资"的问题，反对搞市场经济。一时间众说纷纭，莫衷一是。邓小平从社会主义的根本目的是要发展生产力、满足人民群众日益增长的物质和精神需要出发,指出只要是有利于发展生产力的措施都是符合这一根本目标的,因此他提出著名的"不争论"的观点,只要是有利于发展生产力,改善人民群众生活的措施都可以大胆尝试,而不必问姓社姓资,从而极大地推动了我国改革开放的进程。这就是运用简化思维的成功范例。

不少诗人和艺术家利用简化思维创作他们的作品。例如我国著名诗人卞之琳创作过一首名为《断章》的诗歌,最初那是一首比较长的诗歌,后来删减为以下几句:

> 你站在桥上看风景
> 看风景的人在楼上看你
> 明月装饰了你的窗子
> 你装饰了别人的梦
>
> ——卞之琳《断章》

画家齐白石画的虾(图 4-10)极其生动传神,他有一个特点,画虾常常不画水,反而更加凸显出水的清澈透明和虾的栩栩如生。

图 4-10　齐白石画的《虾》

📖 **案例** 4-7

司马光砸缸

有一次,司马光跟小伙伴们在后院玩耍。院子里有一口大水缸,有个小孩爬到缸沿上玩,一不小心,掉到缸里了。缸大水深,眼看那孩子快要没顶了。别的孩子一见出了事,吓得边哭边喊,跑到外面向大人求救。

司马光却急中生智,从地上捡起一块大石头,使劲向水缸砸去,"砰"! 水缸破了,缸里的水流了出来,缸里的小孩也得救了。

小小的司马光遇事沉着冷静,从小就是一副小大人模样。这就是流传至今的"司马光砸缸"的故事(图 4-11)。这起偶然的事件让司马光出了名,有人把这件事画成图画,广泛流传。

图 4-11　司马光砸缸

这是一个耳熟能详的故事,但是小时候,老师和家长向我们讲述这个故事的时候,往往进行的是小朋友间互相帮助这样的道德教育,其实司马光砸缸也教给我们处理问题的简单思维方式。

创新不是从复杂开始的,而是从省略开始的。创新思维在解决一个复杂的科学或现实问题时,会提炼出、抽象出主要矛盾,将其余的条件全部略去。将复杂问题简单化,是一个积极的思维习惯。而要简化得恰到好处,需要不断进行思维能力训练。

九、互联网思维

(一)互联网思维概念

互联网思维一词最早的提及者是百度公司创始人李彦宏。2013 年 11 月 3

日,中央电视台《新闻联播》以专题方式强调了互联网思维,互联网思维概念从专家领域飞向千家万户。

互联网思维,就是在(移动)互联网+、大数据、云计算等科技不断发展的背景下,对市场、用户、产品、企业价值链乃至对整个商业生态进行重新审视的思考方式。

互联网时代的思考方式不局限在互联网产品、互联网企业。这里指的互联网,不单指桌面互联网或者移动互联网,而是泛互联网,因为未来的网络形态一定是跨越各种终端设备的,如台式机、笔记本、平板电脑、手机、手表、眼镜等。互联网思维是降低维度,让互联网产业低姿态主动去融合实体产业。"以消费者为中心"的信息经济时代注定要取代"以厂商为中心"的工业经济时代。不是互联网企业淘汰传统企业,也不是传统企业淘汰互联网企业,而是新商业淘汰旧商业。互联网思维具体包括以下九大思维:

1.用户思维

从品牌运营到企业经营,一切以用户为中心。没有认同,就没有合同。商业价值一定要建立在用户价值之上。对经营者和消费者的理解,以用户为中心,学会换位思考,发掘用户的真正想法和需求。以前是生产什么就卖什么(自己制作卖点),现在是了解用户需要什么才做什么(实现卖点)。

2.简约思维

简约思维是对品牌和产品规划的理解。定位力求简单,设计上简洁简约,专注某个点,少即是多,避免复杂的功能影响用户体验,短时间内抓住用户的心。

3.极致思维

极致思维是对产品和服务体验的理解。结合简约思维,把已有的产品和服务做到极致,超越用户预期,让产品说话。

4.迭代思维

迭代思维是对创新流程的理解。互联网的变化太快,没有太多时间让人做计划、做调查,所以我们可以实时地关注消费者需求,根据消费者需求的变化进行微创新,小步快跑,快速迭代(试错)。

5.流量思维

流量思维是对业务运营的理解。流量是互联网公司的生命之源,不要对流量飙升所造成的支出压力感到担忧,而是该想着流量即金钱,流量即互联网入口,想想如何更好地利用流量去赢才是王道。

6.社会化思维

社会化思维是对传播链、关系链的理解。企业所面对的员工和用户都是以"网"的形式存在的,沟通和交流更加便捷,学会利用社会化思维可以更好地做营销。

7.大数据思维

大数据思维是对企业资产、核心竞争力的理解。通过数据挖掘与分析将提高企业的核心竞争力,数据就是资源,提炼出的信息就是商业价值所在。

8.平台思维

平台思维是对商业模式、组织模式的理解。互联网的平台思维就是开放、共享、共赢的思维。打造多方共赢生态圈,不具备这种能力的要善于利用现有生态圈。让企业成为员工的平台,企业内部打造"平台型组织"。

9. 跨界思维

跨界思维是对产业边界、创新的理解。随着互联网和新科技的发展,很多产业的边界变得模糊,所以要学会利用互联网思维,大胆进行颠覆式创新。

(二)互联网思维的表现形式

1.快速便捷

互联网可以说是人类历史上的一次革命,颠覆了很多传统的工作和生活的方式,其中最明显的是让人们的生活和工作更加快速和便捷。例如,人们若想学习,不必再去学校,可以通过网络在线学习知识。

2.交互参与

过去,无论是哪种方式的传播,都带有一种片面的单向性,随着互联网的出现,人们在互联网上可以自由地发表个人的评论,对媒体等发布的消息可以在第一时间发表自己的看法,在一定意义上来说,更能展现更多人的思想和看法。

3.免费

俗话说"天上不会掉馅饼"。但是在互联网时代,各大网络巨头和商家为了获得更多的用户,争相提供免费的产品。但是我们也要看到,免费只是相对来说,对客户而言,要想获得进一步的"权益",就需要支付一定的费用。例如,腾讯的付费装扮和游戏等。

4.人性化

如今的社会,一般的产品已经无法满足人们的需求,人们在众多可供选择的产品中会选择那些更加个性化的、更加符合人们体验的产品。要将客户的体验放在营销的首位。

5.数据驱动运营

所谓的数据驱动运营是商家不再仅仅看到眼前的利益,而是通过一些免费或是其他的一些有利于客户的活动来收集客户信息,通过对数据的分析来了解客户的需求,进而实现营销的目的。

6.掐架

所谓掐架,不过是互联网大佬们通过一些矛盾来制造焦点和话题,进而增加品牌知名度,对掐架的双方来说不用花广告费就能起到比做广告还好的效果,何乐而不为?

7.创新

创新是任何一个时代都不可缺少的一种能力,特别是在如今的互联网时代,如果缺乏创新,不论曾经多么辉煌,没落只在朝夕。接二连三的并购、收购等都可以有力地说明这个问题。传播行业若不及时进行调整,必将被时代湮没。

8.打破信息的不均衡性

曾几何时,很多人利用信息的不均衡性,从身无分文到家财万贯,而在互联网时代,信息的传播更加及时、有效,人们可以足不出户地购买外国产品,在一定程度上来说,互联网帮助我们打破了这一状态。

羊毛出在猪身上、免费、粉丝经济、用户体验、口碑、极致、跨界……可谓互联网思维的标签。互联网对行业的冲击,对价值创造规律的颠覆,要求人们用互联网思维去思考,回归到商业的本质,真正找到用户的痛点,找到用户的普遍需求,为客户创造价值。

第三节　创新思维障碍

一、思维定势

(一)思维定势的概念

思维是一种复杂的心理现象,是人的大脑的一种能力。思维惯性表现为这次这样解决了一个问题,下次遇到类似的问题或表面看起来相同的问题,不由自主地还是沿着上次思考的方向或次序去解决。

人们在日常生活、学习、工作中,会经常处理大量的常规问题,随着这些问题的一次次解决,人们会形成解决这些问题的特定思维模式、方法和思路并在大脑中留下烙印。久而久之,这种特定的思维过程就会成为习惯。每当遇到类似问题,就会习惯性地搜索脑子中已有的类似答案,并迅速做出反应。举个简单的例子,如果给你看两张照片,一张照片上的人英俊、文雅,另一张照片上的人丑陋、粗俗。然后对你说,这两个人中有一个是全国通缉的罪犯,要你指出谁是罪犯,可能你会说那个丑陋、粗俗的人就是罪犯。这就是思维定势。

思维定势（thinking set）也称"惯性思维"，是指由先前的活动而造成的一种对活动的特殊的心理准备状态，或活动的倾向性。在环境不变的条件下，定势使人们能够应用已掌握的方法迅速解决问题，而在情境发生变化时，它则会妨碍人们采用新的方法。

思维定势有益于日常对普通问题的思考和处理，但不利于创造性思维，它阻碍新思想、新观点、新技术和新形象的产生。因此在创造性思维过程中需要突破思维定势。

思维定势多种多样，不同的人有不同的思维定势。常见的思维定势有从众型、书本型、经验型和权威型。

案例 4-8

蜜蜂与苍蝇

有这样一个著名的试验：把六只蜜蜂和同样多的苍蝇装进一个玻璃瓶中，然后将瓶子平放，让瓶底朝着窗户。结果发生了什么情况？

蜜蜂不停地想在瓶底找到出口，一直到它们力竭倒毙或饿死；而苍蝇则会在不到两分钟之内，穿过另一端的瓶颈逃逸一空。

由于蜜蜂基于出口就在光亮处的思维方式，想当然地设定了出口的方位，并且不停地重复着这种合乎逻辑的行动。可以说，正是由于这种思维定势，它们才没能飞出"囚室"。而那些苍蝇则对所谓的逻辑毫不在意，全然没有对亮光的定势，而是四下乱飞，终于飞出了"囚室"。头脑简单者在智者消亡的地方顺利得救，在偶然当中有很深的必然性。

（二）思维定势的特性

1.趋向性

思维者具有力求将各种各样问题情境归结为熟悉的问题情境的趋向，表现为思维空间的收缩。带有集中性思维的痕迹。如学习立体几何，强调其解题的基本思路，即空间问题转化为平面问题。

2.常规性

如学因式分解，必须掌握提取公因式法、十字相乘法、公式法、分组分解法等常规的方法。

3.程序性

程序性是指解决问题的步骤要符合规范化要求。如证几何题,怎样画图、怎样叙述、如何讨论、格式摆布,甚至如何使用"因为、所以、那么、则、即、故"等符号,都要求清清楚楚,步步有据,格式合理,否则就乱套。

(三)思维定势的作用

1.思维定势的积极作用

在问题解决活动中,思维定势的作用是:根据面临的问题联想起已经解决的类似问题,将新问题的特征与旧问题的特征进行比较,抓住新旧问题的共同特征,将已有的知识和经验与当前问题情境建立联系,利用处理过类似旧问题的知识和经验处理新问题,或把新问题转化成一个已解决的熟悉的问题,从而为新问题的解决做好积极的心理准备。

思维定势是一种按常规处理问题的思维方式。它可以省去许多摸索、试探的步骤,缩短思考时间,提高效率。在日常生活中,思维定势可以帮助我们解决每天碰到的90%以上的问题。

人们恰当地利用思维定势,可以解决生活中的许多难题。

案例 4-9

华盛顿与偷马人

有一天,华盛顿的一匹马被人偷走了。华盛顿同一位警察一起到偷马人的农场里去索讨,但那人拒绝归还,一口咬定说:"这就是我自己的马。"华盛顿用双手蒙住马的两眼,对那个偷马人说:"如果这马真是你的,那么,请你告诉我们,马的哪只眼睛是瞎的?"偷马人犹豫地说:"右眼。"华盛顿放下蒙眼的右手,马的右眼并不瞎。"我说错了,马的左眼才是瞎的。"偷马人急着争辩说。华盛顿又放下蒙眼的左手,马的左眼也不瞎。"我又说错……"偷马人还想狡辩。"是的,你是错了。"警官说:"这些足以证明马不是你的,你必须把马还给华盛顿先生。"

2.思维定势的消极作用

思维定势对问题解决既有积极的一面,也有消极的一面,它容易使我们产生思想上的惰性,养成一种呆板、机械、千篇一律的解题习惯。当新旧问题形似质异时,思维定势往往会使解题者步入误区,成为创新的阻力。

大量事例表明,思维定势确实对问题解决具有较大的负面影响。当一个问题的条件发生质的变化时,思维定势会使解题者墨守成规,难以涌出新思维,做出新决策,造成知识和经验的负迁移。

根据唯物辩证法观点,不同的事物之间既有相似性,又有差异性。思维定势所强调的是事物间的相似性和不变性。在问题解决中,它是一种"以不变应万变"的思维策略。所以,当新问题相对于旧问题,是相似性起主导作用时,由旧问题的求解所形成的思维定势往往有助于新问题的解决。而当新问题相对于旧问题,是差异性起主导作用时,由旧问题的求解所形成的思维定势则往往有碍于新问题的解决。

从思维过程的大脑皮层活动情况看,定势的影响是一种习惯性的神经联系,即前次的思维活动对后次的思维活动有指引性的影响。所以,当两次思维活动属于同类性质时,前次思维活动会对后次思维活动起正确的引导作用;当两次思维活动属于异类性质时,前次思维活动会对后次思维活动起错误的引导作用。

案例 4-10

猜猜公安局长与两个吵架的人的关系

有这样一道题:一位公安局长在路边同一位老人谈话,这时跑过来一个小孩,急促地对公安局长说:"你爸爸和我爸爸吵起来了!"老人问:"这孩子是你什么人?"公安局长说:"是我儿子。"请你回答:这两个吵架的人和公安局长是什么关系?

这一问题,在100名被试中只有两人答对!后来对一个三口之家问这个问题,父母没答对,孩子却很快答了出来:"局长是个女的,吵架的一个是局长的丈夫,即孩子的爸爸;另一个是局长的爸爸,即孩子的外公。"

按照我们的习惯思维,公安局长应该是男的,从男局长这个心理定势去推想,自然找不到答案;而小孩子没有这方面的经验,也就没有心理定势的限制,因而一下子就找到了正确答案。法国科学家贝尔纳说过:"构成我们学习的最大障碍是已知的东西,而不是未知的东西。"当一个问题的条件发生质的变化,要求我们开拓新思路和新方法时,思维定势会使解题者墨守成规,难以涌出新思维,做出新决策。我们把思维定势的消极面称为思维障碍。

二、常见思维障碍

思维中"思"就是思考,"维"就是方向或次序,也可以理解为沿着一定方向、按照一定次序的思考。客观事物是复杂的,而人的大脑思维有一个特点,就是一旦沿着一定方向,按照一定次序思考,久而久之,就形成了一种惯性。遇到类似的问题或表面看起来相同的问题,不由自主地还是沿着上次思考的方向或次序去解决,我们称之为"思维惯性"。多次以这种惯性思维来对待客观事物,就形成了非常固定的思维模式,我们就叫作"思维定势"。思维惯性和思维定势合起来,称为"思维障碍"。

显然,思维障碍阻碍了我们创造性地解决问题,对于创新是非常不利的。我们要进行创新创造活动,首先必须突破思维障碍。

创新故事

天才也需要突破思维障碍

故事一

滑铁卢兵败,拿破仑被流放到圣赫勒拿岛后,他的一位善于谋略的密友通过秘密方式给他捎来一副用象牙和软玉制成的国际象棋。拿破仑爱不释手,从此一个人默默下起了象棋,打发着寂寞痛苦的时光。象棋被摸光滑了,他的生命也走到了尽头。

拿破仑死后,这副象棋经过多次转手拍卖。后来一个拥有者偶然发现,有一枚棋子的底部居然可以打开,里面塞有一张如何逃出圣赫勒拿岛的详细计划!

故事二

伯特·卡米洛从来没有失算过。这一天他做表演时,有人上台给他出了道题:

"一辆载着283名旅客的火车驶进车站,有87人下车,65人上车;下一站又下去49人,上来112人;再下一站又下去37人,上来96人;再下站又下去74人,上来69人;下一站又下去17人,上来23人。"那人刚说完,心算大师便不屑地答道:"小儿科!告诉你,火车上一共还有……"

"不,"那人拦住他说,"我是请您算出火车一共停了多少站。"

伯特·卡米洛呆住了,这组简单的加减法成了他的"滑铁卢"。

分析:天才也需要突破思维的障碍,两个故事,两个遗憾。他们的失败,都是败在思维定势上。心算家思考的只是老生常谈的数字,军事家想的只是消遣。他们都忽略了数字的"数字",象棋的"象棋"。由此可见,在自己的思维定势里打转,天才也走不出死胡同。无数的事实证明,伟大的创造、天才的发现,都是从突破思维定势开始的。

(一)从众型思维障碍

1.从众定义

从众是指个人的观念与行为由于群体的引导或压力,而向与多数人相一致的方向变化的心理现象。一个人在大街上跑,有无聊的人看到觉得有趣,便跟着跑;然后有好奇的人想知道出了什么事,也跑了起来。如此不断有人加入,不一会儿,整条街上的人都跑起来了,这种行为叫从众。

社会心理学家阿希等人的研究证实,群体成员的行为通常有跟从群体的倾向。当成员发现自己的意见和行为与群体不一致时,会产生紧张感,促使他与群体趋向一致。阿希曾进行过从众心理实验,结果在测试人群中仅有$1/4\sim1/3$的被试者没有发生过从众行为,保持了独立性。可见它是一种常见的心理现象。

生活中有不少从众的人,也有一些专门利用人们从众心理来达到某种目的的人,某些商业广告就是利用人们的从众心理,把自己的商品炒热,从而达到目的。生活中也确有些震撼人心的大事会引起轰动效应,群众竞相传播、议论、参与。但也有许多情况是通过人为的宣传、渲染而引起大众关注的。常常是舆论一"炒",人们就易跟着"热"。新闻媒体报道宣传本属平常之事,但有从众心理的人常会跟着"凑热闹"。

案例 4-11

关于从众心理的描述

美国人詹姆斯·瑟伯有一段十分传神的文字,来描述人的从众心理。

突然,一个人跑了起来。也许是他猛然想起了与情人的约会,现在已经迟到很久了。不管他想些什么吧,反正他在大街上跑了起来,向东跑去。另一个人也跑了起来,这可能是个兴致勃勃的报童。第三个人,一个有急事的胖胖的绅士,也小跑起来……十分钟之内,这条大街上所有的人都跑了起来。嘈杂的声音逐渐清晰了,可以听清"大堤"这个词。"决堤了!"这充满恐怖的声音,可能是电车上一位老妇人喊的,或许是一个交通警察说的,也可能是一个男孩子说的。没有人知道是谁说的,也没有人知道真正发生了什么事。但是两千多人都突然奔逃起来。"向东!"人群喊叫了起来。东边远离大河,东边安全。"向东去! 向东去!"……

　　下面来看一则幽默故事:一位石油大亨到天堂去参加会议,一进会议室发现已经座无虚席,没有地方落座,于是他灵机一动,喊了一声:"地狱里发现石油了!"这一喊不要紧,天堂里的石油大亨们纷纷向地狱跑去,很快,天堂里就只剩下那位后来的石油大亨了。这时,这位大亨心想,大家都跑了过去,莫非地狱里真的发现石油了?于是,他也急匆匆地向地狱跑去。

　　这则幽默故事说的是"羊群效应"。羊群是一种很散乱的组织,平时在一起也是盲目地左冲右撞,但一旦有一只头羊动起来,其他的羊也会不假思索地一哄而上,全然不顾旁边可能有的狼和不远处更好的草(图 4-12)。羊群效应就是比喻人都有一种从众心理,从众心理很容易导致盲从,而盲从往往会使人陷入骗局或遭到失败。羊群效应是管理学上一些企业市场行为的一种常见现象。

图 4-12　羊群效应

　　羊群效应一般出现在竞争非常激烈的行业,而且这个行业内有一个领先者(领头羊)占据了主要的注意力,那么整个羊群就会不断模仿这只领头羊的一举一动,领头羊到哪里,其他的羊也去哪里。

　　羊群效应是减少研发和市场调研的一种策略,现在被广泛地应用在各个行业,也称为"复制原则"。一个公司通过调研和开发而投放市场的产品,会被对手轻易地复制而免去前期的研发成本,是加剧竞争的因素之一。

　　可见,类似于羊群效应的从众型思维定势带来的更多是盲目上马的项目和没有经过充分的市场调研而导致的模糊的前景,甚至会分散一个公司的精力。破除从众型思维定势,需要在思维过程中不盲目跟随,具备心理抗压能力;在科学研究和发明过程中,要有独立的思维意识。

　　然而,这个准则随后会超出个人行为领域发展成普遍的行为准则和个人思维准则,进而逐渐形成从众的创意思维障碍。一般来说,思维从众比较强烈的人,在认识事物、判定是非的时候,往往缺乏独立思考的创新观念,人云亦云,附和多数(图 4-13)。

图 4-13　从众倾向

2.从众心理分类

一般来说,对于一个团队而言,一致同意、全体通过并不见得是件好事,它的背后可能隐藏着不同的"从众定势"。根据外显行为是否从众,及行为与自己内心的判断是否一致,可以将从众行为分为以下三类。

(1)真从众。这种从众不仅在外显行为上与群体保持一致,内心看法也认同群体。谢里夫的从众实验便属于这种情况,由于实验情境中没有任何光点移动距离的参照,人们自觉接受了群体的判断,在观点和行为上都与群体保持一致。在阿希实验中,当卡片线段的差异减小到一定程度时,人们的从众性质也发生了逆转,即由于难以相信自己的判断是否正确,实际上将群体的判断当成了判断的标准。此时已是表里一致的从众。日常生活中一部分个性高度依赖,缺乏做决定能力的人对群体的跟随,也属于表里一致的从众。

(2)权宜从众。在有些情况下,个人虽然在行为上保持了与群体的一致,但内心却怀疑群体的选择是错误的,真理在自己的心中,只是迫于群体的压力,暂时在行为上保持与群体的一致。这种从众,就是权宜从众。典型的阿希实验中的从众,就是这种类型的从众。因为相关的检查表明,被试者实际上可以准确无误地进行正确判断。

在实际生活中,权宜从众是从众的一种主要类型。由于种种利害关系,个人在许多情况下,不管内心看法如何,必须保持行为与群体的一致,否则将由于群体制裁而使个人付出太大的代价。

(3)不从众。不从众的情况有两类。一类是内心倾向虽与群体一致,但由于种种特殊需要,行动上不能表现出与群体的一致。如在群体由于某种原因而群情激愤时,作为群体的领导者,感情上虽认同群体,但行动上需要保持理智,不能用自己的行动鼓励群体的破坏性行动而逞一时之快。这是表里不一致的假不从众情况。另一类不从众是内心观点与群体不一致,行动上也不从众,这是表里一致的真不从众情况。通常只是在群体对个体缺乏吸引力,因而个体在行动时不需要考虑与群体的一致性时才出现。

案例 4-12

左撇子、右撇子

我们习惯于"右撇子"为正常状态,但对于婴幼儿来说,他们还没有受到这种所谓"正常状态"的影响,吃饭的时候,一会用左手,一会用右手。然而,家长往往会在这个时候说,"吃饭的时候要用右手",常常把小孩子的"左撇子"硬生生地纠正过来,这难道不是"从众"的思维定势在作怪?殊不知,"左撇子"小孩因其经常使用左手反而开发了他的右脑,往往比一般的孩子更聪明(图 4-14)。

图 4-14　左撇子、右撇子

知识链接

左右半脑知识

我们都知道,大脑分为左、右两个半脑,它们的功能各不相同。美国斯佩里教授通过实验研究,揭开了左右两半脑的奥妙,发现左、右半脑分别处理不同的心理活动。

左半脑:逻辑、列表、线形、词汇、数字、次序、分析、时间等。

右半脑:节奏、颜色、想象、唯独、白日梦、空间感、视觉、音乐等。

有趣的是,左半脑所处理的都是那些人们通常认为脑子比较聪明的人所擅长的,而右半脑处理的则是那些一般而言人们觉得比较有创意的事情。

既然右半脑思维是创造性的基础,怎样才能更好地发挥右脑优势以获得创意呢? 目前,为了调动右半脑功能发挥其优势,国内外已经有很多人在进行探索。例如,多做身体左单侧体操的训练,同时,在学习、工作的间隙或业余时间,多写写诗、读读小说、听听音乐或演奏一两种乐器,看看画册,运用右半脑的思维活动区体验、评价、鉴赏。调动右半脑功能发挥作用,不仅可以解除由于长期的逻辑推理等抽象思维而产生的左脑疲劳现象,而且着眼于创造性想象的培养,还可以运用形象手段开发右脑功能。一般来说,把具体的、形象的思维与抽象的、概括的知识结合起来,就能充分发挥大脑两个半球功能的优势,从而使大脑功能更协调地学习或工作。这就要求更多使用作为形象手段的视听器材和设备。此外,还可以用"图形化"的方法,就像用化学反应式来表示化学反应一样,用各种曲线、表格、流程图等来表达人们潜意识中的各种思维过程。在创造过程中,人们常常借助于画草图、做模型等方法来完善创造过程,充分发挥了右脑形象思维的优势。

开发右脑功能优势有助于创造力的培养。仅重视左脑功能,满足于左脑功能是片面的,要重视右脑开发,并使双侧大脑协调发展。事实上左右半脑所做的都是有创意的事情。因为语言是有创意的,科学、写作也和艺术一样,都是需要创意的。

【小训练】

1.仔细看一下左右半脑的 16 种活动,从中找出你最擅长的 6 种。你是否留意到自己的思考风格,是偏左、偏右,还是比较平衡?

2.思考一下那些很有创意的人,他们是擅长用左半脑、右半脑,还是两个半脑平衡使用? 你觉得为什么?

对于从众型创意思维障碍,我们应该正确对待,因为真理往往掌握在少数人手中。

日本一家编织公司的董事长,名叫大原总一郎,他曾提出一项维尼纶工业化的计划。但是,这项计划在公司内部遭到普遍反对。大原总一郎不屈不挠,坚持推行自己的原定计划,终于大获成功。大原总一郎之所以能力排众议坚持己见,是因为他坚信父亲经常对自己说的一句话:"一项新事业,在 10 个人当中,有一两个人赞同就可以开始了;有 5 个人赞同时,就已经迟了一步;如果有七八个人赞同,那就太晚了。"

真理的获得是极其艰难的,不仅需要强大的自信心,而且要想成为少数人,注定是孤独的。所以,要有光荣的孤立的心理准备,当然更要有"举世皆浊我独清,众人皆醉我独醒"的勇气,正如《唐伯虎点秋香》中那句"别人笑我太疯癫,我笑他人看不穿"。

(二)权威型思维障碍

在思维领域,不少人习惯于引证权威的观点,不假思索地以权威的是非为是非。我们在小学作文中,为了证明自己的观点是正确的,往往会引述一些名人名言,如伟大的发明家爱因斯坦曾经说过、伟大的物理学家牛顿曾经说过……甚至某句话明明是自己想出来的,但是为了提高可信度,我们就会在前面加上"某个伟大的数学家曾经说过",等等。这些都源于对权威的某种崇拜。对权威人们普遍存在崇拜之情,这是可以理解的,然而这种尊崇常常演变为神化和迷信。一旦发现与权威相违背的观点或理论,便想当然地认为其必错无疑,并大张挞伐。这就是创新思维的另一重大障碍——权威型障碍。

权威型思维惯性是指在思维过程中盲目迷信权威,以权威的是非为是非,缺乏独立思考能力,一旦发现与权威相悖的观点或思想,便会认为其是错误或荒谬的。

权威型思维惯性的产生有两个途径:其一是儿童在走向成年的过程中所接受的"教育权威";二是由于社会分工不同和知识技能方面的差异所产生的"专业权威",也就是人们所说的"专家"。权威是一种客观存在,在任何时代,只要有人的存在就会有权威的存在。事实上权威的观点也会受到人类对自然规律认识的局限性的影响,也是会犯错的。

1769 年,著名科学家瓦特发明了蒸汽机,瓦特也由此成为科学界的权威人物,但是当时的瓦特并未考虑到蒸汽机的更大的用途——带动交通工具。他的助手默多科却想到了这一点,他经过 5 年的努力成功地发明了初期的火车,但是瓦特担心火车会影响到蒸汽机的名誉而禁止默多科进一步改造,从而导致火车发明的中断。后来,英国技师特里威雪科继续了默多科的发明,他首先改造了蒸汽机,却由此遭到瓦特的妒忌,瓦特公开否认了他的发明。特里威雪科并未放弃,他又接连制造了4辆火车。但是由于瓦特的否定,人们甚至不想了解他的发明,最终特里威雪科也失败了。由于瓦特的一次次干涉,火车一直到1825年才被斯帝文森成功地发明出来。由于瓦特的否定,火车的发明一次又一次地中断,连大科学家都否定的东西那一定会有问题,优势再大也是有问题的,可见盲目相信权威会危害到社会的进步。

科学史上也有不少权威型思维定势造成与科学发现和发明失之交臂的例子。例如20世纪50年代初,美籍华裔生物学家徐道觉的一位助手在配制冲洗培养组织的平衡盐溶液时,由于不小心,错配成了低渗溶液,低渗溶液最容易使细胞胀破。当他将低渗溶液倒进胚胎组织,在显微镜下无意中发现,染色体滋出后铺展情况良好,染色体的数目清晰可见,这本来是观察人类染色体确切数目的最好时机,但是他盲目地相信了美国遗传学家科特20年代初提出的理论,即由大猩猩、黑猩猩的染色体是48条推断人类的染色体也是48条。因此,他错过了重大发现的机会。后来又过了几年,另一位美籍华裔科学家蒋有兴采用低渗技术,终于发现了人类的染色体是46条。

🔺 案例 4-13

气味是"信"出来的

美国某大学心理系曾做过这样一个心理学实验。一天,上课前,教授向学生介绍了一位德国来宾,名叫冈斯·施米特的化学博士,是"世界闻名的化学家","这次是被特别邀请到美国来研究某些物质的物理化学特性的"。课堂上,这位博士用德国人特有的语调向学生们解释说,他正在研究他所发现的集中物质的特性。这些物质的扩散速度极快,人们能够马上闻到它的气味。他说,由于同学们是研究感觉问题的,所以,他就同大家一起来做个实验。他从皮包中拿出一个装有液体的玻璃瓶,对大家说:"现在我就拔下瓶塞,这种物质马上就会从瓶中挥发出来。这种物质是完全无害的,只是有那么一点气味,就跟我们在厨房里闻到的那种气味差不多。这个瓶子里装的是样品,气味很强烈,大家很容易闻到。不过,我有个请求,你们谁闻到了这种气味,就请把手举起来。"说完,这位化学家拿出秒表,上紧发条,并问大家有没有什么问题。停了一会,实验者拔出瓶塞。没多久,学生们从第一排到最后一排依次举起了手。施米特博士对学生们的配合表示感谢,并带着满意的神情离开了教室。后来,心理学教授自拆骗局。哪里有什么德国来宾,这位"施米特博士"不过是德语教研室的一位教师。而所谓的带有强烈气味的物质,原来是蒸馏水。

盲目相信权威只会带来不良后果,因为权威并非圣贤,他们也会出错,如果盲目相信权威,而不经过自己的思考和判断,那只会把错误扩大化。从创新思维培养的角度来说,人们需要突破旧权威的思维束缚,不必沿用权威的思路,应时刻警惕权威型思维定势。

创新创意故事

世界著名指挥家小泽征尔敢于挑战权威

小泽征尔是世界著名的音乐指挥家。一次他去欧洲参加指挥家大赛,在进行前三名决赛时,他被安排在最后一个参赛,评判委员会交给他一张乐谱。小泽征尔以世界一流指挥家的风度,全神贯注地挥动着他的指挥棒,指挥一支世界一流的乐队,演奏具有国际水平的乐章。演奏时,小泽征尔突然发现乐曲中出现不和谐的地方。开始,他以为是演奏家们演奏错了,就指挥乐队停下来重奏一次,但仍觉得不自然。这时,在场的作曲家和评判委员会的权威人士都郑重声明乐谱没问题,是小泽征尔的错觉。他被大家弄得十分难堪。在这庄严的音乐厅内,面对几百名国际音乐大师和权威,他不免对自己的判断产生了动摇,但是,他考虑再三,坚信自己的判断是正确的,于是,大吼一声:"不!一定是乐谱错了!"他的喊声一落,评判台上那些高傲的评委们立即站立向他报以热烈的掌声,祝贺他大赛夺魁。

分析:挑战权威的后果是你可能战胜了权威,却面临牺牲个人利益。权威在中国是一个难以打破的心结。

(三)书本型思维障碍

有了书本,我们可以从前代获得知识和经验;有了书本,我们可以将更多的知识和经验传递给下一代;有了书本,我们可以在方寸之间向全世界古往今来的伟人和名人求教;有了书本,我们可以从中体悟人生的真谛,陶冶自己的情操。不过,由于书本反映的是一般性的东西,表示的是大众化和理想化的状态,与客观现实之间往往存在着较大的差异。

"读书破万卷,下笔如有神","熟读唐诗三百首,不会写来也会吟"都是指学习知识的重要性。

具有丰富而广博的知识是创新的基础。牛顿不仅是物理学家,同时还是哲学家、数学家、天文学家;阿基米德是哲学家、数学家和物理学家;爱因斯坦是著名的物理学家、思想家和哲学家,等等。一般来说,一个人的专业知识越丰富,涉猎面越广,就越容易创新。但是对于大多数人来说,知识的获得更多是通过在学校所受的正规教育来获取的,从幼儿园到大学,在校园度过了 20 年左右的时间。然而,从创意思维的角度来说,一个人接受正规教育的时间越长,其思维受到束缚的可能性也就越大。

📖 案例 4-14

阿西莫夫的故事

阿西莫夫是美籍俄国人,世界著名的科普作家。他曾经讲过这样一个关于自己的故事:

阿西莫夫从小就很聪明,在年轻时多次参加"智商测试",得分总在 160 左右,属于"天赋极高"之列。有一次,他遇到一位汽车修理工,是他的老熟人。

修理工对阿西莫夫说:"嗨,博士,我来考考你的智力,出一道思考题,看你能不能回答正确。"阿西莫夫点头同意。修理工便开始说思考题:有一位聋哑人,想买几根钉子,就来到五金商店,对售货员做了这样一个手势:左手食指立在柜台上,右手握拳做出敲击的样子。售货员见状,先给他拿来一把锤子,聋哑人摇一摇头。于是售货员就明白了他想买的是钉子。聋哑人买好钉子,刚走出商店,接着进来一位盲人。这位盲人想买一把剪刀,请问:"盲人将会怎样做?"

阿西莫夫顺口答道:"盲人肯定会这样——"他伸出食指和中指,做出剪刀的形状。

听了阿西莫夫的回答,汽车修理工开心地笑起来:"哈哈,答错了吧,盲人想买剪刀,只需要开口说'我买剪刀'就行了,他干吗要做手势呀?"

阿西莫夫只得承认自己的回答很愚蠢。而那位修理工在考问他之前就认定他肯定要答错,因为阿西莫夫"所受的教育太多了,不可能很聪明"。

心理学家指出,人们在一定的环境中工作和生活,久而久之就会形成一种固定的思维模式,使人们习惯于从固定的角度来观察、思考事物,以固定的方式来接受事物。

实际上,并不是因为学的知识多了人就反而会变笨,而是因为人的知识和经验越多,就越有可能在头脑中形成较多的思维定势。这种思维定势会束缚人的思维,使思维按照固有的路径展开。

众所周知,不同层次的教育对个人的成长是非常有益的,我们仍然需要去学习,有条件的话仍然需要去接受教育。我们需要做的是调节自己以克服书本型创新思维障碍。

(四)经验型思维障碍

在现实生活中,当我们长期处于某个环境,多次重复某一活动或反复思考同类问题时,会根据以往的知识和经验积累,逐渐形成一种判断事物的思维方式和固定倾向,从而形成"经验型思维障碍"。

案例 4-15

大鲨鱼和一条小鱼

美国一位科学家在海洋馆里做了一个实验。他用玻璃隔板把一条具有攻击性的大鲨鱼和一条小鱼隔开。刚开始,这条大鲨鱼不断撞击玻璃,企图捕食隔壁的小鱼。无奈,玻璃隔板太坚硬,无论怎么发威,玻璃隔板丝毫未损。攻击了一段时间之后,它便放弃了。于是,科学家便把隔板悄悄地移开。意想不到的是,大鲨鱼再也没有攻击过小鱼。它们都温和地在各自的领域活动,互不侵犯。

在一般情况下,经验是处理日常问题的好帮手,如果你具有某一方面的经验,那么你在应付这一方面的问题时会得心应手。特别是技术方面的问题,经验丰富的司机比新司机能更好地应付各种复杂路况;老会计比新会计能更熟练地处理复杂的账目。在很多场合中,经验常常就是一种创新。据说,哥伦布发现美洲大陆时,就是由于海员看到一群鹦鹉朝东南方向飞去,根据经验认为陆地一定就在东南方,于是跟随鹦鹉向前追去,终于发现了新大陆。但是,我们也要看到,经验又是相对稳定性的东西,它在某种程度上对创意思维会形成很大的障碍。如果我们对经验过分依赖,形成固定的思维模式,就会削弱大脑的想象力,使创新思维能力下降,形成经验型创新思维障碍,有时甚至会造成严重的后果。

在日常生活中,因凭经验处理问题而产生偏差和失误的实例不胜枚举。驴子过河就是一个典型的例子。

案例 4-16

驴子过河

一头驴子背盐渡河,在河边滑了一跤,跌在水里,那盐溶化了。驴子站起来时,感到身体轻松了许多。驴子非常高兴,获得了经验。后来有一回,它背了棉花,以为再跌倒，可以同上次一样，于是走到河边的时候，便故意跌倒在水中。可是棉花吸收了水，驴子非但不能再站起来，而且一直向下沉，直到淹死。

我们的生活缺不了经验，经验可使我们少走弯路。但我们又不能拘泥于经验，不能过分依赖经验，单纯从狭隘的经验出发思考问题，不顾事物间的差异，将一时一地的成功经验盲目推广，往往会事与愿违。

有时我们依赖过去的经验会作出错误的判断。尤其在当今社会，世界变化非常快，科学进步也非常快，以前很多不可能的事情都变成了可能，所以我们不能完全依照过去的经验去判断未来，依照已经发生过的事情来判断尚未发生的事情，所以创意思维最大的敌人是习惯性思维，所以有一句话："过去的经验既是我们的财富，在某种程度上又是我们的包袱。"

【小训练】

有个人连续扔了 10 次硬币，结果每次都是有字的一面向上，一切情况照旧，他又扔了第 11 次。请问：这一次有字的一面朝上的可能性是不是比开始的时候要小？

(五)自我中心型思维障碍

"自我中心型"就是"自以为是"。在日常的思维活动中，人们自觉或不自觉地按照自己的观念、站在自己的立场、用自己的目光去思考别人乃至整个世界，由此产生了自我中心型思维定势。

案例 4-17

都是自我偏向

有一天吃晚饭的时候，正在上小学的弟弟给全家人提出了一个很奇怪的问题："要是全世界的电话线路都断掉了，会产生什么结果？"

当医生的爸爸回答说："病危的人就不能得到及时的救治，使死亡率上升。"

当消防队员的哥哥回答说："报警速度将会降低，使火灾的损失大大增加。"

热恋中的姐姐回答说："两人约会的次数一定会大大减少。"

善于持家的妈妈高兴地说："那太好了，我们就不用付电话费了！"

在这种思维定势的束缚下,个人的思考以自己为中心,听不进别人的意见和建议,总认为自己的思考没有任何问题,是完全正确的,甚至认为就是真理。岂知,所谓真理都是相对的,具有一定的时空性,在这一场合正确的观点,换个场合也许就是错误的;现在没有问题的东西,随着时间的推移,过一段时间就不一定没有问题了。

案例 4-18

爱迪生的错误

伟大发明家爱迪生一生差不多都在与电打交道,在电学方面的发明数不胜数,可是当其他人提出交流电可能有广泛用途时,他以老资格自居,说那可不行,交流电太危险,不能在实际生活中应用。为了证明,他还当众用交流电把一条狗电死吓唬大家,劝大家千万不要使用交流电。但他确实犯了自以为是、自我封闭的错误。

每个人都会犯错误,即使是傻瓜也会为自己的错误辩护。但能承认自己的错误,多听取别人的意见和建议,对我们的进一步思维也许就起到了抛砖引玉的作用。

(六)其他类型思维障碍

除了以上介绍的 5 种思维障碍类型外,还有很多其他类型的思维障碍,其表现的严重程度因人而异,以下简单介绍几种。

1.自卑型思维障碍

自卑型创新思维障碍就是非常不自信,由于过去的失败或成绩较差,受过别人的轻视,产生了自卑心理。在这种心理支配下,不敢去做没有把握的事情。

具有这种障碍的人应该尽可能多地想到自己的长处,多发挥自己的长处,对于自己不自信的方面,应该尽可能多地去了解和学习,累积知识量,最终实现从量变到质变的突破。

2.麻木型思维障碍

麻木型创新思维障碍表现为不敏感,思维不活跃。有这种思维障碍的人注意力不够集中,兴奋不起来,对什么事物都习以为常,对关键问题不能够及时捕捉。

具有麻木型创新思维的人应找到麻木的根源,想想自己究竟对哪些感兴趣,激起自己的兴奋点。

3.偏执型思维障碍

偏执型创新思维障碍表现为颇为自信，不知道及时绕弯子。具有偏执型创新思维障碍的人，大多数颇为自信，但有的爱钻牛角尖，明知这条道路走不通，非要往前闯，直到碰得头破血流才罢休。另外还喜欢跟别人唱反调，别人让他往东，他偏往西，走了许多弯路还不愿回头。

具有偏执型创新思维障碍的人，遇到什么事情要三思而后行，停一停也许是最好的选择。

在广阔的商业市场领域里，有很多经过深入研究最后获得了重大成果的现象，其实早就有不少人遇到过。但为什么总是只有极个别的人才会注意、重视，去研究、开发出市场产品，最后实现商业利益呢？其中一个重要的原因就是，一般人都是以固定的思维模式进行思考，受到思维定势的束缚。有很多看起来很难解决的问题，实际上并不是难在想不出办法，而是难在不容易突破思维障碍，有的问题甚至只要突破了思维障碍，就能很快找到解决问题的办法。突破创新思维障碍，很大程度上可以说是创新思考的第一步。

三、突破思维障碍的方法

思维障碍阻碍了人们的创造思维，抑制了人们的创意发展。因此，突破思维障碍的好办法就是扩展思维视角，提高创造力。

(一)思维视角的定义

人的思维活动不是毫无头绪的，它是有次序、有起点的，在起点的位置上，就有切入的角度。实际上，对于创新活动来说，这个起点和切入的角度非常重要。我们把思维开始时的切入角度，叫作思维视角。扩展视角对认识客观事物会有极大的影响。

(1)世界上的各种事物都不是孤立存在的，它们与周围的其他事物有着千丝万缕的联系，观察研究某一未显露本质的事物，可以从与它有联系的另一事物中找到切入点。

(2)事物本身都有不同的侧面，从不同的角度去考察，就能更加全面地接近事物的本质。不能盲人摸象般行事。

(3)对于某个领域的一些事物，特别是社会生活或专业技术领域内的常见事物，许多人都观察思考过了，自己也经常接触。

(4)事物是发展变化的，发展变化的趋势有多种可能性。

(二)扩展思维视角的方法

1.改变思路顺序

大多数人在思考问题的时候都是顺着想的,按照常情、常理、常规去想,或者按照事物发生的时间、空间顺序去想。大家都是这么想的,彼此之间的交流就比较方便,容易找到切入点,解决问题的效率比较高。但在互相竞争的情况下,这种思路就很难出奇制胜。当面对复杂的客观事物,顺着想的思路就不可能完全揭示事物内部的矛盾,发现客观规律。改变思考顺序的实质,就是借助逆向思维改变以往的思维局限。

(1)从事物的对立面出发去想

直接跳到事物中矛盾一方的对立面去想是扩展思维的一个重要角度。对立的双方是既对立又统一的,改变这一方不行,改变另一方则可能有助于问题的解决。例如,过去的工业锅炉和生活锅炉都是在炉内安装许多水管,用给水管加热的方法使热水上升,产生蒸气。日本科学家熊田长吉想要提升锅炉的工作效率,开始时主要考虑怎样在炉内加热,但热效率改变不大。后来,他想到,冷和热是对立的,不能只考虑热的方面,不考虑冷的方面。在加热水管时,热水上升,忽视了冷水的下降,在冷热水循环不畅的情况下,热效率难以提高。于是,他通过实验,把原来的许多热水管加粗,在粗管内再安装一根使冷水下降的细管,这样,粗管里的热水上升,细管里的冷水下降,水流和蒸气的循环加快,热效率果然提高了。按照这种设计而生产的锅炉,在实际使用中热效率可以提高10%。

(2)变顺着想为倒着想

如果顺着想不能很好地解决问题,那倒过来想可能就找到了新的突破口。二战后期,苏联军队准备在夜晚突袭柏林,但是朱可夫元帅遇到了一个难题,天黑发动突然袭击无疑是最好的选择,但当晚星光灿烂,部队难以隐蔽,如果贸然发起攻击,苏军的行动在敌人眼中就一目了然,如果因此放弃,又会贻误战机。经过反复思考,他下令集中所有探照灯,用最强的灯光照射敌军阵地,在这140台探照灯的强烈光线下,德军眼睛都睁不开,苏军就在明晃晃的灯光的掩护下突然进攻,冲破防线,打得敌人措手不及,迅速结束了战斗。

(3)思考者改变自己的位置

改变思考者自己的位置就是换位思考或易位思考,如果是思考社会问题,可以把自己换到考察对象的位置上,或者是其他人的位置上;如果是科学技术问题,可以更换观察的位置,从前后、左右、上下等各个方向去思考分析问题。

创意故事

冰箱的改进

最初的冰箱冷冻室在上面,冷藏室在下面,这样的目的是将上面的冷空气引入到下面的冷藏室内。

日本夏普公司的研究人员进行了换位思考,假设自己是用户,结果发现人们用冷藏室较多,将冷冻室放在下面,冷藏室放在上面较方便。在冰箱内安上排风扇和通风管,将下面的冷空气提升到上面的冷藏室。

2.改变思维方式

事物呈现给人们的是一幅普遍联系的景象,万事万物都处在联系与转化的动态过程中。因此,在解决很多问题时,如果能改变思维方式,巧妙转化,会得到许多意想不到的结果。

(1)把自己生疏的问题转换成熟悉的问题

我们总会遇到这样那样的从未接触过的生疏的问题,难以下手就是对待这些问题时最大的感受。其实,这时就可以试着把它们转换成自己熟悉的问题,可能就会有新的视角,也许还会有出色的成果诞生。19世纪末,法国园艺学家莫尼尔想设计一种牢固坚实的花坛。可是,他只熟悉园艺,对于建筑结构和建筑材料一窍不通。经过思考,他发挥了自己的特长:他对植物再熟悉不过了,他就把花坛的构造转换成植物的根系来作为出发点。植物根系是盘根错节的,牢牢地和土壤结合在一起,非常结实。他把土壤转换为水泥,把根系再转换为一根一根的钢筋,并用水泥包住钢筋,就制成了新型的花坛,这样,不仅花坛造出来了,而且,建筑史上划时代意义的新型建筑材料钢筋水泥,也由这个建筑业的门外汉发明出来了。

(2)把复杂问题转化为简单问题

有一句话说:聪明人可以把复杂的问题越搞越简单,不聪明的人可以把简单的问题越搞越复杂。事实上,在解决复杂问题时能够化繁为简,就体现了一种新的视角。

(3)把不能办到的事情转化为可以办到的事情

世间有些事情是能够办到的,有些是难以办到的,有些根本就是不能办到的,但是,在很多时候,不能办到的通过我们的努力很可能会转换成能够办到的,这也是一种思路。

案例 4-19

南水北调工程

自 1952 年 10 月 30 日毛泽东主席提出"南方水多,北方水少,如有可能,借点水来也是可以的"设想以来,在党中央、国务院的领导和关怀下,广大科技工作者做了大量的野外勘查和测量,在分析比较 50 多种方案的基础上,形成了南水北调东线、中线和西线调水的基本方案,并获得了一大批富有价值的成果。经过几代人的不懈努力,今天南水北调已成为现实。

（4）把直接变为间接

在解决比较复杂、比较难的问题时,可能直接解决会遇到极大的阻力,迂回就不失为一个好的方法了。在面对这种复杂问题时,扩展自己的视角,或退一步来考虑,或采取迂回路线,先设置一个相对简单的问题作为铺垫,逐步向着目标前进也是一个办法。

案例 4-20

老汉分牛

一个老汉有 17 头牛,分给三个儿子。大儿子得 1/2,二儿子得 1/3,三儿子得 1/9,怎样分?

3.改变思考角度

看待问题的角度不同,处理问题的方式就会不同,所带来的结果也会不一样。在解决问题时只有思路开阔,多角度、全方位地思考,才能提出更多解决问题的可能性,在众多设想方案中找出最优方案。发散思维和收敛思维都可以算是多角度解决问题的思维方式,在具体解决问题时,可以综合运用发散思维与收敛思维。

在解决比较难的问题时,可以将直接问题转化为间接问题,迂回式前进;在解决比较复杂的问题时,可以将复杂转化为简单,渐进式前进;在遇到未曾接触过的问题时,可以将陌生转化为熟悉,轻松解决;即使遇到了看上去不可能解决的问题,也可以将不可能转化为可能,例如"南水北调"就是把"远水解不了近渴"这一不可能性事件转变成了可能。

?本章思考题

1.什么是创新思维？

2.举例说明创新思维有什么特性。

3.常用创新思维有哪些？

4.运用互联网思维,谈谈你家乡互联网创业的机会与构想。

5.在一个荒无人迹的河边停着一只小船,小船只能容纳一个人。两个人同时来到河边,两人都乘这只船过了河。请问他们是怎样过河的？

第五章　创新思维训练

哲理名言启示

我们这一代人一直在探讨关于时间和空间的问题,而爱因斯坦说出了其中最具独创性、最深刻的东西。你们可知道这里的原因吗? 那就是因为有关时间和空间的全部哲学和数学,爱因斯坦都没有学过。

——希尔伯特

本章概要

通过本章的学习,学生能理解创新思维训练的意义,帮助学生根据自身障碍类型进行有目的的思维训练,克服自身思维障碍并提高自身的创新思维能力。

教学要点

1.发散思维训练;

2.逆向思维训练;

3.联想思维训练;

4.想象思维训练;

5.简化和转化思维训练。

开篇案例

紧急停机

多年前,一架满载乘客的 DC-10 型飞机正在檀香山的一个简易机场内滑行,准备起飞。突然一声巨响,飞机的左侧轮胎爆了。机长迅速把机头压低,然后左转,飞机在跑道上掘出一道长长的痕迹,在快要掉进海里之前恰好停住了。每位乘客都松了一口气,机长平静地宣布:"好了各位,看来我们的轮胎爆了。"

在如此紧急的情况下,机长能够沉稳冷静地处理突发事件,并非侥幸和偶然,而是在无数次训练之后形成的应急思维习惯,在关键时刻保住了全机人的性命。

？思考与讨论

1.创新思维可以训练吗?
2.结合案例,谈谈创新思维的训练方法。

人人都是创新之人。从降生到这个世界上时开始,我们便有许多东西需要学习、理解和掌握。如果只是记住几条创新规则,而没有改进自己的思维习惯,那就等于什么都没有学到。只有通过思维的训练,才能逐步提高创新思维水平。

所谓创新思维训练,就是采用一定的方案,对思维能力、思维方法、思维知识和思维态度等进行系统训练,从而使人的创新思维水平得到提高的过程。

创新思维是可以训练的。第一,从已有的研究成果来看,思维是可以训练的。思维的生理基础是大脑,大脑的特点决定了人的聪明程度。大脑神经元的数目可达 1000 多亿,而实际使用的却不到 10%,余下的神经元都未被开发利用。研究发现,生理上的变化可引起思维的变化。人类的思维能力随着社会的发展不断提高,这正是长期学习和训练的结果。环境和教育可以使思维的发展加速或延缓。第二,创新思维训练具有悠久的传统。思维训练从古时就有了,只是从 20 世纪以来,通过大量的研究和实践探索,人们才认识到了思维训练对提高民族素质的重要作用。在西方,最早采用系统方法进行思维训练的人,也许可以追溯到古希腊时代的苏格拉底。

当前,人类正处于向知识经济过渡的时期。为迎接知识经济给人们带来的挑战,提倡和鼓励创新,培养人的创意能力,正在成为时代的潮流。创新思维是创新的基本条件。在许多需要创新的领域,如科学研究、科学决策、产品设计、广告策划中,情感意象、形象、直觉、灵感以及经验、联想、想象、猜测、美感等创意素质直接制约着创新的水平。因此,创新思维的培养和训练至关重要。

第一节　发散思维训练

发散思维,即从一个基本点出发,思维就如同旋转喷头一样,朝向四面八方做立体式的放射思考,力求提出大量富有价值而又新颖独特的设想;发散思维,即充分运用想象力,调动起积淀在大脑中的知识、经验、信息和观念,并加以重新排列组合,从而产生更多更新的设想和方案(图5-1)。发散思维有利于提升思维的广阔性和开放性,也有利于思维在空间与时间上的拓展和延伸。

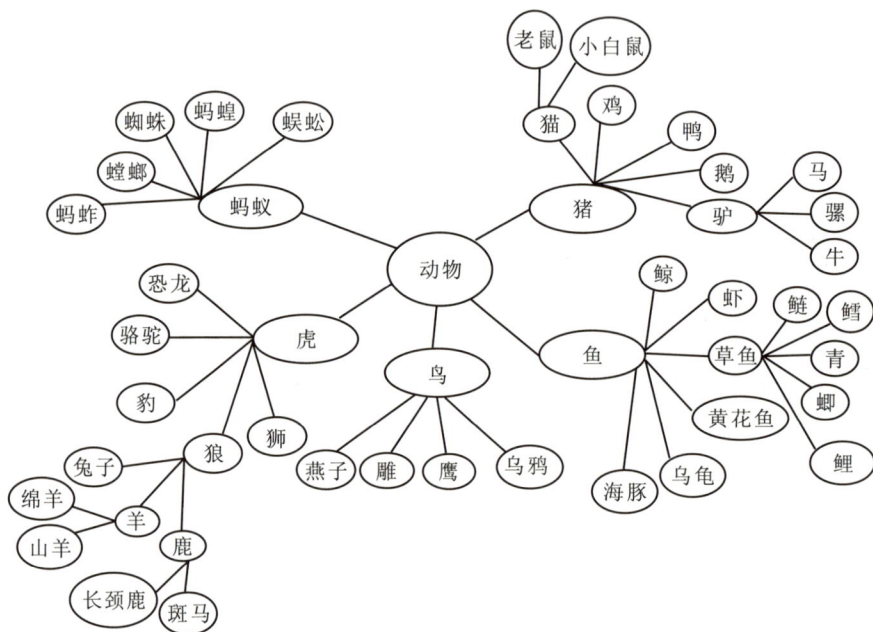

图 5-1　发散思维

发散思维指一种不依常规、寻求变异、从多方面寻求答案的思维方式。宽广的知识面可以使人们见多识广,思路宽且灵活。因此,人们要注意培养广泛的兴趣;要尽可能地从各个方面去吸取信息和知识;重视各种环境下的实践。发散思维是根据已有的知识结构,围绕某一个问题,重组已有的信息,获得解决问题的多种方案的思维活动。这种思维往往使创意发明产生"一树结多果"的奇特效应。

一、发散点训练

发散思维训练的核心是发散点训练。一般从用途、功能、结构、形态、组合、方法、因果、关系 8 个方面向外延扩散。

(一)用途发散

用途发散就是以某物品作为发散点,设想出它的多种用途。

🔖 创新创意故事

一支铅笔的故事

纽约里士满区有一所穷人学校,它是贝纳特牧师在经济大萧条时期创办的。1983 年,一名叫普热罗夫的捷克籍法学博士在做毕业论文时发现,50 年来,该校出来的学生在纽约警察局的犯罪记录最少。于是普热罗夫展开了漫长的调查活动。从 80 岁的老人到 7 岁的学童,从贝纳特牧师的亲属到在校的老师,总之,凡是在该校学习和工作过的人,只要能打听到他们的住址或信箱,他都要给他们寄去一份调查表,问:圣·贝纳特学院教会了你什么? 在将近 6 年的时间里,他共收到了 3756 份答卷。在这些答卷中有 74% 的人回答,他们知道了一支铅笔有多少种用途。

普热罗夫首先走访了纽约市最大的一家皮货商品店的老板,老板说:"是的,贝纳特牧师教会了我们一支铅笔有多少种用途。我们入学的第一篇作文就是这个题目。当初,我认为铅笔只有一种用途,那就是写字。谁知道铅笔不仅能用来写字,必要时还能用来做尺子画线,还能作为礼品送人表示友爱;能当商品出售获得利润;铅笔的芯磨成粉后可作润滑粉;演出时也可临时用于化妆;削下的木屑可以做成装饰画;一支铅笔按相等的比例锯成若干份,可以做成一副象棋,可以当作玩具的轮子;在野外有险情时,铅笔抽掉芯还能被当作吸管喝石缝中的水;在遇到坏人时,削尖的铅笔还能作为自卫的武器……总之,一支铅笔有无数种用途。贝纳特牧师让我们这些穷人的孩子明白,有着眼睛、鼻子、耳朵、大脑和手脚的人更是有无数种用途,并且任何一种用途都足以使我们生存下去。我原来是个电车司机,后来失业了。现在,你看,我是一位皮货商。"

普热罗夫后来又采访了一些圣·贝纳特学院毕业的学生,发现无论贵贱,他们都有一份职业,并且都非常乐观。而且他们都能说出铅笔的至少 20 种用途。

《一支铅笔的故事》是典型的伦纳德·里德式的作品:富有想象力,朴素而意味深长,洋溢着对自由的热爱。这一切,贯穿在伦纳德所写的一切著作或所做的一切活动中。跟他其他著作一样,他并没有试图告诉人们应该做什么,或如何管理自己。他只是试图增进人们对他们自己及其生活于其中的制度的理解。说出一支铅笔有多少种用途,突破了铅笔只能写字的限制,这就是发散思维。

用途发散训练的题目形式是"在一定时间内说出某物品的各种用途"。

用途发散有两种思维方式:一种是根据物品的特征进行发散,想出可能的用途。例如,订书钉是铁制的,铁可以导电,于是我们就可以想到订书钉可以用来做导线、启动日光灯等。第二种就是进行强制性的思维发散,即随便想出一个事物,把该事物和作为发散点的事物强制地联系在一起,寻找作为发散点的物品的新用途。例如,忽然间想到扣子,那么可以把订书钉卷成圆形,做扣子用;当然也可以做成订书钉形状的扣子。第二种方式对于发现某种材料的新用途能起巨大的作用,有时还会取得辉煌的成果。特别是一种新材料发明以后,可以运用物品用途发散的第二种方式寻找适用的领域,一定会得到用其他方法得不到的新奇构思。

【小训练】

1.以扣子为发散点,从用途发散的两种思维方式考虑扣子有多少种用途。至少回答 10 种。

2.以订书钉为发散点,从用途发散的两种思维方式考虑订书钉有多少种用途。至少回答 10 种。

(二)功能发散

功能发散是从某事物的功能出发,构想出获得该功能的各种可能性。

对"怎样才能达到照明的目的"这一问题,有人做出如下构想:点油灯、开电灯、点蜡烛、划火柴、烧纸片、用手电筒、点火把、燃篝火、用镜子反射太阳光等。从发散思维的角度出发,没有废物或废料,只要能合理地借助功能发散(有时加上视角转换),一定能变废为宝。一位商人说他可以利用猪身上的一切,除了猪的叫声。进一步说,猪的叫声也可以利用,比如进行科学研究或制成"猪音乐",用于对猪舍的管理。

下面以红砖的用途为例,说明如何进行功能发散。

红砖最常用的功能是作为建筑材料使用,在哪些方面可以实现红砖这一功能呢?可以在盖房子(包括盖宾馆、教室、仓库、猪圈、厕所……)、铺路面、修烟囱等方面实现红砖作为建筑材料的功能。

红砖从其物理性质来看,它具有一定的重量,这也可以说是它的一种功能,在哪些方面能够体现红砖重量的作用？它可以用于压纸、腌菜,用作凶器、砝码、锻炼身体的哑铃等。

红砖是一个长方体,在哪些方面能够体现红砖长方体的特征？它可以当作尺子、多米诺骨牌,用来垫脚等。

红砖的颜色是红色的,可以通过在水泥地上画画、压碎做红粉、做指示牌、磨碎掺进水泥做颜料等实现红砖的这一功能。

红砖的硬度较高,可以用作凳子、锤子、支书架、磨刀石等,体现红砖的硬度较高,说明红砖能够承受较大的重量,同时也比较耐磨。

另外红砖的吸水性较强,可以用它来吸水。

还可以将红砖刻成一颗红心献给心爱的人;在砖上刻下自己的手印、脚印变成工艺品。

【小训练】

1.以书本为发散点,从功能发散的角度进行发散,即先考虑书本有哪些功能,在哪些方面能实现这些功能。

2.夏天天气特别热,如何能够达到凉快的目的?

(三)结构发散

结构发散是以某个事物结构为扩散点,设想出利用该结构的各种可能性的思维活动。

例如,尽可能多地说出含圆形结构的东西:太阳、水滴、酒杯、西瓜、扇子、瓶盖、镜子、头、螺丝钉等。经常进行这种思考,可以增加我们头脑中的形象储备,锻炼想象力。

【小训练】

1.写出包含菱形结构的事物或现象。

2.写出包含方形结构的事物或现象。

(四)形态发散

形态发散是以事物的形态(如颜色、形状、音响、味道、明暗等)为发散点,设想出利用某种形态的各种可能性。

例如,你能设想出利用红色可做什么或办什么事吗？这是一种形态发散思考,如利用红色可做信号灯、红墨水、红围巾、红灯笼、红粉笔、红喜报等。

【小训练】

1.利用白色可以做什么或办什么事情？

2.利用蓝色可以做什么或办什么事情？

(五)组合发散

组合发散是以某一事物为发散点,尽可能多地设想出与另一事物结成具有新价值的新事物的可能性。

组合发散是一种强制性思维的发散方法,即你想到什么就与发散点的事物组合在一起。

组合思维是一种非常重要的创意思维方法,组合思考不仅数量要多,更重要的是组合要新奇而合理。经常进行组合发散思考,将会提高我们的创新能力。

例如,尽可能多地说出手电筒可以同哪些东西结合在一起。如果想到了钥匙、手表、钟、鞋子、笔、衣服、书、桌子、帽子、汽车、教室,那么与手电筒一组合就有了带手电筒的钥匙、带手电筒的手表、带手电筒的钟、带手电筒的鞋子、带手电筒的笔、带手电筒的衣服、带手电筒的书、带手电筒的桌子、带手电筒的帽子、带手电筒的汽车、带手电筒的教室等。从中可以发现一些很好的创意。如带手电筒的钥匙,我们知道,在生活中尤其是晚上开门的时候,如果楼道灯不亮,是很难开门的,有了带手电筒的钥匙就可以不用为此烦恼;带手电筒的表,其形式有夜光表和带灯的电子表;带手电筒的笔,这种笔对夜间或暗处写字很有用处;带手电筒的书对住集体宿舍的"夜猫子"来说真是福音,自己怎样熬夜都行,也不会影响别人休息。

组合发散和前面讲到的用途发散中的强制性思维发散方式有相似之处,也有不同之处。相似之处在于两者都是想到一种事物,并将这种事物与发散点进行联系。不同之处在于组合发散是把发散点与这种事物结合起来,形成一个新事物;而用途发散是用发散点来代替这种事物,从而发现发散点的新功能。例如,以钥匙为发散点,随机想到的一种事物是手电筒,按照组合发散的思维方式,两者就能结合形成新的事物——带手电筒的钥匙;按照用途发散的思维方式,由手电筒联想到,钥匙是否具有一种新功能,钥匙能否当手电筒用。

【小训练】

1.以眼镜为发散点,按照组合发散的思维方式,看能够产生哪些新事物(至少10种)。其中,哪些比较有创意？

2.以杯子为发散点,按照组合发散的思维方式,看能够产生哪些新事物(至少10种)。其中,哪些比较有创意？

(六)方法发散

方法发散是以人们解决问题或制造物品的某种方法为扩散点,设想出利用该种方法的各种可能性。例如,说出用"吹"的方法能做的事或解决的问题:吹气球、吹口哨、吹笛子……这是一种方法发散思考。方法发散是人们创新创意能力中的一项重要素质。平时,人们要多掌握一些前人在解决问题过程中积累下来的成功方法和技术,并能把这些方法辐射出去,用到新领域、新事物上去,从而大大地提高我们的创新创意能力。

案例 5-1

家庭主妇的创新

日本有一厂家生产瓶装味精,质量好,瓶内盖上有个孔,顾客使用时只需甩几下,很方便。可是销量一直徘徊不前。全体职工费尽心思,销量还是不能令人满意。后来,一位家庭主妇提了条小建议。厂方采纳后,不费吹灰之力便使销售量提高了近 1/4。那位主妇的小建议是:在味精瓶的内盖上多钻一个孔。由于一般顾客放味精时只是大致甩个两三下,四个孔时是这样甩,五个孔时也是这样甩,结果在不知不觉中多用了近 25%。

这个案例是根据使用味精时甩的动作而想到的,把四个孔的内盖变成了五个孔。

【小训练】

1.用"吹"的方法可以办哪些事情或解决哪些问题(至少 10 种)?

2.用"吸"的方法可以办哪些事情或解决哪些问题(至少 10 种)?

(七)因果发散

因果发散是以某事物发展的结果和起因为扩散点,设想出该事物出现的原因或该事物可能产生的结果。例如,发现地上有一摊水,推测造成地上有水的各种可能的原因;发现地上有一摊水,猜测这摊水会造成什么样的后果。这就是因果发散。

具体来说,因果发散包括原因发散和后果发散。原因发散是以某事物发展的结果为发散点,推测造成此结果的各种可能的原因。如尽可能多地说出玻璃杯破碎的各种可能原因。答案如下:落地摔碎、被汽车轧碎、开水冲进杯子时炸碎、杯子结冰胀碎、被火烧裂、被子弹击碎等。后果发散是以某事物的起因为发散点,推测可能发生的各种结果。如尽可能多地说出拉上开关后可能发生的各种结果。答案如下:灯不亮、灯亮、灯亮了马上灭掉、灯泡冒出白烟、灯泡爆炸、保险丝断、电线起火等。

人们在进行科学研究时,经常会碰到认识事物因果关系的问题。因此,进行因果发散思考训练,有助于培养我们的科研素质,去发现、认识事物的内在规律。

【小训练】

1.请尽可能多地说出玻璃杯破碎后造成的各种可能结果。

2.你打羽毛球的时候,忽然球拍断了,请分析出现这种情况的原因有哪些,后果有哪些。

(八)关系发散

关系发散是从某一对象出发,尽可能多地设想它与其他对象之间的关系。

例如,每个人都可以从自我出发,想出自己与其他社会成员之间的关系,除了日常的一些基本关系之外,每个人还可能是听者(相对于演讲者)、观者(相对于哑剧表演者)、读者(相对于图书管理员和书商)、选民(在选举活动中)……确定事物之间可能的关系发散有以下两种方式。第一种是从某一事物出发,尽可能设想出与其他事物的各种关系。例如,"你是谁?"你是你父母的女儿,你是某高校某系某班的学生,你是女生,你是舞者等。尽可能多地说出你与社会各方面及各种人物之间的关系。第二种是给出两个事物,请说出这两个事物之间的各种关系。例如,父亲和儿子之间可能有什么样的关系?答案有:父子关系、医患关系、师生关系、同事关系、上下级关系、原告和被告的关系、游戏伙伴的关系、谋害者和被害人的关系、病人和护士的关系、营业员和顾客的关系等。

【小训练】

1.说说你是谁。

2.猫和狗有哪些关系?

二、转换视角训练

一位学者说过：你在做事时如果只有一个主意，这个主意往往是最危险的。我们同样有理由认为，你在思考时如果只有一个视角，这个视角也是最容易引人进入歧途的。请看图 5-2，你看到的是人脸还是杯子？

图 5-2　是脸还是杯子

🧑 **案例** 5-2

让写满字的白纸开出花朵

上课铃声响过后，我正襟危坐，满是敬仰，甚至有些诚惶诚恐地等待着老师。老师终于走了进来，那是一位头发花白，精神矍铄的老教授。教授登上讲台后，什么也没说，自顾自地将一张白纸粘贴到黑板上。然后教授转身扫视了一下同学，进行了自我介绍，然后说："现在，轮到我来认识你们了，你们每个人上来，将自己的名字写在这张白纸上。我这里有一盒彩笔，有很多种颜色，随意挑选着用……"

教授和蔼的声音让课堂活跃起来。同学们按次序一个一个走上讲台，写着自己的名字……很快，黑板上的那张白纸就斑斓起来，写到最后，已经没有空白了。所有同学都写完后，教授问道："谁能够在这张纸上画一幅画啊？画什么都可以，一只小猫，一棵树，或者一朵花……"

同学们面面相觑，没有人站起来。教授开始逐一地问每个同学："为什么不上

147

来画呢?"得到的回答非常统一:"已经没有空间,画不了了。"教授没再说什么,只是取下了黑板上的纸,然后伏在讲台上挥毫起来。少顷,当他将纸重新粘贴到黑板上时,一朵娇艳的花已经开在上面,原来,教授把纸翻了过来,用纸的另一面作画。

"不要只看到纸的一面,只要用心,就永远可以发现机会。"教授的话一直响到今天。翻过来是绝境逢生;翻过来是山重水复的柳暗花明;翻过山坡,山坡的背面竟然鲜花灿烂……

写满字的白纸上怎样开出花朵?将白纸轻轻一翻,多少人都可以做到,却鲜有人能够想到。只有用心,才能够拥有馨香芬芳……

有时阻挡我们前进脚步的不是命运或其他人,恰是我们自己的固有思维。不妨换一种角度,换一种心情,也许就会换一种生活,换一种命运。

不拘泥于条条框框,当你敢于打破常规、变换思维时,你会发现,荒芜凄凉的沙漠中也有令人惊喜的绿洲。发散思维就是用不寻常的视角去观察寻常的事物,让事物显示出某种不寻常的性质。而这不寻常的性质,有时候并非事物新产生的性质,而是一直存在于其中,只不过人们以前从未发现罢了。改变视角能够产生创意,但改变视角并不是一件容易的事。为了增强改变视角的能力,可以进行转换视角的训练。

(一)定性泛化的综合训练

人们思考时总爱在脑子里给事物下一个定性的判断,并以此来表明我们对它的基本态度。如果对某个事物或现象,我们能通过"肯定"和"否定"两种视角进行思考,那就会避免偏颇,发现其中不为人知的新东西,提高创新创意思维能力。

【肯定视角训练】

请用"肯定视角"思考下列事物和观点,就是找出它们的好处和积极因素,找出的因素越多、越新奇越好:

世界性经济不景气;产品的市场占有率逐年降低;自己刚配好的一副眼镜摔碎了;在车上丢了100元钱;工厂发生火灾;自己期末考试三门课程不及格。

【否定视角训练】

请用"否定视角"思考下列事物和观点,就是找出它们的坏处和消极因素,找出的因素越多、越新奇越好:

我考上大学了;父亲的工资增加了一倍;天下太平,盗贼绝迹;衣服价格降低;抽奖得了一辆自行车;久病得愈;爸爸从处长升为局长;多劳多得。

【否定视角与肯定视角互换训练】

请用"否定"和"肯定"两种视角,思考下列事物和观点,找出它们的好处和坏处、积极因素和消极因素,找出的因素越多、越新奇越好:

全球性气候变暖;废除死刑;全国普降大雨;获得一种魔力,想要什么就有什么;各级领导干部由抽签产生;人长生不老;衣服不会脏;国家放开二胎政策。

案例 5-3

老太太和两女儿

一位老太太有两个女儿,大女儿嫁给一个卖雨伞的,二女婿则靠卖草帽为生。

一到天晴,老太太就唉声叹气,说:"大女婿的雨伞不好卖,大女儿的日子不好过了。"可一到雨天,她又想起了二女儿:"又没人买草帽了。"所以,无论晴天还是雨天,她总是不开心。

一位邻居觉得好笑,便对她说:"下雨天你想想大女儿的伞好卖了,晴天你就去想二女儿的草帽生意不错,这样想,你不就天天高兴了吗?"老太太听了邻居的话,天天脸上都有了笑容。

"月有阴晴圆缺,人有悲欢离合,此事古难全。"世事总是难以两全其美,任何事物都可以从多个角度去看,找到对自己最有利的角度。

(二)主体泛化的综合训练

我们总是习惯以自我为中心去观察和思考外界的事物,并以自己的标准来衡量和评价好坏优劣。这并没有错,唯一的问题是我们应该时刻提醒自己:别人与我不完全相同。然而真正认识到这一点并不容易。

"自我视角"中的"自我"包括个人、团体、民族和人类四个层次,即从"个人自我"到"团体自我",从"团体自我"到"民族自我",从"民族自我"到"人类自我"。"团体自我"指团体内的个人都以本团体为中心,以其独特的眼光来观察和理解其他团体乃至整个外部世界。"民族自我"指民族中的个人都是用本民族的独特眼光来观察和理解其他民族和整个世界的。同样,"人类自我"指人类总是习惯按照人类自身的标准来界定得失祸福。

从创新思维来说,首先,自我视角会使眼界狭窄,不利于创新思维,应多进行训练,力求超越自我,充分发挥思维主体的视角转化功能,学会从非我观察和思考事物。其次,自我视角的反照能够促进创意的产生,即用非我视角来观察和思考自身。

非我视角可以使人理解其他的人、团体和民族的观点及行为也同样具有某种程度的合理性,但从非我视角来思考问题十分困难。它既需要训练,也需要经验和见识的积累。

用"自我视角"和"非我视角",思考下列关于个人方面的事物和观点,要特别注意其中的合理性和不合理性:烟酒不是毒品;吃生大蒜;少数服从多数;逆境出人才。

第二节　逆向思维训练

逆向思维也叫求异思维,它是指对那些习以为常的、似乎已成定论的观点或事物进行反向思考的一种思维方式。也就是说,逆向思维是让思维向对立面的方向发展,从问题的相反方向进行深入的探索。人们总是习惯于顺着事物发展的正方向去思考问题,并寻找解决问题的办法。其实,对于某些问题,尤其是一些特殊问题,从结论往前推(也就是倒过来思考),从求解回到已知条件,或许会使问题简单化(图5-3)。具体来说,逆向思维可以从以下几个方面进行训练。

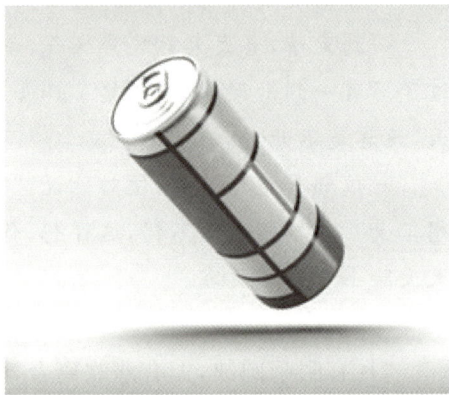

图 5-3　逆向思维图

一、作用颠倒

任何事物都能起各种各样的作用。一个事物对另一个事物来说,既可以起正作用也可以起反作用。就事物对人的利害关系来说,既有有利作用,也有不利作用。人们通过采取一定的措施能够改变事物所起的作用,其中也包括能够通过使事物某方面的性质、特点发生改变,起到同原有作用正好相反的作用,比如使事物对人不利的作用变为对人有利的作用。基于这样的事理,如果我们对事物的某种作用进行逆向思维,就有可能想出更好利用该事物或与该事物相关的新设想、新主意来。

案例 5-4

小偷变防盗专家

各地的警察局在抓到了盗窃汽车的惯犯以后,一般都是采取将他们囚禁起来的办法,不让他们的偷车技术再发挥作用。国外某地警察局,有一次抓到了一个专门偷汽车的大盗,据介绍,此人 18 岁开始偷汽车,一般的高级汽车,最多只需一分钟就能偷走,他偷过的汽车总价值在 5 亿元以上。他已因盗窃汽车坐过 11 年牢。对于这么一个人,警察局长觉得,让他的"高超""精湛"的偷车技术闲而不用,"未免可惜"。经过一番深思熟虑,这位警察局长想出了一个发挥其偷车特长的方法,聘请他任该局的汽车防盗技术指导员,并且成立了一个技术小组,专门研制汽车的防盗设备。

果然,经过他的指导研制出来的汽车防盗设备质量特别好,效能特别高。这位警察局长通过"倒过来想问题"的逆向思维,想出来的这个"用其所长"的办法,不仅对防止汽车被盗、维护社会治安起到了重要作用,还卓有成效地使一个惯偷终于"改造"成了能将其技术服务于社会的守法公民和防盗专家。

图 5-4　小偷变防盗专家

【小训练】

网络是当今社会不可缺少的,就如同空气一般。请问网络对人们来说有哪些有利作用和不利作用?对于不利作用,如何将其变为有利的?

二、方式颠倒

事物都有自己起作用的方式,它也是事物的一种基本属性。此方式发生变化,事物的性质、特点和作用也会随之变化。我们如果从某种需要出发,采取一定的措施,使某一事物起作用的方式有所颠倒,那就可能会引起该事物的性质、特点或功能相应地产生符合人们需要的某种改变。基于事物同其起作用的方式之间的这种客观存在的关系,我们可以进行创新思考,也可以就事物起作用的方式倒过来想。

案例 5-5

"钻地"火箭

火箭本来是以"往上发射"的方式起作用,苏联工程师米海伊尔却反其道而行终于于 1968 年设计、研制成功了"往下发射"的钻井火箭。后来他在此基础上与人合作,又研制出了钻冰层火箭、穿岩石火箭等。人们把这些向下发射的火箭统称为钻地火箭。这些钻地火箭的重量,只有起同样作用的钻地机械重量的 1/17,能耗可减少 2/3,效率能提高 5~8 倍。钻地火箭的发明引起了一场"钻地手段"的革命。

原来的破冰船起作用的方式都是由上向下压,后来科学家倒过来想,研制出了潜水破冰船。这种破冰船将"由上向下压"改为"从下往上顶",既提高了破冰效率,又减少了动力消耗。

创新创意故事

一则电视广告

20 世纪 80 年代中期,日本五十铃汽车公司在美国推出了一则轰动一时的电视广告,由滑稽艺人大卫·里特饰演一个名叫五十铃约瑟的吹牛皮大王。

镜头一:里特说:"五十铃房车被权威汽车杂志评为汽车大王。"字幕打出一行醒目的字:他在说谎!

镜头二:里特说:"五十铃房车最高时速可达 300 英里。"字幕打出:他在说谎!

镜头三:里特说:"五十铃房车经销商非富即贵,因此,他们把它贱卖,只售美金 9 元整!"字幕打出:他在说谎!

镜头四：里特说："假如你明天来看看五十铃的话，你可得到一栋房子作为赠品。"字幕打出：他在说谎！

镜头五：里特说："我绝不会说谎，绝不是吹牛皮的人。"字幕仍打出：他在说谎！

这则广告推出后，轰动一时，获得消费者及权威的《广告时代》周刊的一致好评，为五十铃在美国的销售带来了前所未有的效果，后来还被评为 20 世纪 80 年代美国经典广告创意之一。这就是所谓"方式颠倒"的逆向思维。美国实业巨子艾科卡曾经说过一句耐人寻味的话："表扬某个人，用公文；批评某个人，用电话。"这话道出了批评更要尊重人的深刻道理。而上面的广告之所以能产生如此出其不意的效果，则是因为它与一般广告所运用的思维方式不同。一般广告都赞扬自己的产品，而这则广告却反其道而行之，故意说自己在说谎。因而给消费者一种耳目一新的感觉，反倒觉得这种产品更可靠了。于是，出奇制胜的效果也就这样产生了。

实际上，这种广告创意手法在国内外极少使用，因为客户一般难以忍受自己的产品被如此夸张地取笑，受众的接受程度事先也很难预测；尤其是涉及轿车之类高品质、高科技产品，广告创作人员更不敢冒此风险。所以，称其为 99.9% 之外的广告创意法则。问题是：当你在常规思维创意上实在是黔驴技穷时，不妨在慎思之后，偶尔择用这一手法，也许更能达到出其不意、出奇制胜的效果。

俗话说"忠言逆耳利于行"。殊不知有时候反其道而更利于行，我们可以来个方式颠倒，变"忠言逆耳利于行"为"忠言悦耳利于行"。这样更能使被批评者接受，不但没有伤害员工的情绪，相反使员工乐于接受，更增强了企业的凝聚力。

【小训练】

我们平时洗脸的时候，一般会打开水龙头，水从水龙头中流下来，我们手捧着水洗脸，或者用洗脸盆接点水洗脸。请问，关于水的流向能有什么创新吗？

三、过程颠倒

事物起作用的过程具有确定的、显著的方向性。过程颠倒作为一种逆向思维的创新思考方法是指事物起作用的过程一旦方向有所颠倒，人们对它的认识和态度便有可能改变。所以，如果有意识地就事物起作用的过程从相反的方向思考，便有可能从中引发新的设想。

案例 5-6

动与静的艺术

在电影院里看电影,历来都是银幕上的画面动,观众坐着不动。看地铁电影、隧道电影则刚好倒过来,画面不动,人动。这是怎么一回事?这是把画面画在地铁、隧道的壁上,同时像电影胶片那样,每个动作都画 24 幅。如果列车以每小时 70 公里的速度运行,那就正好相当于一般电影一秒钟换 30 幅画面,再配上壁画顶部的灯光和车厢里的音响设备,人坐在车厢里看壁画,也就如同坐在电影院里看电影一样了。乘客坐车经过日本津轻海峡的隧道,就能从窗外欣赏到引人入胜的隧道电影。据报道,现在,柏林、伦敦、巴黎等西方的许多大城市都已在积极筹建地铁电影。

在某一创新问题的思考过程中,如果有意识地就事物起作用的过程从相反的方向思考,便有可能从中引发新的设想。德拉汉姆的"坎路生产方式"新设想正是有意识地运用逆向思维中的过程颠倒方法而萌生的。

创新创意故事

"坎路生产方式"的汽车生产线

1984 年,瑞典坎路汽车公司所生产的 T 型汽车市场需求量急剧增长,供不应求,主要原因是工人手工组装汽车的生产方式落后。总经理德拉汉姆格外着急。有一次,他去一家肉食品公司参观,发现该公司的屠宰场是由一条条先进的生产线组成的,只见牲畜被送进去,经过流水线,被制成一块块、一包包肉食产品。整个过程只需要十几分钟。他深深地被这一场景所吸引,心里问自己:能不能把屠宰场的这种生产方式运用于汽车生产呢?汽车生产的过程和牲畜被屠宰的过程相仿,能否将汽车的零部件送进去经过流水线后就组装成一部汽车呢?于是,就按照这种设想,他从欧洲各国请来了设计高手,与本公司的专家共同研究,经过一次次试验,终于研制出了被称为"坎路生产方式"的汽车生产线,大大提高生产率,很快在全球范围内掀起了一场全新生产方式的革命,各种工业生产都先后从"坎路生产方式"中得到了启发或借鉴。

事物起作用的过程具有确定的、显著的方向性。当事物的发展过程发生了方向颠倒的重大改变后,人们对它的认识和态度也会随之做相应调整。

【小训练】生活中有哪些运用过程颠倒的例子？

四、位置颠倒

位置颠倒是指从原有事物的相反位置去寻求解决问题新途径的思维方法。两个(以及多个)事物之间在空间上总是保持着一定的位置关系,或两两相对,或一前一后,或一上一下,或一左一右……从甲所处的位置看乙与甲的关系,从乙所处的位置看甲,以及看甲与乙的关系,得出的认识往往不同。在创新思考过程中,将事物之间的位置关系倒过来思考,也有可能产生新的看法和设想。

自从冰箱问世以来很长一段时间,冷冻室一直在冰箱的上半部分。人们认为这样的设计是合理的。因为冷空气比重较大,它会自动地从上向下流动,所以将冷冻室放在冰箱的上半部分有利于对冷空气的利用。但是它又带来一个新的问题:冰箱的上半部分,人们取食物不必弯腰,是人们使用冰箱最方便的高度。一般家庭开启冷藏室的次数远远多于冷冻室。从这个角度看,将冷冻室放置在冰箱的上半部分并不理想。

日本夏普公司的科研人员对此反过来想,认为可以将冷冻室和冷藏室的位置上下调换,只要能把下面冷冻室的冷空气提升到冰箱上半部分的冷藏室即可。沿着这样的思路,他们很快就想出了解决问题的办法:在冰箱内安装风扇和一些通风管道,通过它们将下面冷冻室的冷空气提升到上面的冷藏室。就这样,市场上便出现了冷藏室在上半部分的新型冰箱。

沿着位置颠倒的思路,不仅可以改进原有产品,还可以改善领导管理工作。在美国的一个中学,每当有学生违反校规,校长就把这个学生叫到校长办公室,让他坐在自己的椅子上,校长则坐在来访者的椅子上,然后才开始交谈。这位校长介绍说,学生处在学校负责人的位置上能更好地考虑和认识自己所犯的错误。

例如,在传统的动物园里,动物是关在笼子里的。动物在狭小的天地里,渐渐失去了野性。人们看到的是笼子里的异化了的无精打采的动物,而不是自然界里活生生的充满野性的动物。于是,将传统的观点进行逆向思维便建造了野生动物园。在野生动物园里观赏动物的人与动物恰好对调了位置,在野生动物园里好像不是人在观赏动物,而是动物在观赏人。一个新的思路,产生了一种新的观赏方式,改变了传统的动物园模式,解决了动物被异化的问题,使人们能观赏到自然状态的动物,于是野生动物园应运而生。英国的蒙哥马利将军在第二次世界大战中,每当战斗开始,他总是要把敌军统帅的照片放在自己的办公桌上。他说,他看着对手的照片就会经常问自己:如果我处在他的位置上,现在我会做什么？ 他认为这对他做到知己知彼大有好处。国外有的城市规定,肇事司机必须到医院去当护士,负责照顾被他所伤的病人。作出这一规定的目的在于,让司机通过照顾伤员体会被汽车撞伤的痛苦,从而更好地从自身总结教训,以便更有效地防止事故的再发生。据介绍,这一做法收到了较好的效果。

以上几个事例表明,在一些问题上,可以通过将事物的位置或方向倒过来而想出解决问题的新办法来。

创新创意故事

在锅盖里安装电炉丝

日本有一位家庭主妇,煎鱼时对鱼总是会粘在锅上感到很恼火。煎好的鱼常常东缺一块、西烂一片,令人见了大倒胃口。她经过仔细观察,发现这是由于锅底加热后,鱼油滴在热锅底上造成的。有一天,她在煎鱼时突然产生了一个"倒过来想"的念头:能不能不在锅的下面加热,而在锅的上面加热呢?这一念头,使她先后尝试了好几种从上面烧火,把鱼放在下面的做法,效果都不理想。最后她想到了"在锅盖里安装电炉丝"这么一个从上面加热的办法,终于制成了令人满意的"煎鱼不粘锅"。这种锅不仅能使鱼不至煎煳、煎烂,而且还能既不冒烟又省油。

五、观点颠倒

理论观点是人主观意识的产物,但它们归根到底都是客观事物及其规律在人们头脑中的反映。既然我们可以对客观事物进行逆向思维,那么对思想观点自然也可以,也就是将一种观点从相反的方向思考,以便从中获得新的认识,形成新的见解。这就是所谓的观点颠倒。许多理论观点通过逆向思维而有所创新的事例表明:观点颠倒也是理论、知识创新的一种重要的思考方法,在生活和工作中有重要的应用。

创新创业故事

混 纺 线

日本一家人造丝织品公司曾从美国杜邦公司获得了尼龙和涤纶的垄断权,很容易地发了一笔大财。后来,由于化纤制品声誉日渐下降,该公司不得不一再减产,企业出现了严重的危机。正当此时,这家公司的一位班长发现,所有丝织行业都是将5根纱纺成1根线,为了提高质量,都在想方设法地让这5根纱粗细均匀。

经过研究他一反常态地打破了这种传统观点,大胆地提出了自己的设想:有意识地将粗细不匀的线混纺在一起,岂不是一条更好的新路子吗?

于是,他将这种设想作为一项提案送到了公司高级管理层,立刻引起了公司的高度重视,公司立即组织有关人员研制开发。而此时社会上出现了喜欢穿表面粗糙而手感松软的衣服的潮流。要制成这种面料,就必须加入30%像被虫蛀过一样的粗细结合的混纺线,而这种混纺线正是公司开发而且已获得专利的实用新型产品。该公司由于垄断了这种产品,再次获得了巨大的利益,化解了企业的危机。

最初,面对断臂的女神维纳斯雕像,人们都感到莫大的遗憾。不少艺术家还曾多次为她做过重塑双臂的尝试,但都失败了。于是,艺术家们纷纷从中悟出了一个"倒过来想"的观点:在一定条件下,某种不完整、不对称的"缺陷",也可以是一种美。近年来,人们在街头巷尾会惊奇地发现,竟然有不少男男女女,身穿"破破烂烂,千疮百孔"的"叫花子服",洋洋自得地"招摇过市"。这种时髦的现代乞丐服,正是服装设计师们按照观点颠倒的"缺陷美"审美观设计出来的。上述例子中的日本公司也是凭借对传统观点的颠倒获得了新生。

【小训练】生活中还有哪些体现观点颠倒的案例?

创意故事

广东菜农的无翼飞机

广东农民陈建平经过多年观察,发现用手推车装载重物下坡时,人若在后面推车,车子很容易失控或撞地侧翻;但若在前面牵拉,只要人跑的速度比车子稍快,花很少的力气就可以让车子平稳前进。一个念头闪电般掠过他的脑际——车子的平衡和飞机的飞行控制不是类似的吗?这个灵感促使陈建平进行多方求证,积累相关资料及学习研究现代航空理论和技术。终于,一种前导式无翼飞机的构思在他脑中逐渐形成了。据介绍,无翼飞机的主要特征是:飞机的首端设置了前导螺旋桨,使其轴向能在正前方一定角度范围内多向操纵转动,产生的力对飞机飞行方向起主导作用,配合平衡扇或稍改变两个主推力螺旋桨的平行角度,就可以达到飞机的全方位操纵。你说飞机不能少翅膀,我偏说飞机少了翅膀也照样能飞,这便是典型的观点逆向法。

观点逆向法是指对作为反映客观事物的有关观点也可以进行反观,将观点进行反向思考,会给我们带来新的启示。无数创新实例表明,观点逆向法是创新的一种重要思考方法。它告诉我们对作为反映客观事物的思想观点也可以倒过来想,从中有望获得新的东西。生活中不仅会有常规情况,也会有非常规情况,非常规情况只能用非常规的办法来解决。而观点逆向作为逆向思维的一种方法,常常能提供特殊的解题途径。

第三节　联想思维素质训练

一、联想思维

联想思维是指人脑记忆表象系统中,由于某种诱因导致不同表象之间发生联系的一种没有固定思维方向的自由思维活动,一般是看到一种事物或事件的表象或动作而想到其他事物或事件的表象或动作的心理过程(图 5-5)。

日本创造学家高桥浩曾说过:联想是打开沉睡在头脑深处记忆的最简便、最适宜的钥匙。

联想是开发创新创意能力的翅膀,通过联想,可以发现无生命物体的象征意

图 5-5　联想思维

义,可以寻到抽象概念的具体体现,从而使信息具有更强的刺激性和冲击性,可以使人的认识大大超越时间、空间等具体条件的限制,极大地丰富人们的精神世界,成为推动人类社会进步的精神动力。平时积累知识越多经验越丰富的人,一般他的联想力就越强,联想的范围也就越广。丰富的知识储备使人容易从一种事物联想到另一种事物,容易在相似、递进、对比和相关的事物间展开联想,但这种联想常常摆脱不了逻辑和理性的束缚。在现有知识和经验的基础上训练活跃的联想能力,会产生许多意想不到的创意设想。

158

🔷 创新创意故事

一孔值万金

美国一家制糖公司每次向南美洲运方糖时都因方糖受潮而遭受巨大的损失。结果有一个人考虑,既然方糖如此用蜡密封还会受潮,不如用小针戳一个小孔使之通风,经试验,果然取得意想不到的效果,他申请了专利。据媒体报道,该专利的转让费高达 100 万美元。

日本一位 K 先生听说戳小孔也算发明,于是也用针东戳西戳埋头研究,希望也能戳出个发明来。结果,他发现在打火机的火芯盖上钻个小孔,可以使打火机灌一次油使用期由原来使用 10 天变成 50 天。发明终于被他"戳"出来了。

还可以在哪里戳孔呢? 日本盛行一时的"香扣子",就是因为有人发现在衣扣上戳个小洞注入香水,香水不但不易消失,而且"永远"香味扑鼻。

此案例中,在美国制糖公司戳小孔获专利之后,日本人从另外的角度利用针孔搞发明运用的就是联想思维。

二、联想思维的训练方法

(一)直接类推法

有意识地让自己突发奇想,把自己想象成所要解决问题的因素,这个因素可以是人、动物、植物,然后运用知识的迁移来展开联想。例如,可以把自己想象成一个电子表,当电子表运行的时候是什么样的感觉? 没有电的时候,是什么样的感觉? 这种非逻辑的类推强调移情介入,要求个人暂时失去部分自我,而且"失去自我后产生的观念与正常情况差异越大,联想的非逻辑性就越强,从而越富有创意性"。因为自己的原认知能力获得了发展,对自己的思维过程可以调控,故这种离奇性一般不会导致偏激。

(二)强迫冲突法

强迫冲突法就是将两个截然相反的概念联系在一起,想象可能产生的各种奇怪的内涵。例如,破碎的铁片、无情的爱、可怜的富人、冰冷的火焰……两个词的冲突性越大,越会有好的创意被激发出来。

(三)强制型联想

先确定对象,将两组对象组合在一起,说明它们之间的关系。看看你的四周,你所看到的每一件事物都是和其他事物有关联的,即使你一下子还看不出来,但如果仔细研究一下你会发现,无论把哪两个东西放在一起,你都可以在它们之间找到一些更深层或潜在的联系。我们试着把 CD 盒和名片这两件事物联系起来看看,尝试寻找这两种事物间的相似之处,再从这些联系当中想出新的创意。首先思考 CD 盒和名片的特征,它们有以下共同点:都是长方形的,都有许多颜色,都写了字,都反映了持有者的名字甚至个性,都经过精心设计。接着进一步找出它们之间的联系和差异。对于 CD 盒来说,它易碎,可以打开,比名片大些,里面装有歌手及曲目内容的小册子,有条形码,有艺人的照片等。而 CD 本身则有以下特征:圆形,需要音响播放,有光泽,内含录制的歌曲,中间有个孔。名片则拥有以下特征:比 CD 轻薄,更易保存,成本低,可以批量制作用以分发。通过对这些相同与差异之处的了解,我们可以想出名片和 CD 以及 CD 盒应该如何改进。例如,是不是可以把自己的照片或其他人的照片印到名片上?用塑料制作名片?把名片做成一张迷你 CD?让名片可以说话或唱歌?制作一本个人和公司的小册子?加上条形码方便扫描?CD 能否变成可抛弃式的?尺寸再小些?CD 盒的材质是不是可以更有弹性?变得更薄些?

事物之间都是可以相互联系的,只要投入足够的脑力,一定可以在任意两个事物之间建立起联系,获得新的创意。现在,你所要做的就是尝试着去发现身边新的联系。再如,关于人和蚊子的关系,两者目前存在的联系是蚊子叮人,人可以灭蚊。我们可以接着想,人和蚊子的共同点是:都会传染疾病,夏天都喜欢有水的地方。也就是说人和蚊子是敌人,但也有共同点,有共同的"爱好"。

【小训练】

1.假如你现在正在电梯里,突然电梯失控,先迅速升到顶层,紧接着坠向底层,瞬间你可能会涌现出哪些可怕的联想?

2.把自己想成投入洗衣机中的衣服,联想整个洗衣过程,你有什么样的感觉?

3.当你看到高速公路上风驰电掣的汽车时,你可能会联想到哪些与此截然相反的事物?

4.把钟和西瓜进行联系,分别找到两种事物的特点,以及两种事物的相似点和差异点,看是否会产生好的创意。也可以试着将周围看到的任何两种事物进行联系,看是否能产生好的创意。

第四节　想象思维素质训练

一、想象思维

通过想象,人们可以从现在回溯远古时代,又可以从远古时代来到遥远的未来;可以在想象中飞离地球,进入银河系中的任何一个星球,通过想象我们甚至可以进入某种完全梦幻般的意境。想象是提出问题和解决问题的形象化,又是思维中的各种因素辩证联系的真实写照。

钱学森曾说过,人的创造性思维过程绝不是单纯的抽象思维,总要有点形象思维,甚至要有灵感思维。因此,离开抽象思维或形象思维,就没有创造性思维。

创新创意故事

精彩夺目的"眼睛"

山东有位科技个体户,乘车时突发奇想,两辆汽车夜行开大灯对射易出危险,能不能让车灯"眨眼睛"? 这对整个国际汽车制造业而言都是一种创新。日本公司曾经发明了一种手动的"车灯眼皮",当对面来车时,拨一下转动杆,"眼皮"半合,减小亮度。

于是,他设计了一个电筒式的玩意,前端是一个光敏元器件,后面是一套复杂的调压线路。两车交汇时,光敏元器件测到对面车灯时就指示自己的灯减压减光,温柔地让对方通行。对方也如此办理,两车错过,再自动亮起精彩夺目的"眼睛"。这个小玩意儿成本才三十几元,效果不说自明。因此,在 1986 年深圳举办的出口工业交易会上,它大爆冷门,一技压群芳,夺得了 2000 万元的订单。

上述案例的成功便源于大胆的想象。在创新思维的过程中,少不了想象这种思维因素,它是一种能驰骋于宇宙的自由思维活动。

案例 5-7

投篮心理意象实验

心理学家希尔进行了有名的投篮心理意象实验。这项实验是针对学生的运动成绩进行的,实验者将受试者分为三组。

第一组学生在 20 天内每天练习实际投篮 20 分钟,并把第一天和最后一天的成绩记录下来。

第二组学生记录下第一天和最后一天的成绩,但在此期间不做任何练习。

第三组学生记录下第一天的成绩,然后每天花 20 分钟做想象中的投篮,如果投篮不中时,他们便在想象中做出相应的纠正(图 5-6)。

图 5-6 投 篮

实验结果可能把你吓一跳:第一组学生命中率增加 24%;第二组学生因为没有经过练习,毫无进步;第三组学生每天通过想象练习投篮,命中率增加 26%。

想象思维是创新思维的基础。新成果、新东西的产生只有借助于想象思维的开展才有可能实现。就好像工程师要建楼,没有图纸就不知道怎样下手。我们要有目的地进行创新活动,就好像在头脑里画好这样一张图:先把头脑中已有的记忆表象调动出来,再运用自己的想象,选择、加工,最终图画好了,我们所需要的结果就清晰地呈现在脑海里了,创新的目的就达到了。从其性质来看,想象思维存在着不同的层次,大致可分为直觉想象、形象想象、抽象想象三种基本形式。

二、想象思维形式

(一)直觉想象

直觉想象是受经验或实物诱发的一种下意识的意象,其想象的目的是把人的各种行为(喜、怒、哀、乐)与经验范围内的事物联系起来,并对生活中的某些现象发生的原因作出说明或解释。原始人类的想象,大多属于这种情形。他们在反映周围世界时常采用摹写、幻化两种手段:通过摹写以把握事物的外部特征、功用及该事物与其他事物之间的关系;通过幻化,把自己的生命、力量、情感、意志和智慧赋予被反映的对象。他们通过幻想,经常赋予非人的事物以人的品质、气质和人的性格。结果,在原始人的心目中,各种事物似乎都有善良与丑恶、勇敢与怯懦、刚强与软弱、温顺与暴躁、聪明与愚笨、敏捷与迟钝的区别。当然,这样的直觉想象,往往会导致现实关系的颠倒。在现代人中,直觉思维是在已经建立现代生活经验或事物的直接感知的基础上,由原始直觉想象发展而成的高级形式,虽然这种直觉想象也有荒唐的时候,但更多的时候是进行科学创意的重要形式。

(二)形象想象

形象想象是直觉想象的深化和发展。它不完全是凭借直觉来进行想象,而是由形象的观念和典型来进行想象。因此,这种想象形成的新的形象典型,往往会以凝聚的形式,最深刻地反映出一类事物的本质。它来自现实并高于现实。

(三)抽象想象

抽象想象从对事物内在本质的了解出发,将事物的内在结构进行组合,形成一个整体,并以某种近似实物的图形或网络呈现在人们眼前。抽象想象是形象想象发展的新成果。

案例 5-8

胰岛素的发现

1923 年的诺贝尔医学奖颁给了加拿大医生班廷和麦克劳德,理由是他们共同发现了能控制糖尿病的胰岛素。这个发现源于班廷的一个想象。他在研究中发现糖尿病患者的腺暗点比正常人要小得多,于是他就想,这会不会是患者体内糖分成倍增长形成糖尿的原因呢？

以此为切入点，班廷展开了研究，证实了胰岛素对糖尿病的治疗作用，最终在麦克劳德的帮助下使胰岛素的提取实现了工业化。

案例 5-9

关于原子结构的研究

关于原子结构的研究，出现过多种想象的模型，例如，1898年汤姆逊提出的"西瓜"模型、1903年勒纳提出的"配偶"模型、1909年卢瑟福提出的"太阳系"模型等。这种想象的模型，既形象又深刻，往往能揭示或反映事物的内在本质。"太阳系"模型至今还是描述原子结构的理想模型（图5-7）。

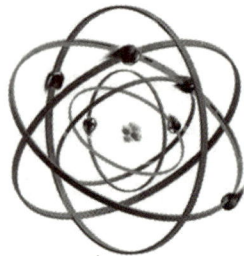

图 5-7　原子结构模型

直觉想象、形象想象、抽象想象三者是递进的关系，直觉想象是形象想象的前提，形象想象又是抽象想象的前提。随着从直觉想象到抽象想象的不断递进，想象的结果越脱离实际，越高于现实，创新的可能性也就越大。当然不论是直觉想象，还是形象想象，抑或是抽象想象，从想象发端和结果来看，它们都要受某种逻辑关系的约束。比如，人们从鸟在天空中自由飞翔而想到人也可以飞上天空等。然而，想象一经发生，它就很快成熟起来并独立行事，因而总想摆脱逻辑思维的限制。

一般来说，具有丰富知识经验的人更易于产生新颖的想象和独到的见解。然而很多学生在有意无意之间，会把对真理的探索学习变成对分数的片面追求，缺少思维自由发挥和想象的空间，对许多学科知识的掌握反倒禁锢了学生的思维。那么大学生怎样才能把掌握的多学科知识变成有利于创意的优势呢？想象思维正是依赖对知识的整合加工，使智力活动驰骋于整个认识空间，这是一种横向复合性思维。

三、想象思维的专项训练

（一）图形想象

（1）图形意义想象，即给出一个图形，尽可能想象出图形所表示的东西和意义。

例如，尽可能多地写出什么东西与◎图形相像。如：

蚊香、弹簧、漩涡、盘着的大蛇、指纹、妇女头上盘起来的发髻、葱花饼上的细纹、卷尺、码头上卷着的缆绳、盘山公路、唱片上的纹路、小提琴手柄上雕刻的螺旋花纹、卷起来的纸筒截面、草帽顶上的细纹、对数螺线。

【小训练】尽可能多地写出与 S 图形相像的东西。

（2）图形组合想象，即给出几个图形，要求利用这些图形尽可能做不同的组合，并说出组合出来的图形表示的事物和意义。

【小训练】给出两个三角形和两个正方形，做不同的组合，并说明每种组合的含义。

（二）制作想象

给出一些材料，自己设计、制作出有意义的东西；或者根据具体要求，自己选材、设计和制作。

【小训练】

1.给你零碎的布片，请设计和制作出有意义的东西。

2.给你棉签和扣子，请设计和制作出有意义的东西。

（三）假想性推测

"假想性推测"是假设一件一般情况下不可能发生的事情，当这个不可能事件发生后，对产生的后果进行自由想象。一般的思考模式是"假设/如果……将会……"，这是兼具"关系发散"和"因果发散"中由因及果的训练因素。例如，假如人类长生不老世界将会怎么样？人类的生育欲望降低，会间接减少出生率；国外枪支等相关产业丧失市场；人满为患；资源枯竭；环境恶化；人类变异；人类可能会为所欲为，因为不再害怕死亡……

【小训练】

1.假如世界上没有老鼠，将会怎么样？

2.假如恐龙现在还活着，将会怎么样？

3.假如人有 7 根手指，将会怎么样？

4.假如地球的大气突然消失，将会怎么样？

第五节　简化和转化思维训练

一、简化思维训练

哲学中的矛盾观指出任何事物中矛盾是普遍存在的。其中在事物发展过程中处于支配地位、对事物发展起决定作用的矛盾称为主要矛盾;在事物发展过程中处于被支配地位、对事物发展不起决定性作用的矛盾称为次要矛盾。两者相互依赖,相互影响,并在一定条件下相互转化。方法论要求我们办事情要善于抓重点、抓关键、抓中心,但又不忽视一般,统筹兼顾。简化思维正是运用了哲学中这种方法论,重在善于抓重点。

对简化思维,有一个较为有名的法则——"奥卡姆剃刀"。其提出者奥卡姆·威廉有一句著名的格言:"如无必要,勿增实体。"不要把事情看得那么难,那样只会导致自我束缚。许多问题解决起来,既不需要太复杂的过程,也没必要有太多的顾虑,绝妙常常是存在于简单之中的。

简化思维训练的一般思路:当遇到一件需要处理的事情或事物时,要首先分析当前的主要问题或主要矛盾是什么,其他矛盾、因素或问题是否可以不用考虑,如果可以舍弃,解决主要问题最快的方法是什么,从而找到最快速的方法。简化思维是要长期训练的,只有大量的、长期的训练,才能使人在处理问题时迅速发现主要问题,并找到解决问题的最快方法。简化思维对提高工作效率,进行创新有着重要的作用。

【小训练】举例分析简化思维的好处有哪些。

二、转化思维训练

转化思维主要就是学会转换问题。问题转换是指在思考过程中,把不可能解决的问题转换为可以解决的问题,把复杂问题转换为简单问题,或者把自己生疏的问题转换为自己熟悉的问题,从而找到有效解决问题的可行办法。

在天文研究中,要直接考察一个天体演化的全过程是不可能的,天文学家想出了从观察和分析天体的形态着手,以推知天体演化过程的办法。这种将研究"天体在时间长河中的变化",转变为研究"天体的形态变化",从思考方法的角度来看,属于把不可能解决的问题转换为可以解决的问题。

人们熟悉的曹冲称象是将复杂困难问题转化为简单容易问题的一个典型事例。

创新创意故事

曹冲称象

曹冲年少聪明善于观察,到五六岁的时候,知识和判断能力所达到的程度,可以比得上成人。孙权曾经送来一头巨象,曹操想要知道这象的重量,询问他的下属,没人想出称象的办法。曹冲说:"把象安放到大船上,在水面所达到的地方做上记号,再让船装载其他东西,待船下沉到做了记号的位置,称一下这些东西,就能知道结果了。"曹操听了很高兴,马上照这个办法做了。

图 5-8　曹冲称象

【小训练】

春天是放风筝的好季节,可是你在公园放风筝的时候,由于技术不太好,风筝掉到树上了,你根本够不着,怎么办?

❓本章思考题

1.怎样才能达到降温的目的?

2.利用组合发散思维,尽可能多地写出书可以同哪些东西组合在一起,形成新的有创意的事物。

3.请用"爱情"和"风筝"进行强制联想,创作一首诗或一段歌词。

4.思维训练题

法国著名女高音歌唱家玛·迪梅普莱有一处美丽的私人园林。每到周末,总会有人到她的园林里摘花、拣蘑菇,有的甚至搭起帐篷在草地上野营野餐,弄得园林一片狼藉,肮脏不堪。管家让人在园林四周围上篱笆,并竖起"私人园林禁止入内"的木牌,却无济于事,园林依然遭到践踏和破坏。

假如你是管家,你会用什么方法来解决保护园林这一难题?

第六章　创新技法

套上镣铐，不可能做出标新立异的发明。

——约里奥-居里

本章概要

通过本章的学习，要求学生认识创新技法，了解创新技法与创新思维的关系，明白创新技法在创造活动、创新过程中的重要意义和作用；掌握常见创新技法原理、方法和步骤，并会运用创新技法创新性地解决实际问题。

教学要点

1.创新技法的定义、特点及分类；
2.常用创新技法；
3.TRIZ 理论。

开篇案例

饮料促销奥妙

美国人哈利被誉为促销奇才。他年轻时曾在一家马戏团负责向观众出售饮料。有一年夏天的一次演出，观众不多，购买饮料的人极少。为了多卖出一些饮料，保住"饭碗"，他突然想到一个招揽顾客和推销饮料的办法：他买来带咸味的五香炒花生米，包成若干小包，然后站在马戏团演出场地的入口处高声大叫:"快来观看精彩的马戏表演!今天向每个观众赠送一包又香又脆的花生米!"经他这么一吆喝,人们纷纷买票入场。大家一边开心地观看马戏表演,一边吃着又香又脆的花生米。马戏演出快散场时,哈利的饮料也差不多快卖完了。观众吃了哈利赠送的又香又脆又咸的五香炒花生米,都感到需要喝水,自然也就都要去购买哈利出售的饮料。他想出这一促销妙招运用了迂回思维中的间接创新思维方法。哈利的目的是要向观看马戏表演的观众多销售饮料,可是他没有采取对出售的饮料大肆吹嘘,或折价优惠一类的直接促销的手段,而是用了赠送花生米,让观众吃后纷纷前去购买饮料的间接方法以达到目的。

❓ 思考与讨论

1.结合案例,谈谈创业捷径需不需要创新。请评价本案例中采用的创新方法。

2.请运用创新思维,谈谈你如何向女生推销剃须刀。

第一节　创新技法概述

我国古代哲学家、思想家、道家学派创始人老子有句名言:"授之以鱼,不如授之以渔。"意思是给人鱼吃,只能使人享用一时;不如教人以捕鱼的方法,则能使人终生有鱼享用(图6-1)。因此,在大学生创新创业过程中,创新创业如果有了方法,就可以避免当前大学生创业高出生率、高死亡率的困境,少走弯路,节约时间,更容易获得成功。在日常的生活、学习、工作中,人们进行了大量的创新活动。翻开人类社会发展的历史,你会发现创新是一件非常简单的事情,几乎人人都可以成为发明家,成为创新者。例如,1903年,把世界上第一架载人动力飞机送上天的美国人莱特兄弟未上过大学,发明火车的史蒂文森是一个煤矿的小办事员,发明轮船的美

图6-1　授之以鱼,不如授之以渔

国人富尔顿是一个画匠,发明蒸汽纺纱机的英国人阿克莱特是个理发师,发明蒸汽织布机的卡特莱特是个牧师,发明显微镜的荷兰人列文·胡克是绸布店的售货员,发明发电机的法拉第是书店的装订工,发明电话的格雷厄姆·贝尔是聋哑学校的教师,发明照相机的法国人达盖尔是画家,发明坦克的斯文顿是一名英国记者,发明方便面的吴百福是在日本做生意的中国商人。

由此可以看出,每个人都具有创新的潜力。然而仅有创新的潜力、创新的意识,没有创新的方法,创新就永远只能停留在"点子"阶段。好的创意出现后,需要以某种方法或技巧为先导,经过反复的实践和探索,才能取得创新的成功。因此,那些平凡而伟大的发明家、创新者最大的创新不仅仅是其发明成果,更重要的是他们实现创新的方法。

创新创意故事

"石头汤"的故事

一个风雨交加的夜里,有一个穷人到一个富人家中乞讨。富人家的厨娘命令他立即离开,穷人立刻装出一副可怜的样子,恳求说:"我可不可以在厨房的炉子上烤烤衣服?"厨娘动了恻隐之心,把他放了进来。

烤了一会儿火后,穷人的身体暖和了起来。他对厨娘说:"您能不能把小锅借给我,让我煮些石头汤喝?"石头还能煮汤?厨娘的好奇心顿时被勾了起来。为了看他怎样煮石头汤,厨娘把锅借给了他。穷人马上找了一块石头,放在锅里煮了起来。刚煮了一会儿,又请求说:"麻烦您再给我加点盐好吗?"厨娘又给了他一些盐。接下来,穷人又要来了香菜、薄荷。最后,厨娘还把一些碎肉末放到了汤里。

汤煮好了。穷人把石头从锅里捞出来扔掉,美滋滋地喝起了这锅"石头汤"(图6-2)。

图6-2 "石头汤"的故事

试想如果这个穷人一开始就对厨娘说"行行好,请给我一锅肉汤吧",该会有什么结果呢?

因此,有一个好的点子,找到正确的方法,你才能取得成功。

一、创新技法的定义

不同的人往往采用不同的方法进行创新,同一个人在开展不同的创新活动时也通常运用不同的技巧。这些规范化、程序化、普适化的方法或技巧都属于创新技法。

那么,什么是创新技法呢?从字面上理解,"技法＝技巧＋方法"。创新技法是指创造学家收集大量成功的创造和创新的实例后,研究其获得成功的思路和过程,经过归纳、分析、总结,找出规律和方法以供人们学习、借鉴和仿效。简言之,创新技法就是创造学家根据创新思维的发展规律而总结出来的一些原理、技巧和方法。它是一种人们根据创新原理解决创新问题的创意,是促使创新活动取得成效的具体方法和实施技巧,是创新原理、技巧和方法融会贯通以及具体运用的结果。

在不同的国家,学者又把创新技法称为"创造技法""创新方法""发明技法""创造工程"等。在创新活动中,创新技法起着重要的作用。它可以启发人们的创造性思维,拓展创新思维的深度和广度;它能够缩短创新探索的过程,直接产生创新成果;它还能培养和提高人们的创造力和创新能力,促进创新、创造成果的实现和转化。

二、创新技法的特点

(一)技巧性

技巧属于"方法"的范畴,主要指对一种生活或工作方法的熟练和灵活运用,是一种与学习训练有关的活动。创新技法在运用时需要丰富的经验与技巧等因素的参与。因此,创新技法的掌握需要多实践、多运用、多练习。一般来说,原理是解决问题的基础,方法是解决问题的前提,技巧是解决问题的保证。

(二)应用性

应用性是指创新技法具有一定的引导性和可操作性。创新技法大多数比较具体,不是一般意义上相对模糊、笼统的方法。有步骤、有技巧地运用创新技法,能够有效地引导创新思维进一步深入,也能够把创新理论和创新实践对接,指导实践,从而促使创新思维成果转化。

(三)程序化

尽管创新技法主要运用于创新的过程,不拘泥于以往旧的模式,但是作为一种方法、技巧,必须遵循一定的程序,遵守一定的规则,具有明确的实施步骤。部分从创造发明中提炼出来的方法,具有更加严密的逻辑性。创新技法的程序化主要体现在它是系统化、模式化的思想方法。

(四)多样性

多样性是创新技法的显著特点。在人类创新创造的历程中,不同领域、不同阶段所面对的是不同类型的问题和不同的使用者,相应地有不同的创新技法。而且应用创新技法时必须因人、因地和因时制宜,所以必须以探索的观点来运用创新技法,来了解创新规律并指导创新活动。因此,创新技法的种类越来越丰富,越来越多,有文献称国内外创新学家已总结出千余种创新技法。

三、创新技法的分类

人类发展的历程就是一个不断创新的历程。有发明创新的地方,就有对创新创造活动方法、技巧的总结和发现。创新技法主要从以下几方面进行分类。

(一)按照创新活动的主体划分

1. 个人创新技法

创新活动主体为个人时,即可采用缺点列举法、自由联想法、卡片法等创新技法。

2. 团队创新技法

由两人以上的群体共同进行创新创造活动所能够采用的创新技法,如头脑风暴法、635法、综摄法、TEAM法等。

事实上,各类创新技法在运用过程中并无绝对的界限,是相互交叉、互为补充的。工艺创造过程中也会用到能力创新技法,许多个人技法也可采用团队的形式开展,解决创新问题的时候同样也可以运用设问法、列举法。学习创新技法的目的是进行创新,因此,我们在学习、运用创新技法时,要注意"灵活运用"的原则,不为方法所局限。当某些方法成为创新的阻碍时,要勇于突破现有方法,创造新的方法。

(二)按照创新活动的过程划分

1. 问题提出技法

爱因斯坦说过:"提出问题往往比解决问题更重要……而提出新的问题、新的可能性,从新的角度去看旧的问题,都需要创造性的想象力,而且标志着科学的真正进步。""设问法""列举法"等创新技法,能够帮助我们找到有价值且力所能及的创新点,即"创新什么"。

2. 问题解决技法

这是创新活动的核心部分,也是充分展现主体创新能力的部分,即"怎样创新",主要包括组合法、逆向转换法、联想法及 TRIZ 理论等。

(三)按照创新活动的范围划分

1. 工艺创新技法

例如,我国商代的缫丝方法"漂絮法"、三国时期蜀国人蒲元创造的钢铁冶炼工艺"淬火法"、北宋毕昇发明的"活字印刷术"等,这些由古代劳动人民创造的为世人所瞩目的工艺和技巧,是从成功的创造经验中直观地总结出来,并被用于实践而得到证实的方法,是创造活动的物质过程和手段,多应用于某些部门或者某项技术,具有一定的特殊性。

2. 能力创新技法

如重在激发创新性设想的奥斯本的"头脑风暴法"、我国"和田十二法"以及创新问题的解决方法"TRIZ 理论"等,它们注重的是对主体创新能力的开发和培养,是对创新创造活动的方法指导,具有普遍性意义和广泛的应用价值。

第二节　自由思考型创新技法

创造活动,特别需要创造者主观能动性和创造性智慧的充分发挥。要达到充分发挥的程度,必须有个性自由的创造环境和提供自由思考的思维空间。基于这种历练,创造学提出了自由思考型创新技法,如智力激励法、问题列举法、自由组合法等技法。它们借助想象、联想、发散思维等,来解决创造过程中的一些问题。

一、头脑风暴法

头脑风暴法又称 BS(brain storming)法、自由思考法,是由美国创造学家

A. F. 奥斯本于1939年首次提出、1953年正式发表的一种激发创造性思维的方法。原指精神病患者头脑中短时间出现的思维紊乱现象,病人胡思乱想,奥斯本借用这个概念来比喻思维高度活跃,因打破常规的思维方式而产生大量创造性设想的状况。此法经各国创造学研究者的实践和发展,至今已经形成了一个发明技法群,如奥斯本智力激励法、默写式智力激励法、卡片式智力激励法等。

创新创意故事

百事可乐,新一代的选择

百事可乐公司与可口可乐公司竞争激烈,要设计一句富有创意的、独具特色的广告词,因此百事可乐公司专门召开了一次头脑风暴座谈会。经理宣布了会议要求和规则后,大家七嘴八舌地讨论了起来。有的说百事可乐的广告宣传应该注重女性;有的补充说应该是年轻的女性;有的说应该是年轻人,等等。于是在大家的集思广益中,"百事可乐,新一代的选择"这句寓意深刻又响亮的广告词就形成了,并在以后的广告宣传中广泛流行开来,成为人们耳熟能详的经典。

当一群人围绕一个特定的兴趣领域产生新观点的时候,这种情境就叫作头脑风暴。由于会议使用了没有拘束的规则,人们就能够更自由地思考,进入思想的新区域,从而产生很多的新观点和问题解决方法。当参加者有了新观点和想法时,他们就大声说出来,然后在他人提出的观点之上建立新观点。所有的观点被记录下来但不进行评判,只有头脑风暴会议结束的时候,才对这些观点和想法进行评估。

头脑风暴的特点是让与会者敞开思想,使各种设想在相互碰撞中激起脑海的创造性风暴,其可分为直接头脑风暴法和质疑头脑风暴法,前者是在专家群体决策基础上尽可能激发创造性,产生尽可能多的设想的方法;后者则是逐一质疑前者提出的设想、方案,发现其现实可行性的方法,这是一种集体开发创造性思维的方法。头脑风暴法必须遵守以下四项基本原则:

(1)自由思考。即要求与会者尽可能解放思想,无拘无束地思考问题并畅所欲言,不必顾虑自己的想法或说法是否离经叛道或荒唐可笑。

(2)延迟评判。即要求与会者在会上不要对他人的设想评头论足,不要发表"这主意好极了!""这种想法太离谱了!"之类的"捧杀句"或"扼杀句"。至于对设想的评判,留在会后组织专人考虑。

(3)以量求质。即鼓励与会者尽可能多而广地提出设想,以大量的设想来保证质量较高的设想的存在。

(4)结合改善。即鼓励与会者积极进行智力互补,在自己提出设想的同时,注意思考如何把两个或更多的设想结合成另一个更完善的设想。

创新创意故事

直升机扇雪

有一年,美国北方格外严寒,大雪纷飞,电线上积满冰雪,大跨度的电线常被积雪压断,严重影响通信。过去,许多人试图解决这一问题,但都未能如愿以偿。后来,电信公司经理应用奥斯本发明的头脑风暴法,举行一场针对此问题的讨论会议,成功解决了这一难题。

在会议过程中,大家七嘴八舌地议论开来。有人提出设计一种专用的电线清雪机;有人想到用电热来化解冰雪;也有人建议用振荡技术来清除积雪;还有人提出能否带上几把大扫帚,乘坐直升机去扫电线上的积雪。对于这种"坐飞机扫雪"的设想,大家心里尽管觉得滑稽可笑,但在会上也无人提出批评。相反,有一个工程师在百思不得其解时,听到用飞机扫雪的想法后,大脑突然受到冲击,一种简单可行且高效率的清雪方法冒了出来。他想,每当大雪过后,出动直升机沿积雪严重的电线飞行,依靠高速旋转的螺旋桨即可将电线上的积雪迅速扇落。他马上提出"用直升机扇雪"的新设想,顿时引起其他与会者的联想,有关用飞机除雪的主意一下子又多了七八条。不到1小时,与会的10名技术人员共提出90多条新设想。

会后,公司组织专家对设想进行分类论证。专家们认为设计专用清雪机、采用远红外电热或电磁振荡等方法清除电线上的积雪,在技术上虽然可行,但研制费用高,周期长,且受地域条件的限制较大,一时难以见效。从"坐飞机扫雪"激发出来的几种设想,倒是一些大胆的新方案,如果可行,将是既简单又高效的好办法。经过现场试验,发现用直升机扇雪真能奏效,一个久悬未决的难题,终于在头脑风暴会中得到了巧妙的解决。

分析:实践经验证明,头脑风暴法可以排除折中方案,对所谈论问题通过客观、连续的分析,找到一组创意切实可行的方案。从这个案例可见,所谓头脑风暴会,实际上是一种智力激励法。

为了使头脑风暴取得成功,一般需要注意以下事项:
(1)参加人数不宜过多,一般为6~10人。
(2)参加者应自由发表意见,提出办法。欢迎参加者各抒己见,营造一种自由活跃的气氛,激发参加者提出各种想法。任何人对别人的意见或办法均不得作出评价或判断,包括主持者在内,即使想法是荒诞的。

(3)会议应设有专门详细记录所有发言的人。

(4)会议后,几名决策者应另行召集会议,对前一次会议上提出的各种意见、办法加以分析、评估与判断。需要时,可查阅前一次会议记录。会议中应注意,不应轻易否定任何人提出的任何建议,因为一些看似怪异、荒诞、可笑的意见中很有可能包含着合理的成分。

(5)决策者的责任在于分析比较、综合概括,从中找到解决难题的最佳办法。

案例 6-1

砸 核 桃

主持人:我们的任务是砸核桃,要求多、快、好,大家有什么办法?

甲:平常在家里用牙磕,用手或榔头砸,用钳子夹,用门掩。

主持人:几个核桃用这种办法行,但核桃多怎么办?

乙:应该把核桃按大小分类,各类核桃分别放在压力机上砸。

丙:可以把核桃沾上粉末一类的东西,使它们成为一般大的圆球,在压力机上砸,用不着分类。(发展了上一个观念)

丁:沾上粉末可能带磁性,在压力机上砸压后,或者在粉碎机上粉碎后,由于磁场作用,核桃壳可能脱掉,只剩下核桃仁。(发展了上一个观念,并应用了物理效应)

主持人:很好! 大家再想想用什么样的力才能把核桃砸开,用什么办法才能得到这些力。

甲:应该加一个集中的挤压力。用某种东西冲击核桃,就能产生这种力,或者相反,用核桃冲击某种东西。

乙:可以用气枪往墙壁上射核桃,比如说可以用射软木塞的儿童气枪射。

丙:当核桃落地时,可以利用地球引力产生力。

丁:核桃壳很硬,应该先用溶剂加工,使它软化、溶解……或者使它们变得很脆。经过冷冻就可以变脆。

主持人:动物是怎么解决这一任务的,比如乌鸦?鸟儿用嘴啄……或者飞得高高的,把核桃扔在硬地上。我们应该把核桃装在容器里,从高处往硬的地方扔,比如说在气球上、直升机上、电梯上往水泥板上扔,然后把摔碎的核桃拾起来。(类比)

主持人:如果我们运用逆向思维来解决问题,又会怎样?

乙：可以把核桃放在液体容器里，借助水力冲击把核桃破开。（物理效应）

组长：是否可用发现法如认同、反向……解决问题呢？

丙：应该从里面把核桃破开，把核桃钻个小孔，往里面打气加压。（反向）

丁：可以把核桃放在空气室里，往里打气加压，然后使空气室里压力锐减，内部压力就会使核桃破裂，因为内部压力不可能很快减小。（发展了上一个观念）或者可以急剧增加和减小空气室压力，这时核桃壳会承受交变负荷。

戊：从核桃壳内部，用手脚对它施加压力，外壳就会破裂。（认同）应该不让外壳长，只让核桃仁长，就会把外壳顶破。（理想结果）为此，可以照射外壳。

乙：用手抓住树枝，当成熟时就撒手掉在硬地上摔破。应该把核桃种在悬崖峭壁上，或种在陡坡上，它们掉下来就掉破。

甲：应该挖口深井，井底放一块钢板，在核桃与深井之间开几道沟槽。核桃从树上掉下来，顺着沟槽滚到井里，摔在钢板上就会摔破。

在头脑风暴法会议中，仅用十几分钟就收集了四十个设想，经专家组评价，从中得出解决方案。

头脑风暴法在各种类型的决策中得到了较广泛的应用。在头脑风暴中，每个人的思维都能得到最大限度的开拓，能有效开阔思路，激发灵感，在最短的时间内可以批量生产灵感，会有大量意想不到的收获。头脑风暴法极易操作执行，具有很强的实用价值，同时也可以提高工作效率，更高效地解决问题。运用这种方法还能使参加者更加有责任心，因为人们一般都乐意对自己的主张承担责任。头脑风暴法非常具体地体现了集思广益和团队智慧，也可以有效锻炼一个人及团队的创造力，有利于增加团队的凝聚力，增强团队的合作精神。这种方法也有一定的缺点，实施的成本（时间、费用等）相对较高，对参与者的素质也有较高的要求。

二、问题列举法

问题列举法是把与解决问题有联系的众多要素逐个罗列，将复杂的事物分解开来分别加以研究，它通过对问题的自由列举，来激发人们的发散思维，获得所需要的新信息。按照列举问题的特点，可以有不同的问题列举法，其中常用的有缺点列举法、希望点列举法和属性列举法。

（一）缺点列举法

缺点列举法就是发现已有事物的缺点，将其一一列举出来，通过分析选择，确定发明课题，制订革新方案，从而获得发明成果的创新技法。它是改进原有事物的一种发明创新方法。

　　在社会生活中各种不方便、不称心的事物到处可见,尽善尽美的东西是不多见的。即便是长处,在它的背后也会有弱点和不足。只要发现使用的物品存在不合理、不习惯、不顺手、不科学的地方,经过认真分析研究,就能从中选出有益的发明课题,由于这时的选题和改进都有比较明确的目的性,所以就有较高的成功率。

　　例如,中国人日常很喜欢食用豆腐。日本人学习中国人制作豆腐的技术,从制作到烹调各环节逐一进行改进。他们认为麻婆豆腐花椒放得太多,口味太麻,一般人接受不了。于是,把麻味减轻,采用保鲜包装,命名为日本豆腐,出口到世界各地,以至于很多人认为豆腐是日本人发明的。

　　缺点列举法的运用基础是发现事物的缺点,挑出事物的毛病。尽管世上万事万物都不是十全十美的,都存在着缺点,然而并非每一个人都能想到或发现这些缺点。其中主要原因是人都有一种心理惰性,"备周则意惰,常见则不疑",对于习以为常的东西,常常会认为历来如此。而历来如此的东西总是完美的,没有缺点的,所以就不肯也不愿意再去寻找或挖掘它们的缺点,这样也就失去了对每个人来说可能取得发明成果的机会,实际上也就失去了每个人都应该具有的创新力。

　　缺点列举的实质是一种否定思维,唯有对事物持否定态度,才能充分挖掘事物缺陷,然后加以改进。因此,运用缺点列举,必须克服和排除由习惯性思维带来的创新障碍。

创意故事

懒人闹钟

　　懒人闹钟是针对经常赖床,但又不得不起床的懒人设计的一款闹钟。如果你喜欢赖床,它会一直闹铃,除非你关掉闹钟,但是关掉闹钟又需要清醒的思维才行,所以等你关掉闹钟的时候,你的瞌睡也没有了。这就是传说中的懒人闹钟了。

　　每天起床,第一眼会见到什么?对于学生和上班族来讲,绝对是把我们叫醒、摆放在床头的闹钟。虽然你很讨厌被它吵醒,但又得依赖它把你叫醒不可,不然就要迟到了。你的闹钟能否让你准点起床?摆在床头是否赏心悦目?该怎样才能迅速有效地把人从睡眠中唤醒一直是个问题,所以才有这么多人源源不断地想出各种办法制造各种不同的闹钟。

　　1.手枪闹钟

　　这是日本推出的专门针对懒人的闹钟,这个闹钟的厉害之处,就是你必须像打手枪方式那样瞄准才能让闹铃停止。这个名为 Gun O'Clock 的闹钟（图 6-3）比一般闹钟多了一把红外线枪和一个标靶,当闹铃响起你必须用手枪打中靶心它才会停止闹铃,从举起手枪到打中了靶子以后肯定十分清醒。好玩的是,它对男人来说更像一个玩具:它有三种不同的模式,最难的是射中 5 次靶心它才会停止响铃,平时可以当玩具玩。

图 6-3　手枪闹钟

2.会飞的闹钟

与"会跑的闹钟"异曲同工的是,网店上有一款"会飞的闹钟"（图6-4）,不同的是它占领的是你家的"制空权"。时间一到,停放在半圆球体闹钟顶部的小型飞机会发出嗡嗡响声,自动起飞,飞到大约 1.2 米的高空,它的飞行路线变化莫测,小飞机机翼是轻型柔性塑料,飞行灵活,当接触障碍物时它会改变路线。你要是不及时起床,它有可能在窗口"逃跑"! 要是找不到飞机,闹钟是无法停止警报的——它就是停止闹钟的按钮! 要是找不到它,就只有拆掉电池这种途径才可以让它停止警报了。

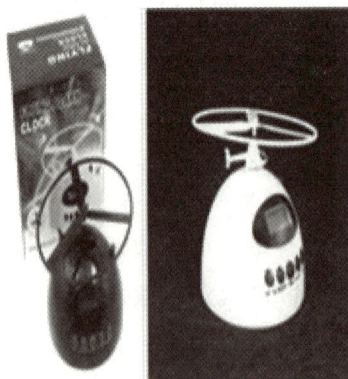

图 6-4　会飞的闹钟

3.会跑的闹钟

一到设定时间,闹钟的两个大轮子就会迅速自己启动,一边"叫嚣"一边找角落"躲"起来,至于会跑到哪里,答案是不确定的。因为闹钟会朝任意方向跑30秒,当闹钟撞到墙时会旋转,直到它找到某地休息,然后继续保持9分钟的嘟嘟响。如果你不想搬沙发、挪床找它,你就只能马上起床追赶它。

该闹钟的英文名字是 hide and seek,意思是不抓住它就会无影无踪了。据新华社报道,这是美国麻省理工学院媒体实验室的科学家发明的新型闹钟(图 6-5),科学家给小钟装了一套轮子,作为它的"腿脚"。铃响后,如果贪睡的主人按掉响铃,小钟能够"跑到"桌子或是房间的另一边,继续吹响"起床号"。研究人员表示,当闹铃再次响起,单是起床找到小钟本身就足以让主人清醒,加之闹铃一直在响,就是贪睡的人也无法再次入睡了。

图 6-5　会跑的闹钟

闹钟种类繁多,都从性能上克服了传统闹钟"闹不醒"的缺点,外形时尚、别致、有趣,赢得广大懒虫的喜爱。

资料来源:http://www.chinanews.com/life/news/2009/05-04/1675367.shtml

(二)希望点列举法

希望点列举法由美国内布拉斯加大学的克劳福德(Robert Crawford)首先提出。这是一种不断地提出"希望""怎么样才会更好"等理想和愿望,进而探求解决问题和改善对策的技法。此法是通过提出对问题和事物的希望或理想,使问题和事物的本来目的聚合成焦点来加以考虑的技法。

希望人人皆有,"希望点"就是指创新性强且科学、可行的希望。列举法是指通过列举希望新的事物具有的属性以寻找新的发明目标的一种创造方法。

搜集希望点可以按照智力激励法的要求召开希望点列举会议,每次可由5～10人参加。会前由会议主持人选择一件需要革新的事情或者事物作为主题,随后发动与会者围绕这一主题列举出各种改革的希望点。为了激发与会者产生更多的改革希望,可将各人提出的希望用小纸片写出,公布在小黑板上,并在与会者之间传阅,这可在与会者中产生连锁反应。会议一般举行1～2小时,产生50～100个希望点,即可结束。

会后再将提出的各种希望进行整理,从中选出目前可能实现的若干项进行研究,制订出具体的革新方案。

例如,有一家制笔公司用希望点列举发明法列举了一批改革钢笔的希望:希望钢笔出水顺利,希望绝对不漏水,希望一支笔可以写出两种以上的颜色,希望不沾污纸面,希望书写流利,希望能粗能细,希望小型化,希望笔尖不开裂,希望不用灌墨水,希望省去笔套,希望落地时不损坏笔尖,等等。这家制笔公司从中选出"希望省去笔套"这一条,研制出一种像圆珠笔一样可以伸缩的钢笔,从而省去了笔套。

企业在改进原有产品、进行产品创新之前往往采用市场调查的方式了解消费者的需求。比如,他们希望得到什么功能,希望接受什么样的服务等。从消费大众大量的希望点中寻找产品创新的路径。人们希望看清楚这个世界,结果就有人发明了眼镜、显微镜;人们希望冬暖夏凉,结果就有人发明了空调。

创新创业故事

松下电器:用创新技术打造舒适生活

创新,改变世界也改变了我们的生活,已经成为推动社会前进的不竭动力。秉承 ideas for life 的理念,松下电器更是将创新进行到底,为消费者打造舒适、愉悦的生活方式。

洗衣机:创新技术满足多种洗衣需求

在创新方面松下洗衣机可以说是独占鳌头,旗下的斜式滚筒洗衣干衣机阿尔法系列就有五大创新,充分满足消费者对洁净、健康、低碳等的需求。

创新一:采用独特的阿尔法洗涤技术,在传统卧式滚筒洗衣机只能摔打洗的洗涤方式上,又实现了新颖的左右抛洗的洗涤方式,将洗净均匀率提升38%,满足消费者对洗净的需求。

创新二:为洗衣机安装上了一颗"强劲的心脏"——DUAL-DD 30磁极变频直驱电机,突破性地提高了控制滚筒运转的精密度和稳定性,使阿尔法洗涤与阿尔法烘干的运转方式成为可能。同时,将电机用电量降低45%,实现大幅度节能,为消费者打造低碳生活。

创新三:采用创新的"光动银"除菌技术,发挥了羟基加银离子的双重除菌威力,使得消费者在夏季高温闷湿的天气中也能远离致病细菌的侵扰。

创新四:搭载松下悬挂减振系统,做到洗涤、漂洗、脱水、烘干全程静音。

创新五:其智能高效的阿尔法烘干技术,呵护衣物,不易起皱,同时还可以实现3.6 kg大容量烘干。

凭借这五大创新技术,松下洗衣机成为行业中的翘楚,也深受消费者欢迎。

空调:创新技术带来舒适体验

松下洗衣机创新点颇多,松下空调在技术上也不乏亮点。在温度控制方面,凭借高效全直流变频技术,松下空调实现了对制冷量、制热量的精准调控,让室内温度更快达到设定温度,实现了对制冷量、制热量的精准调节,避免室温大幅波动,有效降低电机损耗,令节能效果大幅提升。在静音方面,松下空调搭载高精密度加工的涡旋压缩舱,有效减少了压缩机工作期间的机械磨损,最大限度地避免了因压缩空间的剧变或压缩力矩的大幅度变动而产生的震动和噪音,为消费者营造一个舒适惬意的家居生活空间。此外,松下空调尊铂系列还采用升级版 Eco Sensor 技术,可以通过侦测居室内人体活动量大小,实现智能判定送风,即使人体存在动态与静态的差异,亦可享受同样的惬意。

冰箱:创新技术引领新鲜生活

作为松下电器另一明星产品的松下冰箱也实现了技术的不断创新,引领新鲜生活。据介绍,装载了自产变频压缩机的松下冰箱功率强劲持久,不仅大幅降低了运行时消耗的能源,更拥有稳定的制冷能力。其独特的"双冷智控"技术,实现了冷藏保湿、冷冻无霜的优势互补,使蔬果水嫩脆爽,肉类鲜嫩营养,并且避免了食物粘连、串味的现象。同时,松下冰箱还特别搭载"智冷导航"系统,实现了精确的感温和控温,并可以根据冰箱门的开关情况以及温度变化自动调节制冷水平,从而达到节电的效果。另外,松下冰箱还具有自动制冰功能和冰块感应装置,使消费者在酷热天气里身处家中就能享受冰镇饮品的清凉。

资料来源:https://article.pchome.net/content-1153600.html

运用希望点列举法,要注意从三个层面分析人们的需求。从一般意义上讲,美国心理学家马斯洛把人的需求分为五种:生理需求、安全需求、社交需求、尊重需求和自我实现需求。因此,在运用希望点列举法进行创新时,首先要结合时代背景,针对对象的不同年龄、性别、文化、爱好、种族、区域、信仰等,对其五种需求进行分析。还有一种特殊群体所具有的需求,如残障人士或孤寡老人、精神病人、有特殊嗜好的人等,要针对他们在特定条件下的特殊需求进行重点分析。相对于眼前的现实需求,还有一种是潜在的未来需求,善于研究和发现潜在需求是希望点列举法的灵魂。许多世界知名企业都很重视对潜在需求的研究和开发,以使企业具有强大的发展潜力和后劲。

(三)属性列举法

属性列举法(attribute listing technique)也称特性列举法,是美国内布拉斯加大学的克劳福德教授于1954年提出的一种著名的创意思维策略。此法强调使用者在创造的过程中观察和分析事物或问题的特性或属性,然后针对每项特性提出改良或改变的构想。

属性列举法特别适用于对现有事物的分析与创新。其特点是将一种产品的特点列举出来,制成表格,然后再把改善这些特点的事项列成表。其特点在于能保证对问题的所有方面做全面的分析研究。

通过将决策系统划分为若干个子系统(即把决策问题分解为局部小问题),并把它们的特性一一列举出来,将这些特性加以区分,划分为概念性约束、变化规律等,并研究这些特性是否可以改变,以及改变后对决策产生的影响,研究决策问题的解决方法。此法的优点是能保证对问题进行全面的研究。

三、组合法

组合型创新技法是指利用创新思维将已知的若干事物合并成一个新的事物,使其在性能和功能等方面发生变化,以产生新的事物或实现新的价值。以产品创新为例,可根据市场需求分析比较,得到有创新性的新的技术产品,可采用功能组合、材料组合、原理组合等方法。

中国古代神话传说中的龙是中华民族的象征(图6-6),其形象是古人结合了许

图6-6　中华民族的象征:龙

多动物和自然天象模糊组合而产生的一种拥有马头、鹿角、蛇身、鱼鳞、鹰爪、鱼尾等特征的神兽,并赋予它翻云覆雨、兴风作浪的神力。这就是一种运用组合法而产生的创新成果。

人类的许多创新成果来源于组合。正如一位哲学家所说:"组织得好的石头能成为建筑,组织得好的词汇能成为漂亮的文章,组织得好的想象和激情能成为优美的诗篇。"同样,发明创造也离不开现有技术、材料和创意的组合。

组合型创新技法常用的有主体附加法、异类组合法、同类自组法、重组组合法以及信息交合法等。

(一)主体附加法

主体附加(添加)法是指以某一特定的对象为主体,通过置换或插入其他技术或增加新的附件而导致发明或创新的方法,又可称为内插式组合。

此法常适于对产品做不断完善、改进时使用。在商品琳琅满目的市场上,我们可以发现大量的商品是采用这一技法创新的。如在铅笔上安上橡皮头,在电风扇中添加香水盒,在摩托车后面的储物箱上装上电子闪烁装置,都具有美观、方便又实用的特点。又如最初的洗衣机只是代替人的搓洗功能,后来增加了甩干、喷淋装置,使其有了漂洗和晾晒功能。电风扇也是如此,在逐渐增加摇头、定时、变换风量等装置后才成为今天的样子。附加与插入除了可更好地发挥主体的功能外,有时还可增加一些辅助功能或相关功能。如在老人用的手杖中插入电筒、警铃、按摩器等后就成了多功能拐杖;在自行车上安装里程表、挡雨罩、折叠货物架、小孩座椅等也使之用途更广。

主体附加法是一种创新性较弱的组合方法,人们只要稍加动脑和动手就能实现,但只要附加物选择得当,同样可以产生巨大的效益。

创新故事

万用手册

笔记本是人们办公常用的文化用品,销路平常。可是,日本人以此为基础,附加上其他功能并开发上市的"万用手册"却异常畅销。万用手册主要组合了以下功能:

(1)记事本。包括个人资料表、年历、每日每周每月每年的计划表、一年的回顾与总结、家属生日表、亲友通信录等。

（2）商务资料汇总。包括世界各国地图、常用电话号码及长途电话区号、世界时刻对照表、度量衡换算表、日息与年息换算表、商业通信资料等。

（3）备忘录。可随时记下重要的事情，并附有单面粘贴纸，用作袖章备忘录与索引卡，可贴在任何物体上。

（4）企划表。可依个人需要，制作生活目标表、财务收支管理表、专业企划表、学生活动考核表等。

（5）皮夹与钥匙包。皮夹可放入名片、钞票、计数器、信用卡，而钥匙包可存放钥匙与零用硬币。

进一步的创新是：以往的记事本或工商日志都是以年为单位，一年结束得换新本子。而万用手册采取六孔活页设计，使用者可以随时补充更换其中的资料，保存必需的，添加新增的，使万用手册"万年"可用。

（二）异类组合法

将两种或两种以上不同种类的事物组合，产生新事物的技法称为异类组合法。根据参与组合的不同对象，异类组合可有下述各种情况：

1.元件组合

元件组合并非一般的零件装配，而是把本来不是一体的两种或两种以上的事物适当安排在一起。目前市场上有许多产品都属于元件组合的创新成果，如收录机、电子表笔、闪光装饰品、香味橡皮、音乐贺卡等。据说，对台湾经济起飞立有一功的就是电子表笔。

当前，令人瞩目的"机电一体化"趋向给人们提供了许多崭新的产品，这就是传统的机械工程与新兴的微电子工程相结合的成果。如电子秤、自动照相机、全自动洗衣机、数控机床、工业机器人等，它们都因结构简单、体积小巧、性能优良、成本低廉而前途无量。

2.功能组合

这是将某一物品加以适当改变，使其集多种功能于一身。例如，有人将一金属片做适当加工后，可以代替八种不同的工具：①小刀；②开罐头刀；③螺丝刀；④开瓶器；⑤扭转蝶形螺帽工具；⑥锯；⑦指甲锉；⑧镜子。这种多功能物品设计奇巧，使用方便，替代性强，因而倍受欢迎。

3.材料组合

材料对产品性能有着直接的影响，而有些产品还要求材料具有相互矛盾的特性。对此，利用材料的组合便可解决这一问题。

如钢芯铜线电缆、钢筋混凝土、混纺毛线、玻璃纤维的制品、塑钢门窗等均可达到不同材料取长补短的作用；划玻璃的刀具、机加工的车刀、轧钢的复合轧辊等可使昂贵的材料用到最关键的部位以节省成本；将磁性粉末与橡胶或塑料混合制成的"磁铁"便富有弹性，可弯可捧；有人设计了一种新型牙刷，其中心为硬尼龙毛，四周是软尼龙毛，使之兼有清洁牙齿、保护牙龈的好处。

4.方法组合

在生产工艺和处理技术中，把两种以上独立的方法组合起来，也会有新的效果。

我国上海的科技工作者发现，当单独用激光或超声波对水做灭菌处理时，都只能杀死部分细菌。如果先后用两种方法处理，仍有相当部分细菌不死。但要是两种方法同时使用，则细菌全军覆没，这就是"声光效应"。这种方法不仅在灭菌方面有效，在化学研究方面也有潜在的巨大价值。

5.现象与现象的组合

现象与现象的组合是指将不同的物理现象组合起来，形成新的技术原理，产生新的发明。

德国科学家发明的一种清除肾结石的方法，就是两种现象的组合。这种运用创新技法设计的击碎人体内肾结石的装置深受肾结石患者的好评。

创新创意故事

清除肾结石的方法

德国科学家发现了一种现象叫"电力液压效应"，当对水中两个电极进行高压放电时，产生的巨大冲击力能把坚硬的宝石击碎；另一种现象是在椭球面上的另一个焦点上发出声波，经反射后会在另一个焦点上汇集，将这两种现象组合后便可设计出击碎人体内肾结石的装置：让患者卧于一温水槽中，并使结石位于椭球面上的一个焦点上，把电极置于椭球面上的另一个焦点上，经过约一分钟的不断放电，分散通过人体的冲击波就可汇集作用于结石，将其击个粉碎。

(三)同类组合法

同类组合法就是将两种或两种以上相同或相近的事物进行组合，以图创新的一种创新技法。最简单的同物组合如装在一只精巧礼品盒中的两支钢笔、两块手表，是象征友谊与爱情的"对笔""对表"，可作为馈赠新婚朋友的礼物。生活中还有

情侣帽、双人自行车、情侣伞、子母灯、双拉链、鸳鸯宝剑、双插座等(图6-7)。据说，赫赫有名的日本松下电气公司就是靠发明了双插座起家。

图6-7 情侣伞、双人自行车

同类组合法的创新目的，是在保持事物原有功能和原有意义的前提下，通过数量的增加来弥补不足或产生新的意义和新的需求，从而产生新的价值。

以同物组合获得成功的设计与开发的产品是不少的。例如：

对转螺旋桨：将两个小直径螺旋桨分别装在同心套轴上，以等速反向旋转，这样不仅可以提高推进效率，而且能消除螺旋桨对被推进物体附加的扭矩。

双订书机：一位福建青年将两个规格相同的订书机合成一体，并加上控制调节装置，便可使装订的质量和速度大大提高。

同样地，双针双杆缝纫机特别适宜缝制需缝双线的牛仔衣裤；V形磨刀石只要来回推拉一次便可将刀的两面磨好。

(四)重组组合法

任何事物都可以看作由若干要素构成的整体。各组成要素之间的有序结合，是确保事物整体功能和性能实现的必要条件。如果有目的地改变事物内部结构要素的次序，并按照新的方式重新组合，以促使事物的性能发生变化，这就是重组组合。

创新创意故事

旱冰鞋

旱冰鞋的发明构思来自冰鞋。最早的一双旱冰鞋出现在18世纪中叶，一位名叫莫林的比利时乐器制造商把一排呈直线排列的轮子安装在鞋底。当他穿上这双鞋在伦敦的一个化装舞会上边滑行边拉着小提琴表演的时候，令人吃惊的事情发生了，这双旱冰鞋既不能转弯也无法停止，最终使他撞到了大厅墙上的一面镜子，镜子和小提琴撞碎了,自己也受了重伤。后来,再没有人提起旱冰鞋。

1822 年,一位美国人设计了一种带协调轮的旱冰鞋,在串列的 4 个轮子中,前后两个轮子为协调轮,滑行时能灵活地转动方向。可尽管如此,旱冰运动仍然没有流行起来。

1863 年,美国发明家 J.普林普顿把直线排列的 4 个轮子改为前后两套并列轮。这种"筒式旱冰鞋"滑行平稳,并能通过倾斜身体实现转弯。任何方向都转动自如。这种旱冰鞋的出现,使滑冰变得既容易又安全,滑行起来也更有趣。因此,滑旱冰和旱冰曲棍球成了当时社会上最时髦的运动。后来,人们对旱冰鞋进行多次改进,但"筒式旱冰鞋"的基本设计始终没有变化。

重组组合法具有以下三个特点:

(1)组合在同一事物上实施。

(2)组合过程中,一般不增加新的事物。

(3)重组主要是改变事物各组成部分之间的相互关系,从而引起事物属性的变化。

在进行重组组合时,首先要研究对象的现有结构特点。其次要列举现有结构的缺点,考虑能否通过重组克服这些缺点。最后,确定选择什么样的重组方式。

一种新型自行车,只要凭一把扳手,不用任何附件,就能变换出 108 种各不相同的车型。据称这是目前世界上可变换车型最多的自行车,可广泛应用于代步、康复、娱乐、载货、车技训练等方面。骑着自行车踢足球、打篮球、打曲棍球,甚至左右开弓打马球等成为可能。

重组在商店的柜台安排、工厂的流水线布置中都是有用的,不同的安排与布置会对销售额或生产率产生影响。

有的产品,通过重组就能很快形成不同形式型号的新产品。如真空吸尘器由三个基本部件组成:马达、贮尘箱、吸尘器。现将它们做各种可能的排列,如马达与贮尘箱采用并列结构、垂直结构、内藏结构、分离结构等方式,再加上吸尘器的不同连接方式,便可组合成多达 15 种的真空吸尘器。

(五)信息交合法

信息交合法是一种在信息交合中进行创新的思维技巧,即把物体的总体信息分解成若干个要素,然后把这种物体与人类各种实践活动相关的用途进行要素分解,把两种信息要素用坐标法连成信息坐标 X 轴与 Y 轴,两轴垂直相交,构成"信息反应场",每个轴上各点的信息可以依次与另一轴上的信息交合,从而产生新的信息。

信息交合法是一种运用信息概念和灵活的手法进行多渠道、多层次的推测、想

象和创新的创造性发明技法。应用信息交合法进行创造发明,就是把某些看来似乎是孤立、零散的信息,通过相似、接近、因果、对比等联想手段搭起微妙的桥,使之"曲径通幽",将信息交合成一项新的概括。

在人类近现代科技发展史上,第一次大组合是牛顿组合了开普勒天体运行三定律和伽利略的物体垂直运动与水平运动规律,从而创造了经典力学,引起了以蒸汽机为标志的技术革命。

在科学界、商业和其他行业都有大量的组合创新的实例。同时,组合不是随心所欲地拼凑,而是必须遵循一定的科学规律的有机的最佳组合。

四、联想法

联想法以由一事物想到另一事物的心理过程为特征。比如,看见红的,就想到血;看到牛,就想到犁;看到黑,就想到白。巴甫洛夫认为联想法是由两个刺激物同时或连续发生作用而产生的暂时神经联系。联想是一种创造性思维,也是最常用的发明技法。世界上的许多事物都是相互联系的,要善于联想以启迪发明的思路。但是要通过联想达到发明的效果,还得提高到创造性思维的水平,要根据发散性思维的流畅性、变通性、独特性和精致性的特征,经常训练。

事物之间的关系是多种多样的,联想法也有多种形式,由丰富的联想而引起的发明创造的例子是很多的。简单联想一般分为四种:接近联想、相似联想、对比联想、因果联想。前面章节对前三种有详细论述,故本节不再重复,下面就因果联想进行介绍。

有因果关系的事物形成的联想,称为因果联想。美国工程师斯波塞在做雷达起振实验时,发现口袋里的巧克力融化了,探究其原因,发现是雷达发射的微波造成的,找到因果关系就联想到用微波加热食品,于是发明了"微波烤炉"。有时为了获得某一种发明成果,需经一连串的因果联想才能实现,这叫作连锁反应的因果联想。如因下雪联想到发明"X光感光纸"的连锁反应过程:雪不停—路面结冰—人滑倒—骨科忙—X光胶片走俏—胶片。

第三节 逻辑推理创新技法

创新是一个自由思考与逻辑推理并存的过程。没有自由思考,创新之翼不可能飞翔蓝天;缺乏逻辑推理,创新之花难以结出果实。我们在学习应用自由思考型创新技法的同时,也应当学习逻辑推理型创新技法,如类比法、移植创新法、归纳创新法和演绎创新法。

一、类比创新法

类比创新法是建立在类比推理基础上的一种创新技法。运用类比创新技法，除了比较之外，还要进行逻辑推理，从比较中找到对象之间的相似点或不同点，在同中求异或异中求同中实现创造。

18世纪中叶，奥地利首都维也纳有一位医生，名叫奥恩布鲁格。有一次，他给一个病人看病，检查不出病人有什么严重疾病。可是，没多久病人却死了。解剖尸体，才发现胸腔化脓，积满脓水。奥恩布鲁格一心想找到检查这种病症的方法。一天，他看见经营酒业的父亲用手指关节敲叩盛酒的木桶，根据不同的声音估计桶中酒的藏量。奥恩布鲁格的思路豁然开朗，他想：人的胸腔不是很像酒桶吗？能不能也用叩敲的方法去诊断胸腔中是否积有脓水呢？经过多次临床实验，他终于探索出胸部疾病与叩击声音变化的关系，写出《用叩诊人体胸部发现胸腔内部疾病的新方法》的医学论文，发明了"叩诊"这一医疗方法。

此外，施温发现动物细胞中的细胞核，牛顿发现万有引力，瓦特发现和改进蒸汽机，这些都和类比推理有着密切关系。所以发现行星运动定律的著名天文学家开普勒称类比推理是"自然奥秘的参与者"和自己的"最好的老师"。

在应用类比创新法时，人们常用直接类比、对称类比、拟人类比、象征类比、因果类比方法进行思考。下面对这几种类比创新法进行简要的介绍。

（一）直接类比

从自然界或已有的成果中寻找与创新对象相类似的东西做比较，称为直接类比。通过类比创造新的事物，如用仿生原理设计的飞机和潜艇、以人体血液循环系统为启示开发的高效锅炉、从草割破手指而得到启发发明的锯子等。

英国医生李斯特首创的无菌手术也是通过直接类比获得的。由于过去科学技术落后，外科手术成功率极低，80％的手术者死于伤口感染。后来李斯特看到巴斯德发表的微生物引起有机物腐烂的文章，他想伤口感染不也是一种有机物腐烂现象吗？为了防止伤口感染，手术器械必须严格消毒。经过反复试验，他终于发明了用苯酚消毒的无菌手术法，拯救了成千上万的外科手术病人。

（二）对称类比

对称类比是指根据某一对象属性之间存在对称关系，通过类比推知另一对象也具有相应的对称属性。

自然界中许多事物存在着对称关系,如物理学上正电荷和负电荷两者除了极性相反之外其他都相同,好像人们在照镜子,内外一样。正电荷和负电荷是对称的,英国物理学家 E.卢瑟福提出的"行星模型"原子结构假说是对称类比的一个杰作。在研究原子结构的过程中,卢瑟福发现原子由原子核和核外电子组成,原子核体积很小,却占有原子质量的 99% 以上,这同太阳系情况十分相似。此外,原子核和电子间的电吸引力和太阳与行星间万有引力的数学公式十分相似。他由此得出结论,既然太阳系是由太阳和围绕它运行的一系列行星组成的,原子可能是由带正电荷的原子核和带负电荷的电子组成的。后来,这一假说被科学所证实。物理学家狄拉克从描述自由电子运动的方程中,得出正负对称的两个能量解。一个能量解对应着电子,另一个能量解对应着的是什么呢?人们都知道电荷正负的对称性,狄拉克从对称类比中,提出了存在正电子的对称解,结果也被实践证实了。

(三)拟人类比

拟人类比法又被称为"亲身类比"或"角色扮演",是指在解决某些问题时,让我们设想自己变成了问题中的某些事物,从而去设身处地、身临其境地感受体验问题的本质,从中发现相似点,形成新构思。如根据人的手臂动作设计的机械手,这是部分拟人类比。模拟人的综合动作而研制的机器人能存储各种信息,能做各种动作,甚至有一定思维能力,这是整体拟人类比。

拟人类比又称感情移入、角色扮演。在创造发明活动中,发明者把自己设想为创造对象的某个因素,并由此出发,设身处地做想象。例如,当我是这个因素时,在所要求的条件下会有什么感觉,或会采取什么行动。

拟人类比同样可用于科学发明,克库勒在朦胧中想象苯分子结构时,由于感情移入,感到自己就是个苯分子,并像条蛇一样咬住了自己的尾巴,据此悟到苯分子是碳原子的环结构,而并非一般的碳原子链结构。

(四)因果类比

因果类比是指根据某一或某类事物属性之间的因果关系,推知另一与其相似或相同事物的属性之间也存在类似的因果关系。例如,排放浴缸里的水时,水会形成逆时针方向的涡流,从排放口流出去。20 世纪 40 年代,美国麻省理工学院的科学家谢皮罗在洗澡时最先留意到了这个现象。他分析了各种原因后认为,这种现象和地球的自转有关。他发表论文推测,水形成的涡流在南半球应该是顺时针方向的,而在赤道上应该没有旋涡。谢皮罗的推测引起了各地科学家的兴趣,他们在地球上各地观察,发现谢皮罗的推测确实不错。以后这一现象被命名为谢皮罗现象。物体处于低纬度时,随地球转动具有的自西向东的线速度比较大,当物体由低纬度向高纬度运动时,仍然会保持低纬度的线速度,这个惯性就使物体向东偏。在北半球,浴缸里北边的水线速度比南边的大,就会形成旋涡,向东的惯性就使水形成左螺旋,也就是逆时针。南半球恰好相反。飓风、龙卷风在北半球逆时针旋转,在南半球顺时针旋转,也是谢皮罗现象。同理,北半球由南向北流动的河,总是东岸被水侵蚀得比较厉害。

一名日本人根据发泡剂使合成树脂布满无数小孔,从而使这些泡沫塑料具有良好的隔热和隔音性能,由此发明气泡混凝土,这也是因果类比方法的运用。

这几种类比各有特点和侧重,在创意、创新、创造活动中常常相互依存、补充、渗透和转化。

二、移植创新法

(一)移植创新法内涵

移植一词多用于种植业,例如把花木移到别处栽种;也常见于医疗领域,例如将身体器官通过手术导入到自体或其他个体的某一部位。二者是在农林业、医学领域的一种技术创新。这种技术创新的方法慢慢延伸到其他领域,就产生了一种新的创新技法,即移植法。移植法是将某个领域的原理、技术、方法,引用或渗透到其他领域,用以改造或创造新事物的一种创新技法。移植法也称渗透法。

从思维角度看,移植法可说是一种侧向思维方法。它通过相似联想、相似类比,力求从表面上看来仿佛是毫不相关的两个事物或现象之间,发现它们的联系。

澳籍英国剑桥大学教授贝弗里奇说:"移植是科学发展的一种主要方法。大多数的发现都可应用于所在领域以外的领域,而应用于新领域时,往往有助于促成进一步的发现。重大的科学成果有时来自移植。"实际上,许多创造活动都可借助于移植。

在科学技术发明史上,移植创新法造就了大批"外行"发明家:液压变矩器和液压联轴节是船舶电气工程师发明的;汽油防爆添加剂四乙基铅是机械工程师发明的;现代复印技术由一位专利法律师发明;发明圆珠笔的是画家和化学家;莫尔顿式自行车的发明者是航空发动机工程师,而最早的自行车是医生发明的。

(二)移植创新法主要类型

常见的移植方式主要有原理移植、方法移植、回采移植、功能移植等。

1.原理移植

无论是理论还是技术,尽管领域不同,但常可发现一些共同的基本原理。因

此,可根据不同的要求和目的做移植创新,如红外辐射是一种很普通的物理过程,凡高于绝对温度零度的物体,都有红外辐射,只是温度低时辐射量极微罢了。将这一原理移植到其他领域,可产生新奇的成果:有红外线探测、遥感、诊断、治疗、夜视、测距等,在军事领域则有红外线自动导引的"响尾蛇"导弹,装有红外瞄准器的枪械、火炮和坦克,红外扫描及红外伪装等。

创新创意故事

极地汽车与企鹅

一般的汽车在极地是无法使用的,于是科学家想制造一种专门在极地使用的汽车。然而在极地使用的汽车应该做成什么样子呢?在他们百思不得其解的时候,偶然看见了南极的企鹅,平时走路摇摇摆摆,不慌不忙,速度很慢,但在生死存亡的紧急关头,会一反常态,用腹部贴在雪地上,双脚蹬动,在雪地上飞速前进。由此,科学家得到启发,设计出一种宽阔的、底部贴在雪地上、用轮子推动、速度可达每小时50多公里的雪地汽车。这个例子就是科学家把企鹅滑行的原理用在了汽车制造上,从而产生了创新。

2.方法移植

17世纪的笛卡儿是移植科学方法的先驱,他以超强的想象力,借助曲线上"点的运动"的想象,把代数方法移植于几何领域,使代数、几何融为一体而创立解析几何。美国阿波罗Ⅱ号所使用的"月球轨道指令舱"与"登月舱"分离方法,实际上就移植于巨轮不能泊岸时用驳船靠岸的办法。现代管理方法中的行为学派是将心理学原理移植到企业管理方法中而形成的。照相技术被移植到印刷排字中便形成了先进的照相排版技术。另外,在科学研究中常用的一些方法,如观察法、归纳法、直觉法等都可以移植到技术创新中去。

3.回采移植

历史表明,许多被弃置不用的"陈旧"事物,只要用现代技术(主要为材料、技术、信息控制技术)加以改造,往往会产生新的创造。

如帆船是古代船舶的标志,但又出现在20世纪80年代。至今,东西方竟有20多个海洋国家成立了"风帆研究所"。现代风帆用计算机设计,具有最佳采风性能和推进性能。其制作材料已从尼龙发展到铝合金,帆的控制也是自动化的。所以现代帆船并非"扁舟孤帆",而是万吨巨轮,有些帆船的速度可与快艇媲美,加上节能、安全、无噪音、无污染等独特优点而深受喜爱。

又如,弩是古代技术的精华,它在 17 世纪就趋于没落,今天却又重现光辉:弓箭——箭镞由锌铬合金制成,弩装备——具有可变焦距瞄准镜。箭镞在 50 米内能洞穿汽车外壳;在 300 米内能像步枪一样准确地射杀目标,但保留其祖先悄然无声的优点。

4.功能移植

功能移植是指把诸如激光技术、超声波技术、超导技术、光纤技术、生物工程技术以及其他信息、控制、材料、动力等一系列通用技术所具有的技术功能,以某种形式应用于其他领域。

如采用液压技术便可较好地解决远距离传动的问题,且简化机构,操作方便。电子计算机的应用则使机械加工程序化、自动化。若将遗传工程移植至机械工程则将形成更大的变革——出现生物机构。在自然界,河川中夹杂的有机物流入海洋并不会使其受污染,原来海洋中生长着能消化有机物的净化细菌,有机物经它消化后变成水和一氧化碳。环保专家将此功能移植于废水处理——引进净化细菌让它大量繁殖,以达到去污变清的目的。这就是目前污水处理的活性污泥处理法。

5.技术移植

这是把某一领域的技术移植到其他领域,用以实现该领域内的技术创新,发明新技术和新产品。它是通过技术改造、调整产业结构进行创新的一种有效方法。

创新创业故事

电吹风的发明

电吹风的发明,解决了人们烫发、干发、定型的问题。但是,电吹风的功能却被日本的一位妇女引入一个新的领域,并由此进行了发挥,产生了新的用途。当她的宝宝在冬天、雨天尿裤子以后,尽管她准备了充足的尿布,但还是不够用。忙乱之中,她想到了用电吹风吹干,一试,效果果然不错,尿布上的湿气很快散发了。这位日本妇女对电吹风的妙用被她的丈夫发现了,他因此联想到宾馆、医院等单位也可以引入电吹风的工作原理来制作被褥烘干机。于是,一种高效的被褥烘干机便问世了。

三、演绎发明法

建立在演绎推理基础上的发明创新技法称为演绎发明法。演绎推理以客观事实为前提,而它也是一种合乎逻辑的必然性推理,因此结果就比较可靠。演绎发明

法在创造发明领域具有极为重要的作用,体现在它是构造科学理论体系最基本的方法之一,是检验科学技术理论最有效的理论之一,是探索发明创新规律最常用的途径之一。

一般来说先有科学理论的发现,然后才有以科学原理为基础逐渐发展起来的各种技术及其应用。当一种新的科学原理被发现后,就会产生连锁反应,衍生出许多新产品、新技术和新课题,并且还可以进一步演绎出更多更好的创新发明。

如19世纪中叶法国化学家贝尔泰洛创建有机合成原理后,从该原理出发演绎出基本有机合成化工和高分子合成化工两大体系,并从这两大体系中又进一步演绎出许多具体的有机合成化工产品。

第四节　系统分析型创新技法

系统分析型创新技法就是建立在对创新系统进行分析思考基础上的一类方法,可以分为五个步骤:①明确地提出问题,并加以解释。②把问题分解成若干个基本组成部分,每个部分都有明确的定义。③建立一个包含所有基本组成部分的多维矩阵(形态模型),在这个矩阵中应包含所有可能的总的解决方案。④检查这个矩阵中所有的总方案是否可行,并加以分析和评价。⑤对各个可行的总方案进行比较,从中选出一个最佳的总方案。

一、形态分析法

形态分析法(morphological analysis)是由瑞士天文学家F.兹维基创立的一种创新技法,又称"形态矩阵法"和"形态综合法"。

第二次世界大战期间,美国情报部门探听到法西斯德国正在研制一种新型巡航导弹,但费尽心机也难以获得有关技术情报。然而,火箭专家兹维基博士却在自己的研究室里,轻而易举地搜索出德国正在研制并严加保密的乃是带脉冲发动机的巡航导弹。兹维基博士难道有特异功能?没有。他能够坐在研究室里获得技术间谍都难以弄到的技术情报,是因为运用了他称之为"形态分析"的思考方法。

形态分析法,是一种以系统搜索观念为指导,在对问题进行系统分析和综合的基础上用网络方式集合各因素设想的方法。兹维基博士运用此法时,先将导弹分解为若干相互独立的基本因素,这些基本因素的共同作用便构成任何一种导弹的效能,然后针对每种基本因素找出实现其功能要求的所有可能的技术形态。在此基础上进行排列组合,结果共得到 576 种不同的导弹方案。经过一一过筛分析,在排除了已有的、不可行的和不可靠的导弹方案后,他认为只有几种新方案值得人们开发研究,在这少数的几种方案中,就包含德国正在研制、令英伦三岛闻之色变的"V-1""V-2"飞弹,而这种带脉冲发动机的巡航导弹及其技术,是同盟国情报机关的间谍们使用一切手段都没有弄到手的。

用形态分析法进行新品策划,具有系统求解的特点。只要能把现有科技成果提供的技术手段全部罗列出来,就可以把现存的可能方案"一网打尽",这是形态分析方法的突出优点。但同时也为此法的应用带来了操作上的困难,突出地表现在如何在数目庞大的组合中筛选出可行的新品方案。如果选择不当,就可能使组合过程的辛苦付之东流。

用形态分析法对创造对象的要素进行处理,既可以按材料和工艺分解,又可以按成本和周期分解,还可以按功能和技术分解,这样就扩大了可供组合及分析的余地,使发明创造有了数量上和质量上的保证。

例如,在设计一种新包装时,假定只考虑包装材料和形状两个基本因素,实现这两个因素的形态各有四个,那么,采用图解方式进行排列组合,可得出 16(4×4＝16)种方案可供选择(见 6-8 左图)。如果将此设计再增加一个色彩的基本因素,并假定此基本因素也有 4 种形态,那么就能得出 64(4×4×4＝64)种方案可供选择(见 6-8 右图)。

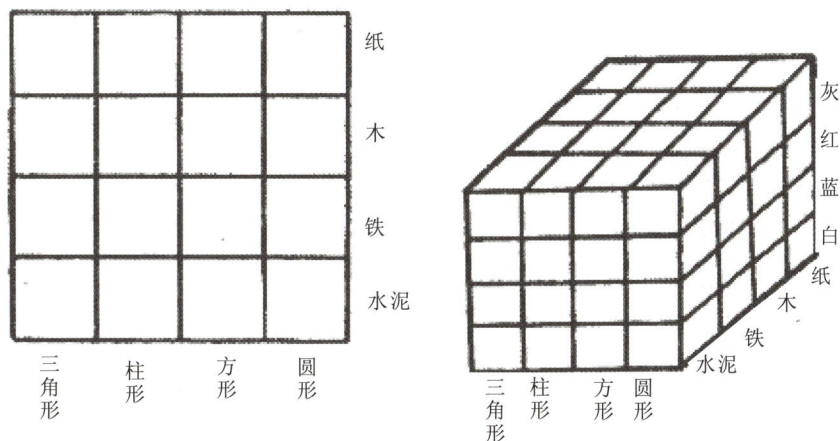

图 6-8　形态分析法构建创新方案示例

形态分析法在发明创造的求解过程中常分为五个步骤,下面结合一种新的运输系统的创新设计来予以说明。

第一步,详述需要解决的问题。例如,需要将物品从某一位置搬运到另一位置,采用何种运输工具为好。

第二步,因素分析。根据需要解决的问题,列举出独立因素。经过分析可得出三个独立因素:装载形式、输送方式和动力来源。

第三步,形态分析。运用发散思维尽可能多地列举各个独立因素所包含的若干形态。装载形式的形态有 4 种:车辆式、输送带式、容器式、吊包式;输送方式的形态有 7 种:水、油、空气、轨道、滚轴、滑面、管道;动力来源的形态有 7 种:蒸汽、电动机、压缩空气、电磁力、内燃机、原子能、电瓶。

第四步,用图解方式对上述各形态进行排列组合,能得到 196($4 \times 7 \times 7 = 196$)种方案可供选择(图 6-9)。

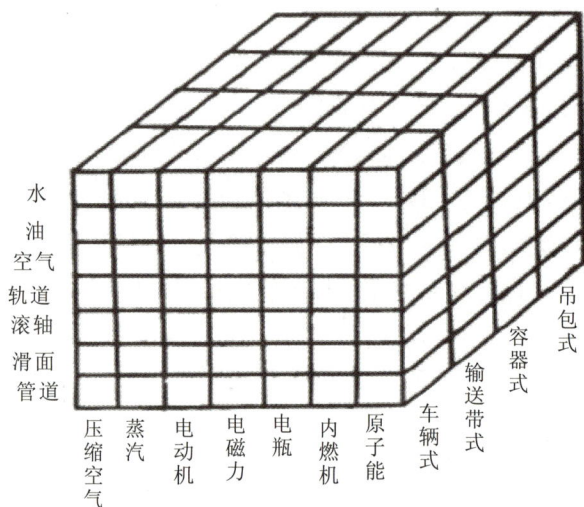

图 6-9 形态分析法构建运输系统创新方案示例

如,采用容器装载、轨道运输,压缩空气做动力;采用吊包装载、滑面运输,电磁力做动力;采用容器装载,水做运输方式,内燃机做动力等。

第五步,根据发明目标,选择最佳设想方案。此时可借助计算机进行辅助设计,以求多快好省地完成设计任务。

在解决发明创造问题时,形态分析法可使设计人员的工作合理化、构思多样化,帮助人们从熟悉的解答要素中发现新的组合,帮助人们避免任何先入为主的看法,也帮助人们克服单凭头脑思考、挂一漏万的不足,从而推动创造活动的发展。

二、发明问题解决理论

(一)TRIZ 理论

发明问题解决理论 TRIZ 由苏联发明家"TRIZ 之父"阿奇舒勒(G.S. Altshuller)在 1946 年最先提出,它的英文全称是 Theory of the Solution of Inventive Problems,即发明问题的解决理论,中文翻译为"萃思"或"萃智",意为"萃取思考""萃取智慧"。TRIZ 理论被认为是可以帮助人们挖掘和开发自己的创造潜能,最全面系统地论述发明创造和实现技术性创新的新理论,被欧美等地专家称为"超级发明术"和"神奇点金术"。

创新故事

阿奇舒勒与 TRIZ 理论

根里奇·阿奇舒勒(图 6-10),人称 TRIZ 创新理论之父,1926 年 10 月出生于苏联的塔什罕干,毕生致力于研究建立一门奇妙的创造科学——TRIZ。他在 14 岁时就发明了水下呼吸器,获得第一个专利证书。15 岁时,制作了一条装有以碳化物做燃料的喷气发动机的船。后来又相继做出了多项被列为军事机密的发明:排雷装置、船用火箭引擎等,从而成为一名苏联里海海军专利局的专利评审员。

图 6-10　根里奇·阿奇舒勒

1946 年,阿奇舒勒开始了发明问题解决理论的研究工作,他试图解决一个疑问:人们在进行发明创造、解决技术难题时,是否有可遵循的科学方法和法则,从而能迅速地实现新的发明创造或解决技术难题呢? 经历自身的许多发明,又研究了成千上万的专利,他发现任何领域的产品改进、技术变革与创新等,就像生物系统一样,存在着产生、生长、成熟、衰老、灭亡的过程,有规律可循。人们如果掌握了这些规律,就能能动地进行产品设计并能预测产品的未来发展趋势。以后数十年中,阿奇舒勒以毕生的精力致力于 TRIZ 理论的研究和完善。根里奇·阿奇舒勒经过研究发现,有 15000 对技术矛盾可以通过运用基本原理而相对容易地解决,从而发现了发明背后存在的模式。他说:"你可以等待 100 年获得顿悟,也可以利用这些原理用 15 分钟解决问题。"

此后他出版了大量有关 TRIZ 的书籍,TRIZ 学校也开始得到蓬勃发展。在他的领导下,苏联的数十家研究机构、大学、企业组成了 TRIZ 的研究团体,分析了世界近 250 万份高水平的发明专利,总结出各种技术发展进化遵循的规律模式,以及解决各种技术矛盾和物理矛盾的创新原理和法则,建立了一套解决技术问题,实现创新开发的由方法、算法组成的综合理论体系,并综合多学科领域的原理和法则,建立起 TRIZ 理论体系。

1969 年,根里奇·阿奇舒勒出版了他的新作《发明大全》。在这本书中,他将自己的 40 条创新原理全面地阐述给读者,即第一套解决复杂发明问题的完整理论。

1989 年苏联 TRIZ 协会成立,由根里奇·阿奇舒勒出任主席。

1998 年 9 月 24 日,伟大的创新理论家、发明家根里奇·阿奇舒勒逝世于彼得罗扎沃茨克,享年 72 岁。

(二)TRIZ 理论的核心思想

现代 TRIZ 理论的核心思想主要体现在三个方面:

(1)无论是一个简单的产品还是复杂的技术系统,其核心技术的发展都是遵循着客观的规律发展演变的,即具有客观的进化规律和模式。

(2)各种技术难题、冲突和矛盾的不断解决是推动这种进化过程的动力。

(3)技术系统发展的理想状态是用尽量少的资源实现尽量多的功能。

(三)TRIZ 理论的主要内容

1.创新思维方法与问题分析方法

TRIZ 理论中提供了如何系统分析问题的科学方法,如多屏幕法等;而对复杂问题的分析,则包含了科学的问题分析建模方法——物-场分析法,它可以帮助人们快速确认核心问题,发现根本矛盾所在。

2.技术系统进化法则

针对技术系统进化演变规律,在大量专利分析的基础上,TRIZ 理论总结提炼出八个基本进化法则。利用这些进化法则,可以分析确认当前产品的技术状态,并预测未来发展趋势,开发富有竞争力的新产品。

3.技术矛盾解决原理

不同的发明创造往往遵循共同的规律。TRIZ 理论将这些共同的规律归纳成 40 个创新原理,针对具体的技术矛盾,可以基于这些创新原理,结合工程实际寻求具体的解决方案。

4.创新问题标准解法

针对具体问题的物-场模型的不同特征,分别对应标准的模型处理方法,包括模型的修整、转换,物质与场的添加等。

5.发明问题解决算法

主要针对问题情境复杂、矛盾及其相关部件不明确的技术系统。它是一个对初始问题进行一系列变形及再定义的非计算的逻辑过程,实现对问题的逐步深入分析,问题转化,直至问题的解决。

6.基于物理、化学、几何学等工程学原理而构建的知识库

基于物理、化学、几何学等领域的数百万项发明专利的分析结果而构建的知识库可以为技术创新提供丰富的方案来源。

可见,TRIZ 理论的基本内容体系以自然科学为基础,以辩证法、系统论、认识论为指引,以系统科学与思维科学为支撑,是一个结构完整且融会了交叉学科知识的系统创新理论(图 6-11)。其中,分析、解决问题的工具与方法是该理论的核心,利用它们不仅可以消除矛盾,而且只要基于技术系统进化法则就能够得到理想化的最终结果。掌握 TRIZ 并利用好科学效应与资源能更好地为解决问题提供保障。另外,物-场分析法、标准解法及类比思考的认知程度将决定创新成果的实际水平。

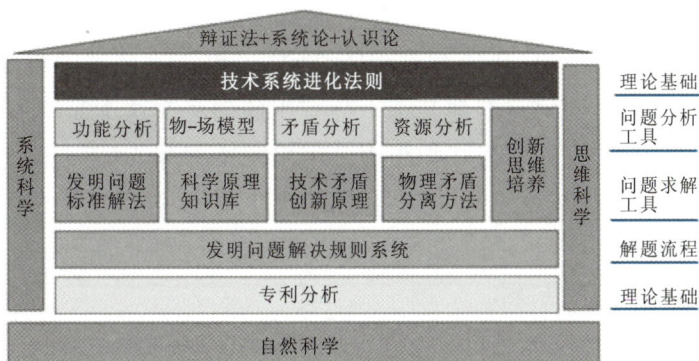

图 6-11 TRIZ 理论的基本内容体系

　　相对于传统的创新方法,比如试错法、头脑风暴法等,TRIZ 理论具有鲜明的特点和优势,它成功地揭示了创新发明的内在规律和原理,着力于澄清和强调系统中存在的矛盾,而不是逃避矛盾;其目标是完全解决矛盾,获得最终的理想解,而不是采取折中或者妥协的做法。它基于技术的发展演化规律研究整个设计与开发过程,而不再是随机的行为。实践证明,运用 TRIZ 理论可大大加快人们创新发明的进程,而且能得到高质量的创新产品。它能够帮助我们系统地分析问题情境,快速发现问题本质或者矛盾。它能够准确确定问题探索方向,不会错过任何可能。它能够帮助我们突破思维障碍,打破思维定势,以新的视觉分析问题,进行逻辑性和非逻辑性的系统思维。它还能根据技术进化规律预测未来发展趋势,帮助我们开发富有竞争力的新产品。

　　埃及神话故事中会飞的魔毯曾经引起我们无尽的遐想,那么现在我们不妨一步步分析一下这条会飞的魔毯,从而了解 TRIZ 理论中创造性问题分析方法在现实问题解决中的应用。

　　现实生活中虽然有毯子,但毯子都不会飞,原因是地球具有引力,毯子具有重量,而毯子比空气重,那么在什么条件下毯子可以飞翔?我们可以施加向上的力,或者让毯子的重量小于空气的重量,或者希望来自地球的重力不存在。如果我们分析一下毯子及其周围的环境,会发现这样一些可以利用的资源,如空气中的中微子流、空气流、地球磁场、地球重力场、阳光等,而毯子本身也包括纤维材料、形状、质量等。那么利用这些资源可以找到一些让毯子飞起来的办法,比如毯子的纤维与中微子相互作用可使毯子飞翔,在毯子中安装提供反向作用力的发动机,把毯子放在没有来自地球重力的宇宙空间,毯子由于下面的压力增加而悬在空中(气垫毯),利用磁悬浮原理,或者毯子比空气轻。这些办法有的比较现实,有的看似不可能。比如毯子即使很轻,但也比空气重,对这一点我们还可以继续分析。比如毯子之所以重是因为其材料比空气密度大,解决的办法就是采用比空气轻的材料制作毯子,或者使毯子像空中的尘埃微粒一样大小等。通过上面一个简单的分析过程,我们会发现,神话传说中会飞的毯子逐渐走向现实,从中或许我们可以得到很多有趣甚至十分有用的创意。这个简单的应用展示的问题分析过程包括首先从幻想式构想中分离出现实部分,对于不现实部分,通过引入其他资源,一些想法由不现实变为现实,然后继续对不现实部分进行分析,直到全部变为现实。因此,通过这种反复迭代的办法,常常会给看似不可能的问题带来一种现实的解决方案。

创新创业故事

"绿色"洗衣机

1.设计项目:"绿色"洗衣机。

2.用户需求:省水、省电、省洗衣剂。

3.理想化最终结果:利用一些高新技术(比如纳米)使衣服不沾污而实现"免洗"。

4.技术矛盾:减少物质的浪费是否能达到原来的效果,即"物质的浪费"与"功效"之间的矛盾。

5.创新原则:查 2003 版矛盾矩阵表横向改善参数 25 与纵向恶化参数 18 交叉处,得到发明创新原则 28,18,38,25,13,3。

6.原则分析如表 6-1 所示。

表 6-1　创新原则分析

原则	有用的提示	方案
28.替换机械系统	以光学、声学、热能以及嗅觉的系统取代机械的系统	用其他系统替代现有机械系统
18.机械振动	假如振动的方式已经存在,提高振动的频率至超声波	超声波振动水流把衣物纤维间的脏污从缝隙中弹出来
38.强氧化作用	转换并提高氧化的程度	将自来水电解产生活性氧与次氯酸,以溶解衣物上的有机汗污
25.自助	利用废弃的材料及能源	重复利用洗衣水
13.反向操作	物体或者外在环境可以移动的部分变成固定的,而固定的部分则变成可移动的	使原来转动的水流变为不动的
3.局部特性	水的特性	充分利用水的特性

7.方案合成:利用水电解与超声波振荡相结合的方式,取代原有电机拖动波轮或滚筒的系统。

8.方案分析:该方案既可以避免衣物缠绕,也可减少甚至免用洗衣剂,而且洗衣水可以重复利用,达到环保与节能的功效。从大电流的电机驱动到电解与振荡装置的发展,符合技术系统的进化趋势。虽然距离理想化最终方案还很远,但实现了省水、省电和省洗衣剂的要求。

以上案例看似简单实际却有很难突破的技术障碍,在企业中有许多这样的技术创新问题等待我们去解决。只要掌握了 TRIZ 理论,我们就可以从容地面对这些问题,并能创造性地解决问题。通过以上案例分析我们还可以看到:TRIZ 理论可以在无形中打破设计人员的思维定势,弥补知识的不足,改变以往解决问题的盲目性;解决技术创新问题的正确方略是逐步揭示矛盾,研究其原因并加以排除。大学生在今后创业过程中可以灵活运用 TRIZ 理论解决创业过程中的诸多难题。

❓ 本章思考题

1.创新技法有哪些类型?

2.运用创新技法解决生活中的某些问题。请举例说明。

3.当前我国每年高校毕业生达 800 多万人,就业形势严峻,请用头脑风暴法谈谈大学生如何自主就业或自主创业。

4.请你对创新创意课程教学提出希望点及改进意见。

5.军训期间,很多大学生用卫生巾当脚垫使用,你有何评价?

6.请运用多种创新技法,进行创新设计,提交设计方案并在同学间进行展示(内容包括名称、原理、自我评价)。

第七章　大学生创新创意实践

哲理名言启示

个人是否具有创新能力,是一流人才和三流人才之间的分水岭。

——内森·马什·普西

本章概要

通过本章的学习,要求学生通过创意活动,提高自己的创新能力;通过对创新作品的讲解,激发学生的创新创业意识,运用创新思维解决今后学习、生活、工作中的现实问题。

教学要点

1.创意活动介绍;
2.创意作品创作及展示。

开篇案例

透明厕所

厕所是人们生活中最隐秘的空间之一,英国首都伦敦最近却冒出一间透明厕所。

这座位于泰晤士河畔英国泰特艺术博物馆附近的公共厕所乍看起来只不过是个单纯的四面镜,让路人能够停下脚步整理仪容。厕所四面的墙壁均采用单面透光的玻璃,确保里面看得见外面,而外面看不到里面。自然的光线从四面八方照射进来,让整座厕所看起来明亮宽敞、干净大气,而不需要使用任何电灯泡照明。

更有意思的是,在里面方便的朋友再也不用跟千篇一律的瓷砖干瞪眼了。在这里,你可以边方便边观赏外面的风光,顺便数数后面还有多少人正在排队等着上厕所。

透明厕所除了具有实用性外,还是一件地道的艺术品。厕所的设计者是意大利裔艺术家莫尼卡·邦维奇妮,她希望能达到如厕、赏景和交流三不误的效果。

2015年2月10日,中国首座五星级透明厕所在广西桂林开放,透明厕所投入使用后,公众反应不一。有人对它嗤之以鼻,有人大加赞赏;使用者有的心惊肉跳,有的乐在其中。

21世纪初以来,透明厕所在世界多个地方陆续出现。这类厕所多使用全透明的玻璃幕墙建造,厕所的位置也多是在酒店或者公园、景区等公共场所。使用卫生间的客人在欣赏窗外美丽风景的同时,自己也成为路人眼中的一道"别样风景"。透明厕所颇有创意,既打破了传统厕所的隐秘设计,也打破了如厕者的习惯心理。不过,你有没有勇气使用它?

❓ 思考与讨论

1.透明厕所的创意何在? 请你评价透明厕所这一创意。

2.你有没有发现什么创意? 与身边的同学或老师一同分享。

第一节　大学生创意活动介绍

为贯彻落实《国务院办公厅关于深化高等学校创新创业教育改革的实施意见》(国办发〔2015〕36号)、《福建省教育厅关于深化高等学校创新创业教育改革十六条措施的通知》(闽教学〔2015〕23号)、《福建省教育厅关于进一步加强高校创新创业教育课程体系建设的指导意见》(闽教学〔2018〕2号),将创新创业教育贯穿人才培养全过程,传统的大学传授知识的使命必将随之改革。几百年来的大学运行模式面临嬗变,创新引领未来,面向全体学科和学生增加创新基础课程内容,培养和激发我国在校大学生的创新意识和创新思维,造就大批具有创新意识和创新能力的高素质人才将成为高校深化教学改革的主要任务。

创新不是哗众取宠,不是为了创新而创新,要始终坚持实践是检验创新的唯一标准,学会辩证地对待,防止形而上学,防止毫无根据的理论"创新"。全面提升人才培养质量,高校要把创新作为根本,探索面向全体、面向过程、面向育人的各种创新实践与活动。在大学生中推行创新素质教育,举办各种形式的创新创意活动,通过这些活动让更多的大学生尝试创意、参与创意,为在校大学生营造一种创新的氛围。活动突出自主创新和原始创新理念,推进大学生开展以创意为主要内容的创新活动,挖掘大学生的创新潜能,培养大学生的创新意识。

一、大学生创意活动

(一)每日一创意(设想)活动

创造学的创始人美国的奥斯本提出"一日一设想"的思维训练。日本曾在国内大规模开展过"一日一案国民运动",激起全民的创新意识,为日本逐步发展成世界第一专利大国做出了贡献。学生"每日一创意(设想)"活动,让学生积极地去思考,迸发出创新点子,并使之得到进一步的加强和提升,更重要的是让创新创意成为同学们的一种习惯。

各高校可以开展"每日一创意(设想)"活动,要求参加者在某一段连续时间内每天提出并记录下一条设想。该活动可以培养大学生对周围事物的关心和注意,养成细致观察、勤于思考的习惯,锻炼持之以恒、坚韧不拔的毅力。

(二)大学生创意文化节活动

大学生思维活跃,创意潜力无限。创意文化节就是一个梦想的舞台,能使每个大学生的梦想在这里绽放。创意文化节为喜欢创意的人提供了一个展示自我创意的平台,每个有创意有思想的人都可以在这里大展身手。创意文化节能有效构建大学生与品质生活引领者之间需求互动的交流平台,有利于增强当代大学生的创新意识。创意文化节包含所有的创意形式,能够展现当代大学生在艺术、创作、设计方面的新思潮和内在动向,彰显创意人群在社会文化中的先锋地位,发挥创意人群对社会文化产生的巨大引导作用。

活动内容主要包括创意达人秀、大学生 i-mart(大学生创意市集)、创意大讲堂等,内容丰富多彩,理论与实践相得益彰,意在展现现代大学生的创新思维、创新方式和创意生活,为在校大学生提供各种锻炼的机会,培养"创意、创新、创业"三创精神。

大学生创意活动可以围绕某一主题,例如公益、环保、体育、营销,也可以结合自己所学专业和生活所思所想进行创意作品创作,激励自己不懈探索,寻找思路,发挥才智,提出创新。通过创意活动展示创意作品,活跃思维,开阔眼界,锻炼各种能力。

各校可以结合自己的实际,举办各种创意活动,如专业创意策划、公益创意比赛、掌上生活、便利校园、节能环保、广告创意等,让更多的大学生体会到多点思考,便处处有惊喜。

二、活动进行过程中应注意的事项

(一)增强自信心

要坚定不移地相信自己具有一定的创新力。这一条看来容易,其实很难做到。不少人一开始就怀疑自己的创新力。有些人虽然不大怀疑,但一旦在创新中遇到某些困难或挫折,就会反过来问自己:"我能行吗?"这些都是创新过程中的障碍和阻力。所以,要真正相信自己有创新力,仅仅在口头上"承认"和"相信"还远远不够,更重要的是应该用实际行动证实自己确有一定的创新力。只有在这种强烈信念的指导下,才能激发自己的创新思维。

实践证明,创新力特别强和特别弱的人都是少数,大多数人都具有中等程度的创新力,即人人都能有所发现和有所发明。

(二)激发创新意识

为了激发创新思维,头脑要经常处于思维的活跃阶段。例如,应该经常地、反复地问自己:"我能创新什么?""什么东西需要我去创新? 我怎样进行创新?"等。只有大脑经常处于这种激发状态之下,一旦遇到机遇和可能,有些想法就自然而然地会进入脑海而不会轻易地溜掉。

牛顿在谈到他成功秘诀的时候说:"我一直在想,想,想……"有的人善于抓住偶然机会并大有成效,步步成功;而有的人却坐失良机,节节败退。究其原因,有无创新意识是关键。如果没有强烈的创新欲望,即使知识很渊博的人,也只能起到一个知识库的作用,而很难会有什么创新成果。有人把强烈的创新意识看成创新活动的必然催化剂和强大的驱动力,是很有道理的。

(三)让创新成为习惯

俗话说"习惯成自然",但是,真的形成一个好的创新思维的习惯挺不容易。我们知道,任何一种行为只要不断地重复,就会成为一种习惯。同样道理,任何一种思想只要不断地重复,也会成为一种习惯,进而影响潜意识,在不知不觉中改变我们的行为。至于我们的行动,只是在潜意识支配下的被编辑好的程序。那么,怎样运用潜意识的力量来养成一个好习惯呢?

行为心理学研究表明,21 天以上的重复会形成习惯,90 天的重复会形成稳定的习惯,即同一个动作,重复 21 天就会变成习惯性的动作;同样道理,任何一个想法,重复 21 天,或者重复验证 21 次,就会变成习惯性想法。所以,一个观念如果被别人或者自己验证了 21 次以上,它就已经变成了信念,习惯的形成大致分为三个阶段:

第一阶段:1~7 天。此阶段的特征是"刻意,不自然"。你需要十分刻意提醒自己改变,而你也会觉得有些不自然,不舒服。

第二阶段:7~21 天。不要放弃第一阶段的努力,继续重复,跨入第二阶段。此阶段的特征是"刻意,自然"。你已经觉得比较自然,比较舒服了,但是一不留意,你还会回到从前,因此,你还需要刻意提醒自己改变。

第三阶段:21~90 天。此阶段的特征是"不经意,自然",其实这就是习惯。这一阶段被称为"习惯的稳定期"。一旦跨入此阶段,你已经完成了自我改造,这项习惯就已经成为你生命中的一个有机组成部分,它会自然而然地为你"效劳"。

所以,这个活动最少不能少于 21 天,最好能到 90 天。

(四)必须有持之以恒的毅力

中国有句古话:江山易改,本性难移。这句话的含义有两层:①人的本性是很难改变的。②人的本性虽然很难改变,但并非改变不了,只是难了一点而已。

假如我们的本性中有一些阻碍成功的因素,我们如果不改变,岂不是注定要失败?如果你对改变自己的思维习惯没有信心,裹足不前,请扪心自问:我是要成功,还是要失败?不改变,就意味着失败;要成功,就别无选择,立即改变。改变习惯其实是简单的,成功其实也是简单的。成功,就是简单的事情反复地做,之所以有人不成功,不是他做不到而是不愿意去做那些简单而重复的事情。

(五)切忌急于求成

俗话说"心急吃不了热豆腐",很多活动参与者都想努力挖掘他们自身内部"沉睡着的力量",用第三只眼睛看问题,希望每天都能"见人之所见,思人之未思"。一旦挖掘失败,没有得到惊天动地的创新,就寝食不安,甚至什么事情都不做。这就走火入魔了。这种全身心投入的态度和精神值得赞扬,但是这种做法严重偏离了这个活动的宗旨——帮助参与者养成创新思维的习惯。

第二节　大学生创意活动实施

创新教育是以开发人的创造力为宗旨、培养创新型人才为目标的综合性教育。创新教育作为一门横断学科渗透到每个学科的不同层面；创新教育体现素质教育的根本宗旨，承担素质教育的重要任务，反映素质教育的培养目标。

一、大学生创意活动实施原则

在策划创意相关的校园文化活动时应考虑五个原则，将创意教育和社会服务、提升专业技能结合起来，形成有特色的校园文化品牌。

(一)结合形势

每个阶段都有社会普遍关注的问题和现象，在活动中结合当前形势，协助地方发展，比较容易整合资源，学生也能体会到成就感。如工艺美术大师进校园活动，该活动与工艺美术行业协会合作，邀请非物质文化遗产代表性传承人进校园为学生现场演示根雕、剪纸、陶艺等技艺，有助于大学生增进对非物质文化遗产的了解，同时工艺美术大师也能在大学生中培养新一代的传承人。该活动契合十九大提出的推进社会主义文化强国建设的目标，在开展活动的过程中得到了各个部门的大力支持，取得了良好的效果。

(二)服务社会

高校有服务社会的责任，开展活动时应当与服务社会相结合，如在中国义乌国际小商品博览会、森林产品博览会、文化产品交易会等各大展会中组织大学生担当志愿者，服务海内外客商和参展企业。

(三)服务学生

学生活动要能切实提高学生的组织能力、沟通能力、协调能力，让学生在活动中有所收获。

(四)体现创意

学生活动以创意为亮点，创意体现在活动流程和活动内容中。

(五)结合专业

高校开展学生活动的优势在于能依托专业背景知识和教师团队的力量,学生活动也是课堂教学的一个延续,策划活动时体现专业,一方面可以提高活动的质量,另一方面也能提升学生的专业水平。例如创意集市、徽标设计、创意广告、方案设计等,都与专业技能息息相关。

二、大学生创意论坛

这个教育模块主要依靠社会的力量,偏重于创意经验和创意技能知识的传授,可以使大学生思维敏捷、喜欢探索、善于发问的天性得到充分的激发,帮助大学生不断从探索未知、创新创造中体验成功和收获的快乐。由于创意活动具有很强的实践性和复杂性,因此学校创意教育也需要以论坛的形式邀请社会上有经验的创意家、创意产品制作者以及相关领域的创意专家到学校开设讲座,开展对话和交流,给学生传授创意经验和知识,并提供创意智慧交流平台。例如,由温州大学教育学院、创艺宝贝教育中心联合主办的"创艺宝贝杯"创意教育论坛,邀请热心创意教育的人士和专家就这个话题展开对话和交流,激发了大学生的创意意识。这种社会参与的创意论坛对于弥补学生社会创意经验的不足和学校创意课堂的局限具有重要的意义,能够使学生积极地参与和发表见解,互相激励,引起创意联想和共振,就像一串鞭炮,在短时间激起巨响。尽管我国一些高校也常常邀请一些创意专家到学校开展创意性论坛和对话交流活动,但是,很多高校组织的这种论坛仍具有临时性和分散性的特点,还没有形成一种机制可以使这种论坛长期化和制度化。对此,高校创意论坛应该充分利用各种社会资源和网络,通过凝聚一批具有丰富创意经验的社会人士,形成一种稳定的、有效的创意论坛机制,使这种论坛活动成为高校创意教育的重要组成部分。

三、大学生创意活动比赛

(一)每日一创意

本主题旨在培养学生的创新意识,鼓励学生敢于创新、善于创新,养成创新思维习惯,对生活中、学习中的创新灵感进行归纳总结,从而提高学生的科研创新能力。

本主题要求参赛学生坚持做到"每日一设想,每日一观察,每日一创新"。要求参赛者在竞赛期间,每日记录一个自己的创新设想或者创意点子。该创新设想无具体限制,可以是灵光一闪的金点子,也可以是深思熟虑的新方案。记录思维的痕迹,见证创新的过程,播下创新的种子,开拓想象的空间。

(二)创新方案设计

本主题旨在提高学生的创新转化能力,为后续的课外研学活动打下坚实的基础。

本主题要求学生围绕某个创意或创新想法,设计相应的创新实现方案(SRTP 方案或者创业方案),组委会从中选拔优秀的设计方案,提交给教务处教学实践科和校团委,推荐其立项,最终鼓励、支持学生参加校、省及国家级竞赛。

创新方案设计要求举办方事前做好规划,做好宣传及组织工作。

四、大学生创意产品竞赛

创意产品竞赛涵盖文化创意和实践创意两部分内容,需要学校和社会的广泛参与,是大学生创意演练的一项有效方式,主要通过引导大学生在竞赛中积累创新经验和技能,这样可以更好地调动大学生创造的主动性和积极性,掌握受用一生的创意思维、创意研究方法。

该项活动可以引导大学生更好地投身创意实践,通过鼓励大学生开展尝试性创意,挖掘青年学生思想中创意的灵感和火花;进行小发明、小创造等创意训练活动,可以帮助他们丰富创意实践,提高创意素质。这对于大学生积累创意经验和知识具有十分重要的意义。

全国大学生电子商务"创新、创意及创业"挑战赛(以下简称"三创赛")是激发大学生兴趣与潜能,培养大学生创新意识、创意思维、创业能力以及团队协同实战精神的学科性竞赛。"三创赛"为高等学校落实《教育部财政部关于实施"高等学校本科教学质量与教学改革工程"的意见》、开展创新教育和实践教学改革、加强产学研之间联系起到积极示范作用。

从 2009 年至 2017 年,"三创赛"总决赛分别在杭州、西安、成都、武汉等地举办。参赛团队从第一届的 1500 多支、第二届的 3800 多支、第三届的 4900 多支、第四届的 6300 多支、第五届的 14000 多支、第六届的 16000 多支,到第七届的20000 多支,规模越来越大,覆盖面越来越广,社会影响力越来越大。

目前,全国有越来越多的高校逐步引入并开展了创意竞赛。例如,2002—2009 年齐齐哈尔大学已连续举办了八届"科技之星"大学生知识与创意能力竞赛;2004年举办的"广汽杯"第三届中国高校大学生汽车知识大奖赛概念汽车创意竞赛;2008年清华大学举办了旨在培养学生创新意识和创造力的奥运创意竞赛。目前国内的创意产品竞赛还有各省市级创意工艺品竞赛、各高校校园文化创意竞赛、地方政府或科技园区组织的创意产品竞赛等。为提高大学生的想象能力、创新能力、动手能力及人文素质,举办了各种形式的"公益广告设计大赛"活动。

创意产品竞赛过程中,学生要经过选项目、创意思考、创意融入、完成创意设计以及实践检验等阶段。通过参与这个过程,学生获得了宝贵的模拟创意经历,学习积累了创意知识,培养了创意能力,锻炼了合作精神、沟通能力和组织能力,提高了分析和研究能力。因此,在高校创新创意教育实践过程中,可以利用创意产品竞赛这个载体,构建培养模式和训练体系,激发学生的创意热情和精神,提高他们的创意能力。

第三节 大学生创新创意作品展示

在人们看来,创新是一件"高大上"的事,似乎不在前沿行业,不在重要岗位,不拿几张硬文凭,就没资格谈创新。事实果真如此? 在一些人看来,不是所有人都能创新。不说像马云、马化腾这样,最起码也得身在新兴产业、高新技术行业,身居一定领导岗位或重要岗位;不说一定要推出跨时代成果,起码要取得重量级突破。当然,这确实是创新,只是,把创新局限于一部分人,把成果定位得那么高,实是一种"夸张性创新"。

创新创意故事

江都环卫工陈鹏的"扫帚创新"

在一些人的潜意识中,环卫工作似乎与创新沾不上边。仔细看陈鹏的故事,会有不一般的感受。"如何确保门市密集、餐饮火爆、人流车流量大的路段的保洁质量?"陈鹏和她的伙伴们坚信"扫帚上也能作出创新文章",推出了路面卫生整体包干一体化作业法,大大提高了工作效率。社会不乏小创新的典型。"陈鹏保洁组"推出的"一体化管理"作业模式是一个很好的实例。

事实证明,大创新有大成果,小创新有小成果,不创新没有成果。创新是人无我有、人有我优。无论什么工作,无论什么岗位,不管是谁,只要超越过去,都是创新。创新未必都要"高大上",创新更不是部分人的专利。创新有大小之分,不怕小创新,就怕不创新。在校的大学生们,只要你有一双善于发现的眼睛,对周围的事物进行观察和思考,许多看似不经意的一些小细节,经过反复的推敲琢磨,也会有很多创意的火花迸发。

一、标有刻度的皮带创意作品

在上面有一格格的刻度,系上之后就可以看到自己大概的腰围,可谓时时提醒(图7-1)。对于那些正在减肥的人来说,这种皮带太管用了。人们系上它就能马上知道自己的腰围是否增加。

点评:标有刻度的皮带开辟了皮带的新用途,既能起到监督减肥的作用,还可以随时解下来当米尺用。

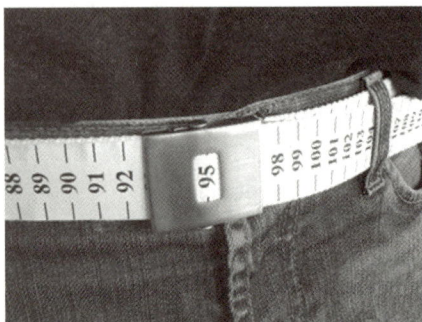

图 7-1 标有刻度的皮带

二、双人雨伞创意作品

在雨天里与心爱的人分享同一把伞虽然浪漫,但是限于传统雨伞的造型,身上很容易被淋湿。图7-2是一款新颖的双人雨伞。它收起来时像一把普通的雨伞,打开之后可以提供相当于两把雨伞的遮挡面积。

图 7-2 双人雨伞

双人雨伞是伞与伞的组合。两个人撑一把这样的伞在雨中漫步,不仅浪漫,而且还能尽量少淋雨。有的同学运用创新思维中的功能转移,将常用的伞进行巧妙的设计,下雨时当雨具,购物时是手提包(图 7-3)。

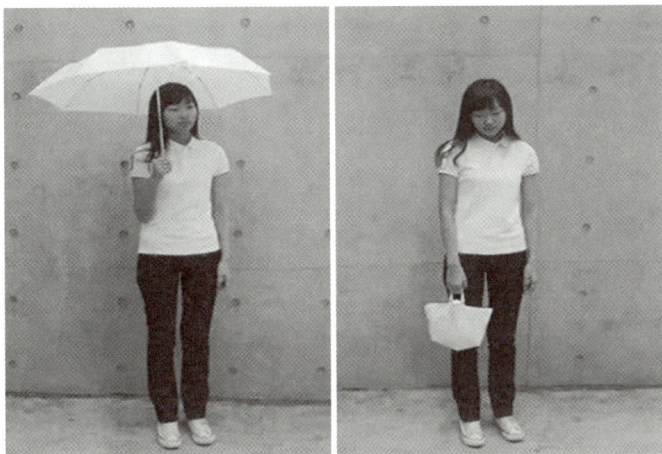

图 7-3　女子的伞与包

三、安全插座创意作品

每年全世界有数以千计的儿童因触电受到伤害,传统的插座对天性好奇的儿童来说是极大的安全隐患。而市场上的安全插座也只是加装了机械式防护门(图 7-4),插座变得笨重而难以插拔,手感不好。

图 7-4　机械式防护门插座

为了防止儿童触电,东南大学张浣雯同学设计出如下结构(图 7-5)的安全插座。该安全插座由挡板和带固定卡扣的底座组成。平时挡板上的插孔与底座不重合,使用时推动挡板,将挡板滑入固定卡扣中,即可固定。这既不影响使用,又可以防止儿童将手指伸入插孔带来危险。

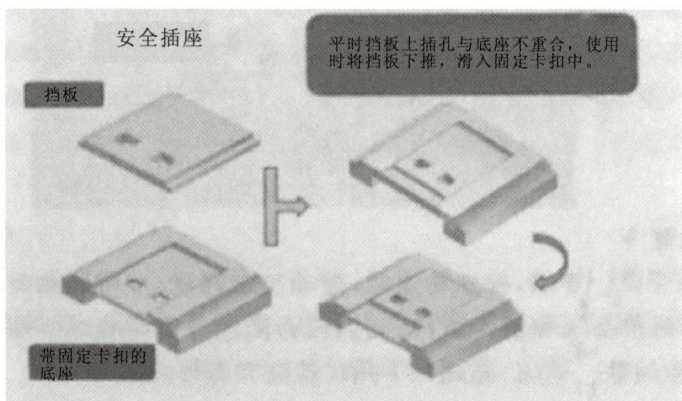

图 7-5　安全插座

该设计来源于生活,服务于生活,同时基于创意者保护小朋友生命安全的考虑,体现出了创意者细心兼具爱心的细腻情感。该创意理念简单,设计简洁,效果显著,同时制作成本较低,所以完全具有市场推广价值,是个不可多得的好想法。

四、盲人 GPS 导航系统创意作品

作为一个特殊群体,盲人的出行有很多不便,他们不能像正常人一样随心所欲地想去什么地方就去什么地方。为了方便他们的出行,人们设计了盲人 GPS 导航系统设备(图 7-6)。

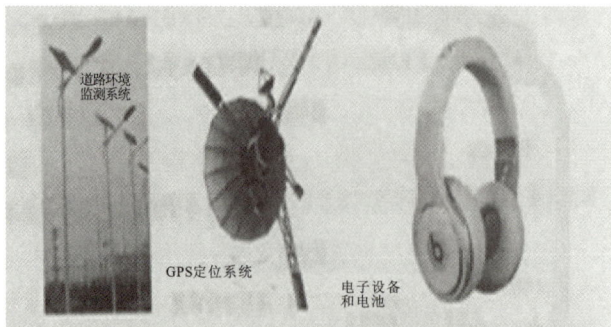

图 7-6　盲人 GPS 导航系统

在类似耳机的电子设备上,安装了 GPS 定位系统、信息综合分析系统和语音提示系统。通过卫星全球定位和道路环境监测系统相结合获取路线和路况信息,经过系统综合分析处理,转化成语音提示。盲人只要通过话筒将目的地语音输入系统,就可以在语音导航的帮助下到达目的地。盲人家属也可以通过 GPS 定位系统确定盲人方位,方便联系和寻找。

该设备优点在于方便盲人出行,更加智能化,贴近盲人生活;根据 GPS 定位,方便盲人家属确定盲人方位,便于寻找照顾盲人。缺点是设备较昂贵;配套设施(道路环境监测系统)安装需要技术和政策支持。具备一定可行性。但是在外观上,耳机缺少美感且增加盲人的负荷,建议将该想法集成到一个通用平台中去,比如手机等。现在手机也支持语音对讲功能,比如 iPhone 中的 siri,利用手机取得 GPS 定位,也可以完成类似的功能。目前的微信导航功能就能实现该设备的功能。

五、自动捡球的网球场创意作品

这个灵感来自打网球时的实际需要。在打网球中,捡球是个无法避免又让人头疼的问题,尤其是网球初学者往往捡球的时间比打球的时间还长,所以自动捡球的网球场是很多网球爱好者的梦想。如图 7-7、图 7-8 所示。

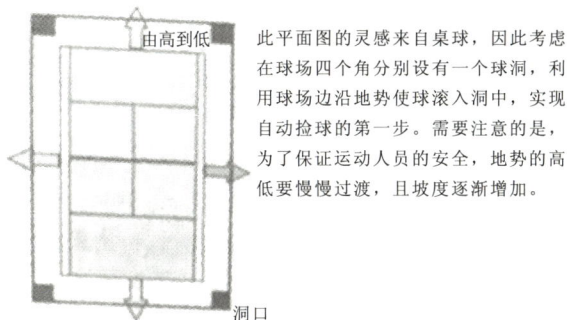

此平面图的灵感来自桌球,因此考虑在球场四个角分别设有一个球洞,利用球场边沿地势使球滚入洞中,实现自动捡球的第一步。需要注意的是,为了保证运动人员的安全,地势的高低要慢慢过渡,且坡度逐渐增加。

图 7-7　自动捡球的网球场(1)

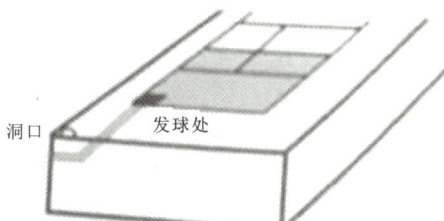

此设计的内部结构灵感来自保龄球,洞中以下有传送带,将球自动传输到发球处。需要注意的是该传送带需要使用防潮、防蛀的材质。

图 7-8　自动捡球的网球场(2)

评价：

（1）优点。用地势高低实现球的自动滚落不耗能且易实现，即使没有下部结构，此平面结构也能大大方便球的集中回收。

（2）缺点。建造网球场的时候对地势高低精准度难以控制，提高工程造价。下部结构必须考虑室外天气因素，注意防水防虫。

六、套在手指上的鼠标创意作品

这款不同寻常的三维光电鼠标（图7-9），通过 USB 接口连接 PC，然后固定到手的食指上，只需要简单地移动手指就可以完成鼠标指针的移动，左右按键和滚轮被设计到了鼠标的拇指一侧，点击操作是通过拇指完成的。看上去，操作这款鼠标，拇指是最疲劳的。

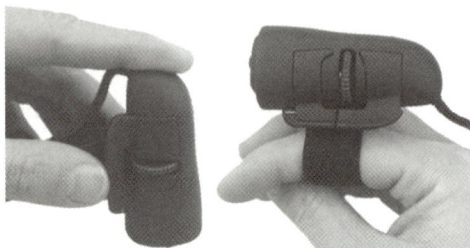

图 7-9　套在手指上的鼠标

这款鼠标的优点也很突出。首先，你不再需要鼠标垫；其次，它可以减轻你的工作疲劳，因为你的手不必再在键盘和鼠标之间换来换去；还有就是，如果你频繁地进行鼠标操作，这款鼠标可大大提高你的工作效率，因为运用鼠标不再需要很大的动作，只需要轻轻动动手指就可以完成。

七、溶解时钟创意作品

一个适于摆放在架子或桌子边缘上的溶解时钟（melting clock）如图 7-10 所示。正如时间并非一成不变的，溶解时钟用视觉上带来的柔软、正在溶解的错觉代表了时间的流动性。除却精确的走时外，它看起来更像一个独特的艺术品。

图 7-10　溶解时钟

八、螺旋书架创意作品

书籍围绕着书架中杆旋转堆叠摆放,最特别之处是它还可以根据需要增加或减少旋转架,不会浪费空间(图 7-11)。这款螺旋书架可以让书籍倾斜着叠摞摆放,如此便不会弄坏书页。此外,书架还采用了统一的规格设计,这样,使用者便可以根据自己的需要自行给书架增高、扩容,十分方便。

图 7-11　螺旋书架

九、动物式书架创意作品

大自然是人类的好朋友,动物也是人类的好朋友。也许我们想不到动物也能成为一种现代美感十足的书架。该书架巧用动物的形状,在中间进行镂空设计,中间放着书本,背上放着香甜的美酒,不管是放在客厅还是书房,都会给人一种大开眼界的感觉,感叹世间的美好(图 7-12)。

图 7-12　动物式书架

十、可折叠式背包自行车创意作品

对于山地自行车运动的爱好者来说,可能经常会遇到穷乡僻壤或多山地形。在这种地形上骑车,首先要求自行车必须装备某些特殊的设备,这些设备要能够经得起险要山势和崎岖地形的考验。其次,还要求骑车者拥有坚定的信念、饱满的热情和良好的体力,因为他们可能经常要扛着车步行一段距离。一般的自行车可能满足不了这种要求,但是博格蒙奇可折叠背包式自行车可以满足山地运动的需要。这种自行车不仅仅体积小、重量轻,而且可以在两分钟内将它折叠成便携式的背包,如图 7-13 所示。

图 7-13 可折叠式背包自行车

最特别的地方是这款折叠车没有车座,后轮比前轮小,有点像小孩骑的滑行车,下山的时候,可以享受速降的惊心动魄,这样的设计适合短时间的骑行游玩。

十一、"浪漫酒屋"创意作品

当今酒类包装作为包装行业的一个分支,其在包装产业中的地位越来越重要,各商家对酒类的包装都很重视。我国的包装材料较之欧美国家相对落后,循环利用率低,对环境污染严重,因此在国际贸易中频繁遭遇"绿色壁垒"。

在这样的竞争下,东莞铭丰包装有限公司推出了一款新产品"浪漫酒屋"(图7-14)。"浪漫酒屋"是一款酒盒设计,采用新型生物质环保复合材料作原料,充分体现了铭丰公司提倡创新环保的经营理念。在结构上"浪漫酒屋"设计巧妙,不单可作为酒盒使用,还可以用作酒架,美观实用,非常适合现代家居摆放。"浪漫酒屋"以天然材料竹纤维为主要原料,通过竹纤维塑性化工艺

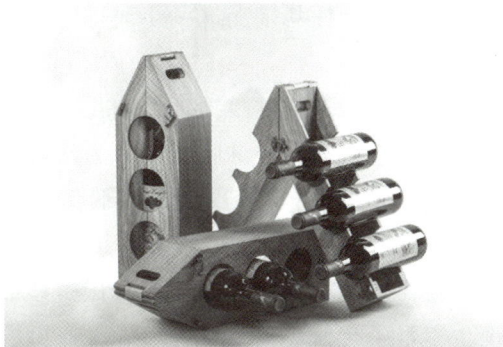

图 7-14　浪漫酒屋

处理,制作成可降解的绿色生物材料,用于替代现有实木、塑胶包装盒,属于包装新材料与包装新工艺领域。"浪漫酒屋"的产品结构、生产方式和倡导简约的生活方式都遵循绿色发展、循环发展、低碳发展的理念,形成了高雅包装制品节约资源和保护环境的空间格局,从源头上做到简约而不失优雅。

十二、羞合灯具创意作品(大学生毕业设计)

将手轻轻触碰花形灯罩,灿然的灯光骤然变得柔和暖心(图7-15)。设计者是宁波大学科学技术学院设计艺术学院薛李安。他介绍,作品灵感来自于含羞草,当人们拖着疲惫的身躯回到家,黑暗的袭击会让人顿感失落。而打开羞合灯具,只要将手轻轻靠近灯旁,灯具会害羞般地收缩起自己的灯罩,但把手拿开,灯罩又会慢慢松开,这样一开一合,便实现了人与灯的情感交流。对那些独自居住的人来说是一种心灵上的陪伴。

图 7-15　羞合灯具

十三、瓦楞杯创意作品

瓦楞杯——一种应用于日常的高级一次性纸容器,呈口杯形,外层为排列整齐的波纹形纸质杯壁,具有非常强的隔热功效,是在一次性纸杯基础上进一步改进的新型纸杯(图 7-16)。

瓦楞杯通常由淋膜纸杯纸和瓦楞纸组成。瓦楞杯中常用的淋膜纸又分为双淋膜纸和单淋膜纸,通常所用到的淋膜纸厚度在 218 克到 300 克,瓦楞杯所需用的瓦楞纸厚度在 280 克到 340 克不等。瓦楞杯的诞生克服了传统型热饮杯容易烫伤皮肤、不便于携带的诸多缺点。瓦楞杯使得更多热爱品尝咖啡的都市人可以方便自由地在行走中品用咖啡,而不必担心杯体的温度。

图 7-16　瓦楞杯

十四、无叶风扇创意作品

无叶风扇(图 7-17)也叫空气增倍机,它能产生自然持续的凉风,因无叶片,不会覆盖尘土或伤到儿童插进的手指。更奇妙的是其造型奇特,外表既流线又清爽。

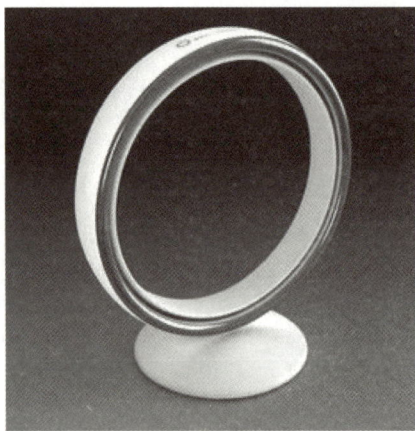

图 7-17　无叶风扇

产品灵感源于空气叶片干手器。干手器的原理是迫使空气经过一个小口"唰"干手上的水,空气增倍机让空气从一个 1.3 毫米宽、绕着圆环转动的切口里吹出来。因空气是被强制从这一圆圈里吹出来的,通过的空气量可增到 15 倍,时速最高可至 35 公里/小时。无叶风扇于 2009 年 10 月 12 日在英国首度推出,2011 年 2 月在香港推出第二代。无叶风扇可分为台式无叶风扇和吊式无叶风扇(无叶吊扇灯)。

十五、悬浮盆栽创意作品

悬浮盆栽(图 7-18)是 2011 年红点设计大奖的获奖作品之一。它巧妙地利用了浮力原理,通过花盆的升降变化提醒人们及时为植物浇水。随着水被注入花盆,装有植物的容器就会在浮力的作用下慢慢升起;而当水逐渐减少时,里层的容器则会沉至花盆底部,以此提醒人们为植物浇水。

图 7-18　悬浮盆栽

十六、减压手环创意作品

这款名为 Olive 的减压手环(图7-19)看上去与一般的手环并无二致,不过由于其内置了多种不同的传感器,可以及时地检测佩戴者的心率、环境光线、动作和皮肤温度等数据,当收集到的数据被分析为压力过大时,Olive 就会向佩戴者

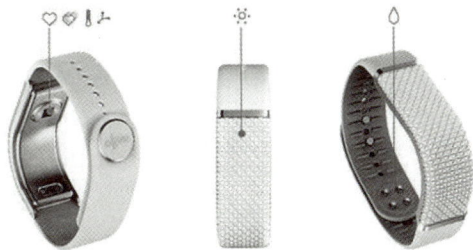

图 7-19　减压手环

发出柔和的触觉反馈,或是激活自身的 LED 灯,提醒用户进行减压训练。

十七、加热地毯创意作品

可加热的 fervent 地毯(图 7-20)是由一条编织物紧紧地盘旋在一起,最后用液压连接处理制成的编织毯。它可以连接到暖气片上加热,当温度升至 60 ℃时,就可以杀死那些有害的、会引发过敏的小虫子,还你一个健康安全的家居环境。

图 7-20　加热地毯

十八、智能便利贴创意作品

Reminder 是一款神奇的智能便利贴(图 7-21)。Reminder 内部含有磁性颗粒,只需拿磁性笔在上面写字就会显示出来,可反复擦写。有重要事项时,你还可以设置闹钟,闹铃到时,LED 会亮起,提醒你该去忙正事了。

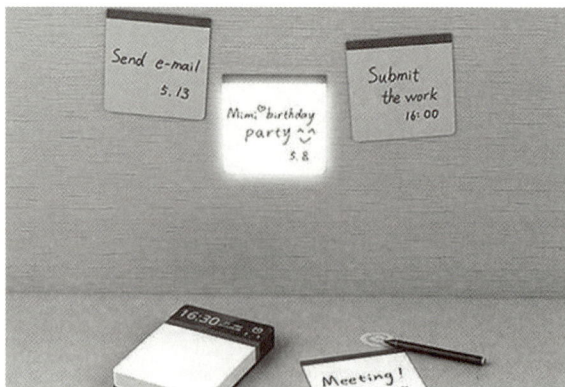

图 7-21　智能便利贴

十九、插线板移动电源创意作品

　　这是一款插线板，但它还能提供移动电源，所以只好叫"插线板移动电源"（图7-22）。插线板上配备了3个三口插孔，还内置了一个可拆卸的移动电源。平时放入里面保持电量满载，外出时随手拿走——再不用担心手机临时没电了。

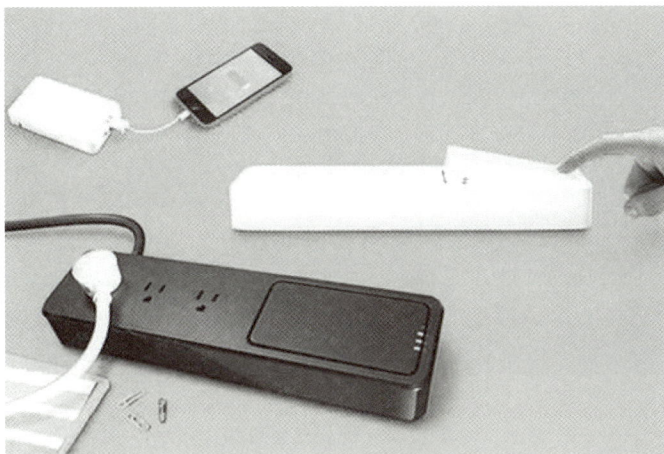

图 7-22　插线板移动电源

二十、创意作品图片集

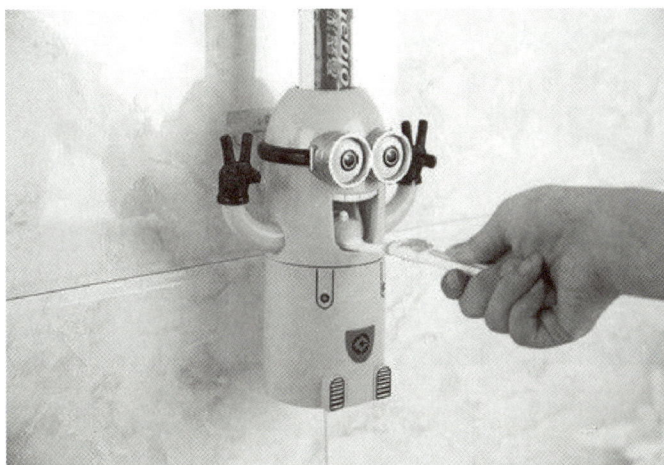

图 7-23　自动挤牙膏的小黄人

图 7-24　折叠式集装箱

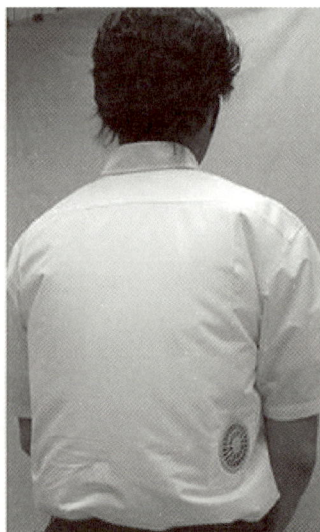

图 7-25　空调衣

图 7-26　防风防雨的套头背包

图 7-27　定位钥匙扣

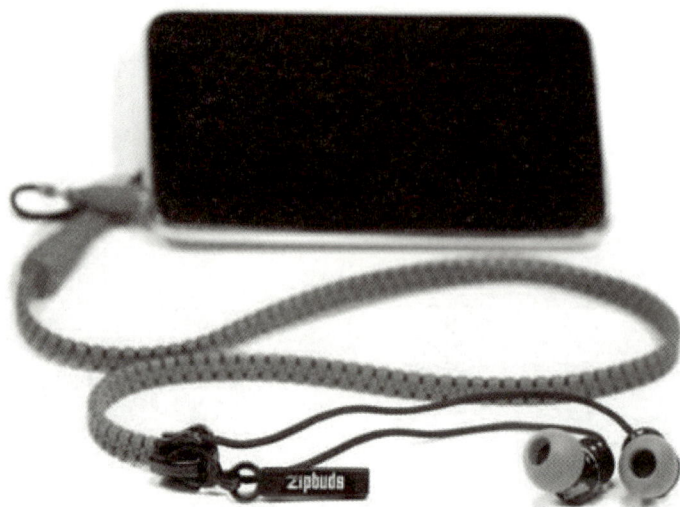

图 7-28　拉链耳机线

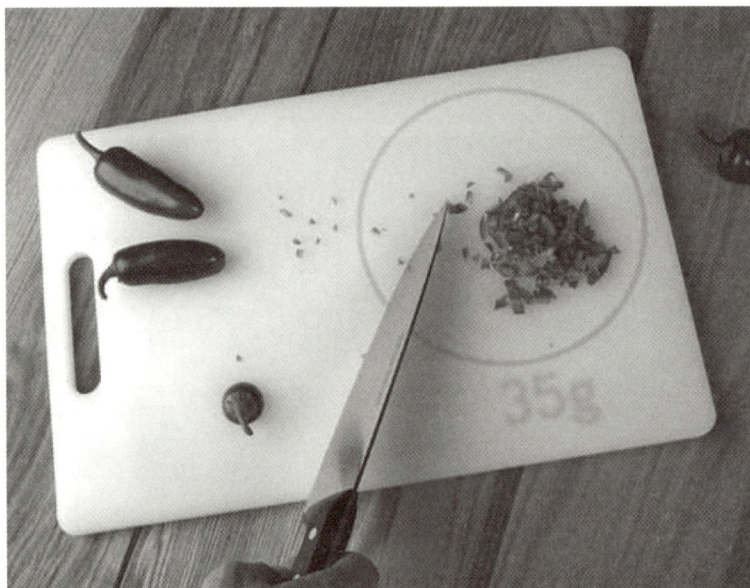

图 7-29　可称重菜板

图 7-30　USB 迷你冰箱

图 7-31　导航手电筒

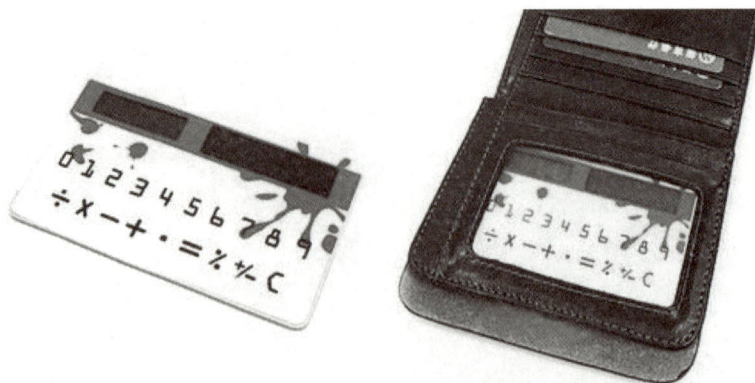

图 7-32　太阳能卡片计算器

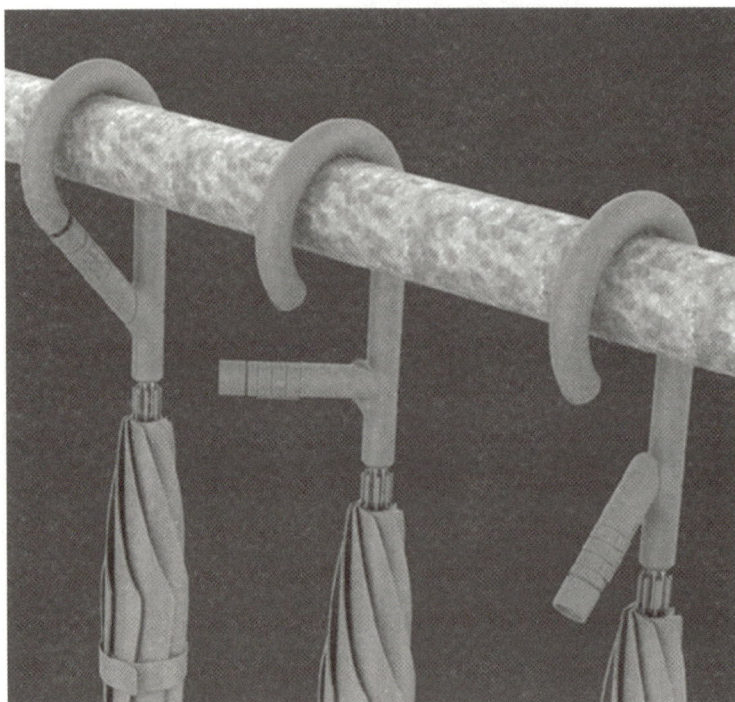

图 7-33　防盗雨伞

　　推动大众创业万众创新是党中央、国务院的重大决策部署,培养学生创新素质是高校重要职责。创新不再是人们可望而不可及的一种诉求,而是充斥在人们日常生活中的方方面面。从本质上讲,创新就是一种人无我有、人有我优。

　　以上展示的创新创意作品囊括了生活创意、绿色节能产品等生活相关的发明，大多数来自高校学生的日常创意，具有实用性和很高的市场应用价值。作为新时代的大学生，同学们要有创新意识和"初生牛犊不怕虎"的劲头，结合专业、特长，敢闯敢试，敢为人先，积极参加各类创新"金点子"活动、创新创意大赛，用你的创意解决生活、商业领域中的各种"痛点"，为我国的创新型国家建设贡献自己的青春与智慧。

本章思考题

1.每日一创意活动。

2.通过本课程学习及每日（周）一创意活动，写一份创意心得。

3.创意作品展示（要求写明创意来源、创意描述及创意评价）。

参考文献

[1]陈健,钱维莹.创新一定有秘诀[M].上海:复旦大学出版社,2015.

[2]吴寿仁.创新思维力[M].北京:新华出版社,2015.

[3]王岳森,李惠军.创造学教程[M].成都:西南交通大学出版社,2003.

[4]刘昌明,赵传栋.创新学教程[M].上海:复旦大学出版社,2006.

[5]赵明华.创意学教程[M].西安:西北工业大学出版社,2004.

[6]周学智.创新学[M].贵阳:贵州科技出版社,2007.

[7]罗玲玲.创意思维训练[M].北京:首都经济贸易大学出版社,2008.

[8]崔钟雷.创新:永不停止的探索[M].长春:吉林美术出版社,2010.

[9]宋宝萍,魏萍.创新思维心理学——培养与训练[M].北京:电子工业出版社,2012.

[10]胡飞雪.创新思维训练与方法[M].北京:机械工业出版社,2009.

[11]陶学中.创新创造能力训练[M].北京:中国经济出版社,2008.

[12]毛良升.哲学视域中的创新研究[D].北京:中共中央党校,2012.

[13]姚列铭.创新思维观念与应用技法训练[M].上海:上海交通大学出版社,2011.

[14]周苏.创新思维与方法[M].北京:机械工业出版社,2017.

[15]张志胜.创新思维的培养与实践[M].南京:东南大学出版社,2012.

[16]苏振芳.创新思维方法论[M].北京:社会科学文献出版社,2013.

[17]王立竹.你没听过的创新思维课[M].北京:电子工业出版社,2015.

[18]谭贞,薛凡.创新创意基础教程[M].北京:机械工业出版社,2013.

[19]孙洪义.创新创业基础[M].北京:机械工业出版社,2017.

[20]杨德林.创意开发方法[M].北京:清华大学出版社,2006.

[21]杨敏.创新与创业指导[M].杭州:浙江大学出版社,2011.

[22]杨芳.创业设计与实务[M].北京:机械工业出版社,2017.

郑重声明

厦门大学出版社依法对本书享有专有出版权。任何未经许可的复制、销售行为均违反《中华人民共和国著作权法》，其行为人将承担相应的民事责任和行政责任；构成犯罪的，将被依法追究刑事责任。为了维护市场秩序，保护读者的合法权益，避免读者误用盗版书造成不良后果，我社将配合行政执法部门和司法机关对违法犯罪的单位和个人进行严厉打击。社会各界人士如发现上述侵权行为，希望及时举报，本社将奖励举报有功人员。

反盗版举报电话：0592-2186128

反盗版举报传真：0592-2181406

反盗版举报邮箱：xmup@xmupress.com

通信地址：福建省厦门市软件园二期望海路 39 号 6 楼

邮政编码：361008